未生 윤태호가 묻고 이용섭이 답하는

일자리 경제

未生 윤태호가 묻고
이용섭이 답하는

일자리 경제

세경사

Prologue

2017년 5월 10일 문재인 정부가 출범했다.

문재인 대통령께서는 취임 첫날 일자리대통령을 천명하면서 첫 번째 업무지시로 대통령 직속 일자리위원회 설치를 지시했다.

5월 16일, 대통령을 위원장으로 하는 일자리 위원회가 발족했고 나는 부위원장으로 발령받았다. 전혀 예상하지 못한 부름이었지만 온 국민의 관심사인 일자리 창출업무를 맡게 되어 가슴은 뛰었다. 마치 유능한 뱃사공이 거친 파도를 보면 가슴이 뛰는 것처럼.

2018년 2월 7일, 일자리위원회 부위원장을 사직했다.

국민들의 일자리 고통을 하루라도 빨리 덜어 드려야 한다는 절박감과 문재인 정부의 성공은 일자리 정책에 달려 있다는 책임감을 가지고 '미치지 않으면 이룰 수 없다'는 불광불급(不狂不及)의 자세로 일자리만을 위해 살았던 소중한 기간이었다.

약 9개월 동안에 277회의 각종 회의와 간담회, 강연, 인터뷰 등의 활동을 하면서 일자리 정책의 1단계인 일자리 인프라 구축을 완성했다.

일자리정책을 효율적으로 추진할 수 있는 조직체계를 완비했고 국정운영체계를 일자리 중심으로 개편하였으며, 문재인 정부 5년 일자리 정책의 나침반 역할을 할 5년 로드맵도 완성했다. 초대 부위원장으로서 나의 소임은 여기까지로 판단했다.

2018년 2월 13일, 광주광역시장 출마를 선언했다. 출마 여부를 두고 많은 날들을 고민해야 했다. 잠 못 이룬 밤도 많았다. 결국 험난한 길이지만 오늘의 이용섭을 키워 주신 고향 분들의 은혜에 결초보은하는 길을 선택했다.

이 책은 문재인 정부 경제철학인 J노믹스와 그 핵심인 일자리경제에 대한 나의 생각을 정리한 것이다. 일자리위원회의 공식 입장은 아니다. 나는 오래전부터 한국 경제가 직면하고 있는 저성장, 양극화, 저출산, 국민행복지수 추락 등의 문제를 극복하기 위한 해법으로 좋은 일자리 창출을 강조해 왔다.

제1부 '한국경제의 진단'은 J노믹스가 나오게 된 배경을 설명하기 위한 것이다. 2013년에 출간했던 『성장과 행복의 동행』을 요약하고 보완한 것이다.

제2부와 제3부는 직장인들의 애환을 담아 대한민국을 '미생 신드롬' 열풍에 빠뜨린 윤태호 만화 작가가 묻고, 내가 답하는 식으로 진행했다. 윤태호 작가는 수많은 비정규직, 계약직, 사회초년생들의 아픔을 대변했던 '미생(未生)'이란 단어를 국민들의 가슴속에 새기며 공감대를 이끌어 냈다. 그가 작품 속에서 제기했던 '미생들의 애환'이라는 문제들을 풀기 위해 노력했다. 함께해 준 윤태호 작가에게 감사드린다.

이 책의 어떤 부분은 일자리위원회 부위원장으로 재직 시에, 또 일부는 사퇴 후에 자연인의 신분으로 쓴 것임을 감안해 주시기 바란다. 막상 출간하려 하니 부족한 부분이 많다. 그럼에도 불구하고 문재인 정부의 최우선 국정과제이며 국민들의 최대 관심사항인 일자리 문제를 우리 사회가 풀어가는 데 조금이라도 도움이 되었으면 하는 바람이다.

이 책이 완성되기 까지 많은 도움을 주신 분들에게 깊은 감사를 드린다.

2018년 3월

이용섭

차 례

Part 2_사람 중심의 행복경제, J노믹스

Part 3_일자리경제

1부

한국 경제의 진단

한국 경제는 겉으로는 풍채가 그럴듯해 보이지만 병(病)주머니를 차고 사는 환자와 같다. 외형적으로는 고도성장이라는 경제 기적과 민주화라고 하는 정치 기적을 이루어냈으니 세계적으로 유례없는 성공 스토리를 만들어 낸 것이다.
그러나 내면을 들여다보면 저성장의 늪에 빠져 있고 양극화의 덫에 걸려 있으며 일자리가 불안하다. 그 결과 국민들의 행복지수는 추락하고 있다.
이제 성장률 수치와 같은 외형적 지표뿐만 아니라 사람 중심의 행복경제로 질적 성장을 추구해야 한다. 한국 경제의 성장 틀과 체질을 바꿔 병주머니를 걷어 내고 면역력을 키우는 일이 문재인 정부가 추구해야 할 한국 경제의 정책 방향이자 목표여야 한다.

한국 경제의 진단

세계 최빈국에서 10위권의 경제대국으로 1

(1) 세계 7번째로 '20-50클럽'에 가입

전쟁의 폐허 속에서 국제원조를 받던 세계에서 가장 가난한 나라였던 대한민국이 반세기만에 세계 10위권의 경제 규모를 가진 국가로 성장했다. 원조를 받던 국가에서 원조를 하는 국가로 발전한 유일한 사례이자 저개발국에서 세계 경제의 주요 국가로 발돋움한 대표적 성공 사례로 인식되고 있다.

[그림 1-1] 국내총생산 및 세계 순위 추이

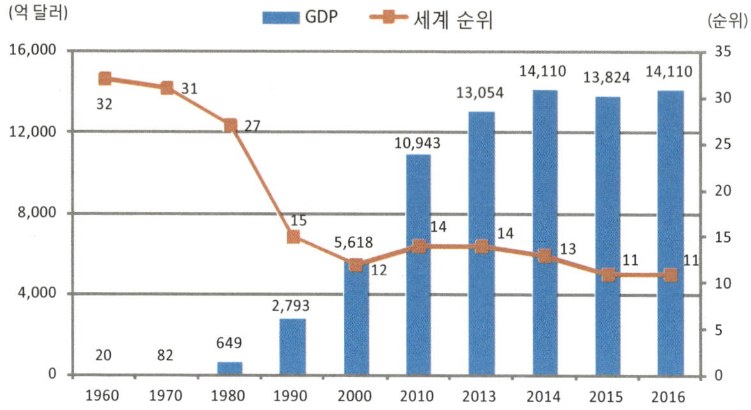

※ 출처 : 규모, 한국은행 / 순위, World Bank
(1960년 102개국, 1970년 126개국, 1980년 146개국, 1990년 179개국, 2000년 199개국, 2010년 203개국, 2013년 200개국, 2014년 195개국, 2015년 192개국, 2016년 181개국)

무역 규모를 놓고 보면 우리나라 경제의 세계적 위상은 더 높다. 2016년 무역 규모는 9,016억 달러로 세계 9위 수준이며, 이 가운데 수출은 4,954억 달러로 세계 8위, 수입은 4,062억 달러로 세계 10위 수준에 달한다. 특히 지난해 우리나라 무역 규모는 사상 최대치를 기록했다. 산업통상자원부 발표(잠정)에 의하면, 연간 수출액이 5천 739억 달러로서 2016년 대비 15.8% 증가한 것이며, 1956년 무역통계 작성 이래 최대 실적이다.

수출의 세계시장 점유율 역시 역대 최대치인 3.6%이며 세계수출 순위도 2016년 8위에서 6위로 두 단계 상승했다. 수입은 4,781억 달러로 2016년 대비 17.7% 증가했다. 수출입을 합친 총무역 규모는 1조 520억 달러로 2014년 이후 3년 만에 1조 달러를 회복했다. 무역수지는 958억 달러 흑자다. 1960년의 우리나라 수출 규모는 3,200만 달러로 세계 113위에 불과했던 것에 비하면 비교할 수 없는 양적 증가를 이룬 것이다.

[그림 1-2] 무역 규모 및 세계 순위 추이

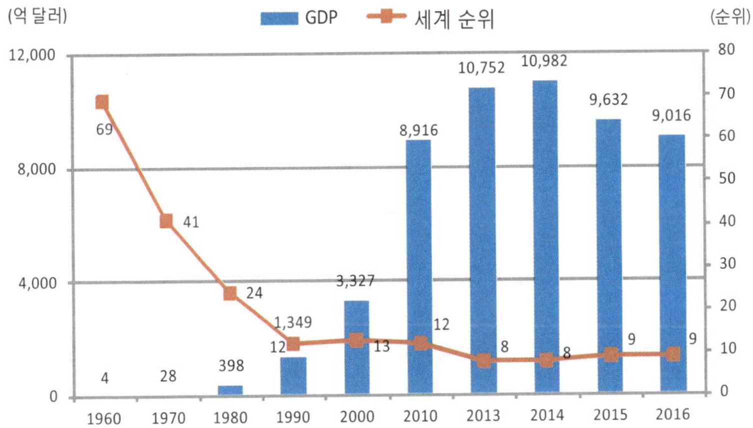

이와 같은 고도성장에 힘입어 한국은 일본, 미국, 프랑스, 이탈리아, 독일, 영국에 이어 2012년에 세계 7번째로 '20-50클럽'에 가입했다. '20-50클럽'은 1인당 국민소득이 2만 달러를 넘고 인구가 5천만이 넘는 국가들에 붙여진 타이틀이다. 200개가 넘는 국가 중 우리보다 1인당 국민소득과 인구가 많은 나라는 6개 국가밖에 없다는 얘기이다. 6개 국가들의 면면을 보면 모두 G7 국가들로서 대단한 나라들이다.[1)]

[그림 1-3] 20-50클럽

1) G7 국가 중에서 캐나다가 빠진 것은 인구가 3,562만 명으로서 5천만 명에 미달하기 때문이다.

(2) 세계 경제사에 유례없는 성공 스토리

이러한 성과들은 세계 경제사에 유례없는 성공 스토리다. 더욱이 고도성장이라는 경제 기적과 민주화라는 정치 기적을 동시에 이뤄 낸 것이니 더욱 값진 것이다.[2)] 이는 1970년대부터 1990년대까지 연평균 7.6%의 경제성장률을 이루며 세계 경제의 부침 속에서도 꾸준한 성장세를 이어 온 덕분이다.

특히 한국의 고달픈 근현대사를 보면 과히 한강의 기적이라고 불러도 손색이 없을 만큼 경이적인 성과다. 지금 선진국들은 유럽과 미국, 캐나다 등 유럽계 국가를 제외하고는 일본이 유일하다. 이들 국가들은 이미 20세기 초반 이전에 선진국 기반을 확보하였다. 세계 경제의 패러다임은 18세기 중엽 산업혁명을 통해 만들어졌고 오늘날 산업 골격은 대개 19세기 말 또는 20세기 초에 진행된 제2차 산업혁명에 의해 완성되었다. 유럽의 선진국과 미국·캐나다 등은 이때 이미 선진국으로 사실상 자리매김된 것이다. 일본 역시 1868년 메이지유신을 통해 근대화에 박차를 가하고 1894년 청일전쟁과 1904년 러일전쟁에 승리함으로써 20세기 초반에 이미 선진국 기반이 확립되었다.

그러나 한국은 선진국들이 발전을 거듭하고 있던 20세기 초반에 35년의 일제강점기를 경험했고, 1945년 해방이 되었지만 곧 분단의 아픔을 겪어야만 했다. 1950년 동족 간의 전쟁으로 인해 온 나라가 폐허가 되었다. 세계 109위의 작은 국토면적과 천연자원이 없고 가진 것이라고는 사람밖에 없었던 나라에서 1960년대 시작된 제1차 경제개발 5개년 계획을 추진한 이래 50여년이라는 짧은 기

2) 이용섭, 『성장과 행복의 동행』, 메디치, 2013, 17쪽.

간 동안 지금의 성과를 이뤄 낸 것이다. 상황이 이러다 보니 많은 국가들에게 찬사와 부러움의 대상이 되고 있다. 이처럼 경제 규모의 외형적 성장만을 보면 한국에 대한 이 같은 시선은 당연해 보인다. 이 점에서는 우리 스스로도 자긍심을 가질 만하다.

(3) 성공 요인은 한국인의 우수성

지난 세기에 우리나라가 세계사적으로도 '가장 성공한 나라 중의 하나'로 꼽힐 정도로 괄목할 만한 경제성장을 이룬 성공 요인은 무엇일까? 여러 요인들이 복합적으로 작용한 성과이지만 한마디로 한국인의 우수성을 꼽고 싶다. 구체적으로는 국민적 헌신, 기업가 정신, 정치적 리더십 등 3가지이다.

우선 '빈곤에서 탈출하겠다'는 국민적 의지와 성실·근면한 DNA, 그리고 '내 자식들을 잘 키워 보겠다'는 뜨거운 교육열을 들 수 있다. 특히 파독광부와 간호사, 베트남 파병군인, 중동 근로자들의 피와 땀과 눈물로 송금한 돈이 경제개발의 종잣돈 역할을 톡톡히 해냈다. 정부는 실업문제 해소와 외화 획득을 위해 1963년 독일에 광부를 보낸 것을 시작으로, 1964년 베트남 전쟁에 군대를 파병했고, 1966년에는 간호사들을 독일에 보냈다. 1963년 파독광부 500명 모집에 무려 46,000여 명이 신청을 했다. 당시 국내 사정이 얼마나 어려운 상황이었는지를 짐작할 수 있다. 파독광부는 1963년부터 1980년까지 7,900명, 파독간호사는 1966년~1976년까지 10여 년 동안 1만 명에 이르렀다. 파독광부 중에 70명 이상이 목숨을 잃었다. 얼마나 위험한 일이었는지를 짐작할 수 있다. 한때 파독 광부와 간호사들이 송금해 온 돈이 전체 수출액의 10%를 차지할 정도였다. 베트남 파병군인은 32만 명(1964년~1973년)에 이르렀고 이 중 5,000여 명이 전사(실종 포함)했다. 베트남 전쟁이 끝나고 활로를 찾기 위해 정부는 중동에 근로자를 1974년부터 1981년까지 내보냈다. 오늘을 사는 우리는 이들 파독광부와 간호사, 파병군인, 중동 근로자들의 희생과 헌신이 오늘의 한국 경제를 이루는 초석이 되었음을 잊지 말아야 할 것이다.

두 번째는, 무에서 유를 창조한 기업가들의 모험심과 도전정신이다. 이병철 회장과 정주영 회장도 요즘으로 치면 혁신가였고, 벤처 사업가였다. 이병철 회장이 반도체를, 정주영 회장이 배를 만들려고 했을 때 모두가 반대했지만 그분들은 미래를 보고 밀어붙였다.

세 번째는, 이러한 국민적 역량을 결집시킨 정치적 리더십이 있었기에 가능했다. 우리가 발전했던 이 기간 중에 다른 모든 나라들도 발전했을 것이라고 생각하기 쉽지만 그렇지 않다. 1968년까지는 북한이 우리보다 국민소득이 높았다. 1969년이 되어서야 남한의 1인당 GNI(212＄)가 북한(194＄)을 앞서게 되었다.

한국 사례를 자주 언급했던 오바마 전 미국 대통령은 지난 2009년 G8 확대 정상회의 기자간담회에서 "제 부친이 케냐에서 미국으로 유학 올 당시 케냐의 1인당 국내총생산은 한국보다도 높았습니다. 오늘날 한국은 고도로 발전했으며 비교적 부유한 국가에 속하는 반면에 케냐는 국민 대부분이 심각한 빈곤으로 신음하고 있습니다"라며 아프리카 국가들이 우리의 사례를 본받아 경제빈곤에서 탈출해야 한다는 취지의 발언을 한 바 있다. 1950년 당시 한국의 1

인당 국민총소득GNI은 현재 가치(2012년 기준) 876달러로 케냐의 947달러보다 적었다. 그러나 60여년이 지난 2012년 한국의 1인당 국민소득은 2만 4,600달러인 반면, 케냐는 오히려 줄어 850달러에 머물고 있다.

2 내면은 병(病)주머니를 차고 사는 환자

모든 일에는 밝은 면이 있으면 어두운 면이 있다. GDP 위주의 고도성장은 우리 경제 규모를 세계 10위권으로 키우는 데에 크게 기여했으나 사회 양극화 심화로 인한 계층 간 분열과 갈등이 노골화되고 국민행복지수가 추락하는 등 여러 부작용을 가져왔다. 이처럼 개발연대를 거치면서 양적으로는 빠르게 성장하였으나 질적으로는 불평등, 불공정, 불균형이 심화되는 등 경제적 민주주의가 파괴되고 동반성장·균형발전과는 점점 멀어지고 있다. 자본주의 250년의 역사를 반세기 만에 따라잡은 나라에 후유증이 없을 수 없을 것이다. 문제는 우리 경제의 속병이 매우 심각하다는 점이다.

한국 경제는 지금 저성장의 늪에 빠져 있고 양극화의 덫에 걸려 있으며 일자리의 양과 질이 크게 악화되고 있다. 이로 인해 경제 규모는 커지는데 국민들의 삶은 그만큼 나아지지 못하고 있다. 한마디로 성장과 분배 시스템이 제대로 작동되지 못하고 따로 놀고 있다. 세계가 부러워하는 괄목할 성장을 이뤄 내고 세계적 위상을 드높였지만 대한민국의 국민은 그에 상응하는 삶의 질을 얻고 있지 못하다. 놀라운 외형적 성장이나 경제 규모가 커진 것과는 달리 우리 국민들의 행복지수는 추락하고 있다.

더욱이 그동안 외형적 성장이라도 견인해 왔던 한국 경제의 성장엔진마저 멈춰 저성장의 늪에서 허우적거리고 있다는 점이다. 한국 경제의 지속 가능한 발전에 대해 커다란 불안감이 사회 전체에 드리워져 있는 것이다. 대한민국이 지속 가능한 발전을 이루고 또한 그 속에서 국민들의 행복지수를 높여가는 두 마리 토끼를 모두 잡기 위해서는 거시경제 지표 상승에만 주력하던 외형 위주의 성장에서 벗어나 우리 국민들이 경제성장의 성과 속에서 풍요롭고 행복하게 생활하고 있는지를 냉정히 성찰해 보아야 한다.

한국 경제가 직면하고 있는 이런 문제들은 여러 요인들이 장기간에 걸쳐 복합적으로 작용한 결과다. 그렇지만 특히 이명박·박근혜 정부 9년여 동안에 수치 중심의 물적 성장을 무리하게 추진하고 돈 풀어서 경제를 살리겠다는 단방약에 의존한 결과 병을 크게 악화시켰고 가계부채 위기를 가져왔다.

저성장 기조의 고착화 3

(1) 경제성장률 지속 하락

지금 대한민국은 저성장의 늪에 빠져 있다. 여러 부작용에도 불구하고 그동안 양적 성장 위주의 정책은 우리 경제 규모를 세계 10위권으로 키우는 데에 크게 기여했으며, 여러 한계에도 불구하고 GDP 규모는 여전히 국가 경제의 발전 정도를 측정하는 중요한 지표로서 이용되고 있는 것이 현실이다. 지금 우리 경제의 큰 문제는 그나마 한국 경제의 양적 성장을 견인해 왔던 성장엔진마저 심각히 위축되고 있다는 점이다. 성장지상주의 정책을 펴면 펼수록 오히려 높은 성장을 실현하지 못하는 딜레마에 빠진 것이다. 이제 수치 중심의 묻지마 성장정책으로는 국민의 삶의 질을 보장할 수도 없을 뿐 아니라 더 이상 지속 가능한 성장도 가져올 수 없다는 것을 대한민국의 현실이 분명하게 보여 주고 있다.

1970년대~1990년대에는 연평균 8.8% 성장을 하였지만, 2000년대에는 연평균 4.7%로 떨어졌고 2010년대에는 3%대 성장도 위협

받고 있다. 특히 2015년과 2016년에는 2.8%로 끝내 2%대로 추락하였다.

[그림 1-4] 연대별 경제성장률 추이

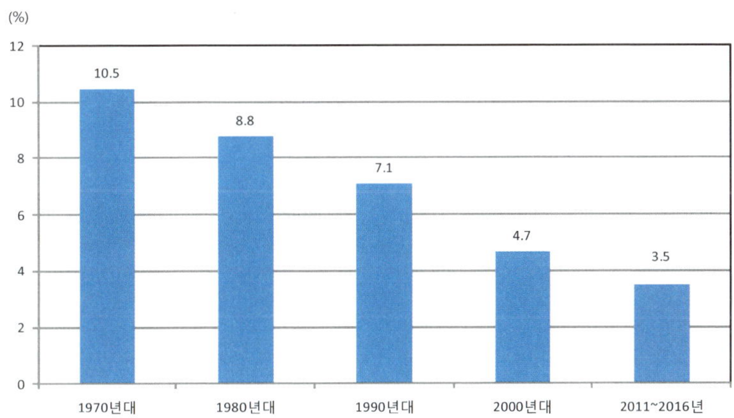

정부별로 보더라도 성장률 추락은 뚜렷하게 나타나고 있다. 김대중 정부 5.3% → 노무현 정부 4.5% → 이명박 정부 3.2%로 계속 떨어지다가 박근혜 정부에서는 2%대(2.96%)로 내려앉았다. 지난해에는 3년 만에 3% 성장률로 복귀한 것으로 추정된다. 이명박 정부 '747공약'과 박근혜 정부 '474공약'이 선거용 구호에 그쳤음을 여실히 보여 주고 있다.

[그림 1-5] 정부별 경제성장률 추이

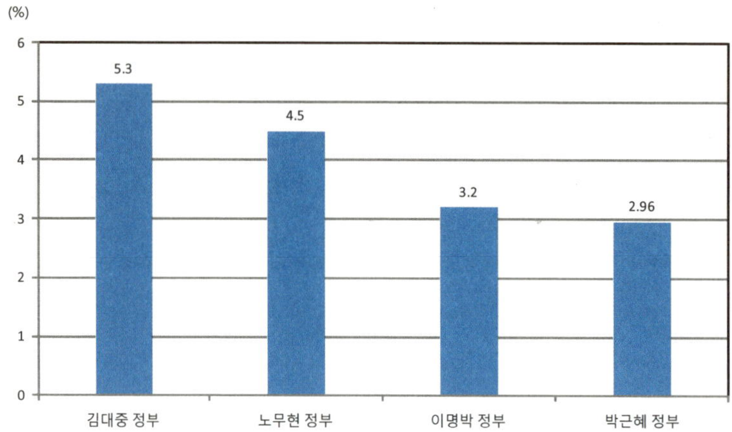

성장률이 둔화되면서 2006년에 1인당 국민총소득GNI이 2만 달러를 넘어섰지만 2016년까지 11년째 2만 달러 대에 머물러 있다. 2만 달러에서 3만 달러까지 소요 기간이 독일 · 일본 · 스웨덴 5년, 영국과 이탈리아는 8년, 미국은 9년이 소요되었다.

다행히 올해 2018년에는 1인당 국민소득 3만 달러 진입이 예상된다.

(2) 경제성장률이 떨어지는 이유

성장률은 다른 여건 변화가 없더라도 소득수준이 높아지면 낮을 때에 비해 둔화되는 경향이 있다. 한국 경제의 성장률이 급격하게 떨어지는 것은 이러한 측면도 없지 않지만 크게 4가지 원인으로 인해 성장동력이 상실되고 있기 때문이다.

1) 요소투입형 성장의 한계와 총요소생산성TFP의 정체

저출산·고령화로 생산가능인구가 양적으로 감소하고, 인건비 상승 등으로 노동생산성이 정체되어 노동의 성장 기여도가 지속적으로 하락하고 있다. 자본투입의 생산 기여도 역시 주력산업이 성숙단계에 진입하여 대대적인 투자 확충을 기대할 수 없어 지속적으로 하락하고 있다.

이제 요소투입형 성장에서 벗어나 인적 역량과 기술혁신이 주도하는 총요소생산성TFP, Total Factor Productivity 성장으로 전환해야 하는데 부진한 실정이다. 소득 1만불 시대에는 요소 투입 확대로 성장을 견인할 수 있었지만 소득 2만불 시대에서는 기술혁신과 인재양성을 가속화시켜 경제의 질적 전환을 이루어야 하며 협력과 참여, 신뢰와 투명, 규범과 질서 등 경제 외적인 사회 환경이 갖춰져야 지속 성장이 가능하다. 더불어 동반성장과 사회투자 확대를 통한 국민통합이야말로 지속 가능한 성장을 위한 또 하나의 관건이다.

우리 경제의 심각한 문제 중의 하나가 저출산에 기인한 노동인구의 감소이다. 1983년 이후 출산율이 지속적으로 인구대체수준을 밑돌면서 2017년부터는 생산가능인구(15~64세)가 감소하고 있다.[3] 노동투입은 잠재성장률을 구성하는 한 요소이기 때문에 노동투입이 줄어들면 잠재성장률이 하락할 수밖에 없다.

1990년대 중반 이후 우리 경제는 요소투입형 위주의 성장 패러다임이 한계를 드러내는 가운데 생산성 향상도 부진을 면치 못하고 있음이 여러 수치에서 드러나고 있다.

---

3) 통계청의 장래인구추계 통계에 따르면, 생산가능인구는 2017년부터 감소할 것으로 전망된다. 다만, 경제활동인구조사 자료에 따르면 2017년까지는 소폭 증가한 것으로 나타난다. 이는 조사방법과 조사대상의 차이(경제활동인구조사는 군인, 수감자 등을 제외한다)에 따른 것으로 추정되나, 2017년~2018년이 생산가능인구가 감소세로 전환되는 시기임은 분명하다.

[표 1-1] GDP 성장률과 성장요인 (KDI, 2017. 11.)

연 도	성장률	노 동	자 본	생산성
1986~1990	10.5	2.3	4.1	3.5
1991~1995	8.4	1.5	4.5	2.1
1996~2000	5.7	0.4	3.1	1.8
2001~2005	4.7	1.0	2.1	1.6
2006~2010	4.1	0.5	1.8	1.8
2011~2016	3.0	1.0	1.3	0.6

2) 제조업 비중의 감소와 저부가가치 서비스업 비중 증가

성장률이 떨어진 또 하나의 이유는 사회경제구조가 산업사회에서 지식기반사회(탈산업사회)로 바뀌었기 때문이다. 산업사회가 제조업 중심이라면 지식정보화 사회는 서비스 산업이 핵심 산업이다. 이는 산업구조가 제조업 중심에서 서비스업 중심으로 바뀌고, 부가가치 창출 원천이 노동과 자본에서 지식으로 전환되었음을 의미한다. 그러나 생산성이 높은 제조업 부문의 고용이 줄고 생산성이 낮은 서비스업부문의 고용이 늘면서 경제성장률이 낮아지고 있다. 한국의 서비스 산업은 아직 금융, 의료, 교육, 첨단제조 관련 등의 서비스업보다 부동산, 음식·숙박, 슈퍼마켓 등 자영업자의 저부가가치 부문의 비중이 높다. 즉, 생산성 증가가 높은 부문에 고용이 많이 될수록 경제성장률은 높아지나, 생산성이 높은 제조업 부문의 고용이 줄고 생산성이 낮은 서비스업부문의 고용이 늘었기 때문에 경제성장률이 낮아진 것이다.[4)]

제조업 부문의 고용이 줄어든 것은 자동화와 기계화 등으로 생

4) 김태일, 『국가는 내 돈을 어떻게 쓰는가』, 웅진지식하우스, 2013, 249쪽.

산성이 증가했기 때문이다. 1991년 516만 명으로 최고점을 찍었던 제조업의 고용인원이 2016년 448만 명까지 떨어졌다. 이 기간 중에 전체 산업의 종사자 수는 1991년 1,865만 명에서 2016년 2,624만 명으로 늘었다. 전체산업의 종사자 수는 41% 증가했으나 제조업 종사자수는 13% 감소한 것이다. 반대로 서비스업 종사자는 1991년에 906만 명이었으나 2016년에는 1,852만 명으로 두 배 이상 크게 늘었다. 이 기간 중에 일자리는 주로 서비스업에서 이루어진 것이다. 제조업 중심의 산업사회가 서비스산업 중심의 탈산업사회로 전환되면서 경제성장률이 낮아진 것이다.

[표 1-2] 산업별 고용인원 추이 (단위 : 만 명)

구 분	1991(A)	2001	2011	2016(B)	(B − A) / A
제 조 업	516	427	409	448	△13.2
서비스업	906	1,350	1,677	1,852	104.4
건 설 업	158	159	175	185	17.1
농림어업	273	215	154	129	△52.7
합 계	1,865	2,157	2,424	2,624	40.7

※ 출처 : 통계청

3) 성장산업의 동력약화와 신성장산업의 불확실

한국 경제의 미래를 책임질 새로운 성장동력을 찾지 못하고 있다. 기존 성장산업의 동력이 한계를 보이는 한편 새로운 성장동력도 나타나지 않고 있다. 2003년에는 한국의 8대 주력 산업[5] 가운데 6개 산업(스마트폰, 자동차, 조선・해양, 석유화학, 반도체, 디스플레이)의 세계시장 점유율이 중국보다 앞서고 있었으나, 2016년 기준

5) 스마트폰, 자동차, 조선・해양, 석유화학, 정유, 철강, 반도체, 디스플레이

으로는 3개 산업(스마트폰, 반도체, 디스플레이)만이 우위를 점하고 있을 뿐이다. 그나마 앞서고 있는 3개 산업도 그 격차가 점점 줄어들고 있는 상황이다. 기업 생태계가 늙어 성장판이 약해졌고 혁신이 저조하다. 적극적인 혁신에 투자하기보다는 사내에 돈을 쌓아두는 소극적인 경영을 한다. 그러다 보니 기존 기업이 밀려날 뿐 그 자리를 대신할 새로운 대형 기업의 등장은 드물다.

반면 미국은 새로운 대형 기업이 계속 등장한다. 끊임없는 혁신으로 기존 대기업을 추월한다. 매년 발표되는 미국 포천 500대 기업 명단을 보면 수시로 순위가 뒤바뀐다. 중국 기업 생태계는 더욱 젊다. 스무 살도 안 된 기업들이 세계 500대 기업에 대거 포함됐다. 1999년 4월 창업한 알리바바(462위)를 비롯해 JD닷컴(261위), 텐센트(478위) 등이다. 중국 증시 거품에 일부 힘입기는 했으나 강력한 혁신 드라이브로 급성장했다는 사실은 부인할 수 없다.

4) 사회 양극화의 심화로 사회적 갈등 고조와 소비 위축

신자유주의 경제정책으로 인해 양극화가 심화되었고 이는 사회적 분열과 갈등을 심화시켜 성장동력을 앗아갔다. 지금 한국 사회는 격차심화로 인한 사회적 분열과 갈등을 해소하지 않고서는 한 발자국도 나아가기 어려운 상황이다. 소득의 양극화로 인해 소비가 줄고 특히 중산층과 서민들의 경우 가계부채와 노후준비로 인해 소비가 크게 제약을 받고 있다.

국제통화기금[IMF]이 2015년 6월 15일에 공개한 '소득 불평등의 원인과 결과(Causes and Consequences of Income Inequality : A Global Perspective)'라는 제목의 보고서를 보면 소득 불평등이 성장에도 부정적인 영향을 미치고 있음을 잘 나타내 주고 있다. 보고서에 의하면 "상위 20% 계층의 소득 몫이 1%포인트 증가하면 이후 5년 동안 GDP는 연평균 0.08%포인트 감소한다. 따라서 경제성장의 혜택은 위에서 아래로 흘러내리지 않는다. 반면에 하위 20%의 소득 1%포인트 상승은 경제성장을 연평균 0.38%포인트 높인다"고 밝히고 있다.

[그림 1-6] 분위별 소득 점유율 1%p 증가 시 성장률 영향

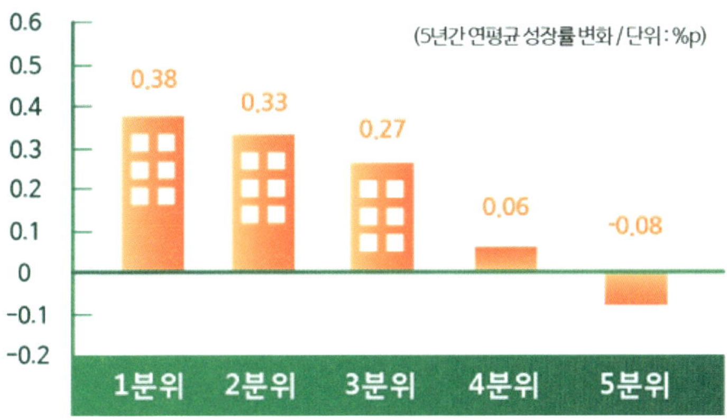

아래 그림은 분배의 불평등 정도를 나타내는 지니계수와 성장률 사이에 역의 상관관계가 있음을 나타내 주고 있다. 파이를 키우는 데에만 매달릴수록 불평등 정도는 심해졌고 결과적으로 성장잠재력마저 떨어졌다. 실제로 1990년에 0.266이던 지니계수(도시 2인 이상 시장소득 기준)가 IMF 외환위기 직후인 1998년에 0.293으로 올라갔고 2016년에는 0.317까지 높아졌다.

[그림 1-7] 지니계수*와 성장률의 추이

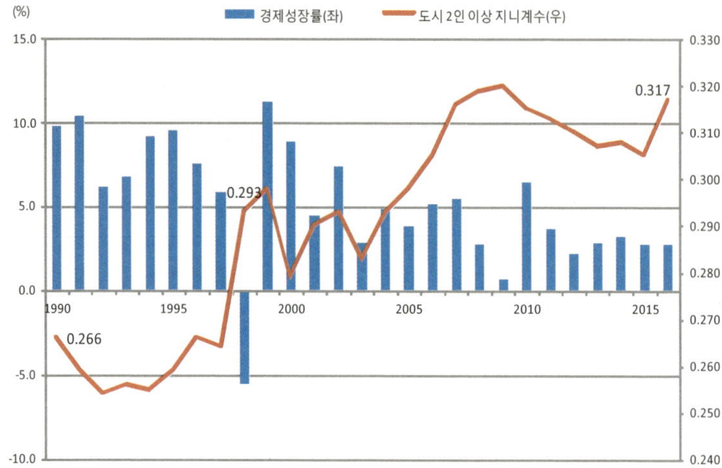

※ 출처 : 통계청

* 지니계수 : 도시 2인 이상, 시장소득 기준

역사적으로 보더라도 경제 불평등이 완화되었을 때 경제가 발전했고 경제 불평등이 심화되었을 때 위기가 닥쳤다.

2008년 글로벌 금융위기의 진앙지이자 세계 자본주의의 중심지인 미국의 경우 전체 소득 가운데 상위 1%의 소득이 차지하는 비중이 1928년 사상 최고치인 23.9%까지 치솟으면서 파국적인 대공황을 불러왔다. 결국 대공황을 극복하기 위해 케인스주의에 기반한 뉴딜정책을 추진하면서 부의 불균형을 치유하기 시작했으며 제2차 세계대전을 거치면서 국가 규제의 강화와 실질임금 상승으로 상위 1%의 소득 비중이 지속적으로 감소하였다. 이를 기반으로 1970년대에는 상위 1%의 소득 비중이 10% 이하로 떨어지기도 했다.

그러나 1980년대 들어서면서 신자유주의가 지배 이념으로 등장하면서 감세와 사회복지 축소, 노동조합 약화를 바탕으로 상위 1%의 소득 비중이 다시 높아졌다. 낙수경제론에 기반한 레이거노믹스는 부자들에 대한 각종 세금을 감면해 주면서 상위 1%의 소득 비중이 급격히 상승했다. 특히 글로벌 금융위기 직전인 2007년에는 이들의 소득 비중이 1928년 대공황 직전의 수준인 23.7%까지 치솟았고 이는 결국 글로벌 금융위기의 전조가 되었다.

[그림 1-8] 미국의 소득 상위 1%의 소득 비중

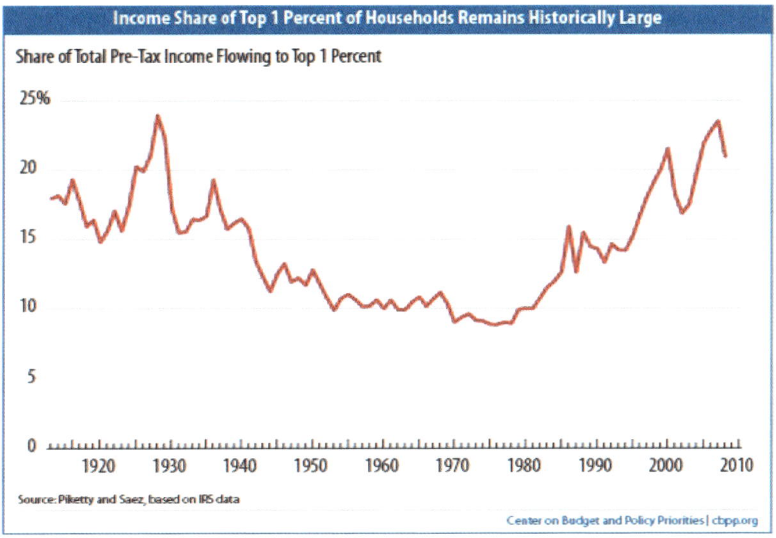

※ 출처 : Hannah Shaw and Chad Stone, May 25, 2011 재인용

미국에서 지니계수(1913년~2009년)의 변화 추이 역시 소득 상위 1%의 소득 비중과 마찬가지 추이를 보이고 있다. [그림 1-9]에 나타난 것처럼 세계대공황이 시작된 1929년을 전후하여 크게 치솟았던 지니계수가 뉴딜정책의 실시와 함께 소득 분배가 개선되면서 점차 하락하였다. 그러나 신자유주의에 기초한 레이거노믹스가 시작된 1980년대 초반부터 다시 급격히 상승하는 모습을 보이고 있다.

[그림 1-9] 미국 지니계수의 변화 추이(1913년~2009년)

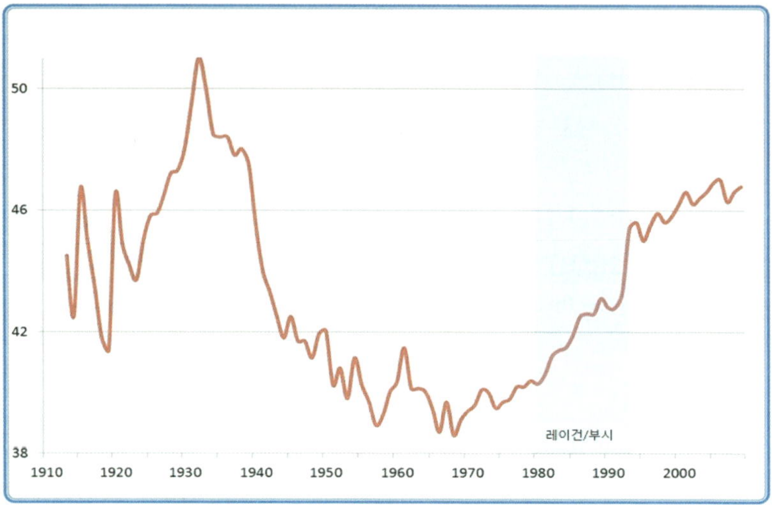

※ 출처 : Berruyer, adapted from Doug Henwood Census Bureau

(3) 잠재성장률도 동반 추락

우리 경제에 있어 또 하나의 큰 문제는 우리의 경제성장 능력을 가늠하는 잠재성장률마저 고령화와 고용 없는 성장 속에서 급격히 떨어지고 있다는 점이다. 잠재성장률potential growth rate이란 우리 경제가 현재 보유하고 있는 자본 노동 등의 모든 생산요소를 최대한 활용했을 경우에 공급애로를 겪지 않고 달성할 수 있는 국내총생산GDP 수준을 뜻한다. 한국은행이 추산한 바에 따르면 2010년대 후반의 연평균 잠재성장률은 2.8~2.9%로 2000년대 초반 5% 내외에서 2%포인트 이상 감소했다.[6)]

6) 잠재성장률은 생산함수접근법, HP필터링법, 준구조모형 등 집계방법에 따라 다소간의 수치적 차이는 있으나 뚜렷한 하락 경향을 보인다는 점은 동일하다.

[표 1-3] 잠재성장률 추정 (단위 : 연평균, %)

구 분	2001~2005	2006~2010	2011~2015	2016~2020
생산함수 접근법	5.0	3.7	3.4	2.8
HP 필터링	5.2	3.9	3.0	2.9
준구조모형	4.8	3.8	3.1	2.8
모형별 범위	4.8~5.2	3.7~3.9	3.0~3.4	2.8~2.9

※ 출처 : 한국은행, 『조사통계월보』(우리 경제의 잠재성장률 추정, 2017. 8.)

잠재성장률의 하락과 함께 심각한 또 하나의 문제는 실질성장률이 낮아진 잠재성장률에도 미치지 못하고 있다는 사실이다. 참여정부 기간에는 잠재성장률 하락 추세에도 불구하고 2000년대 연평균 잠재성장률인 4.4%에 근접한 4.3%의 성장률을 보인 반면 이명박 정부 이후에는 잠재성장률에 한참 미치지 못하는 성장률을 보였다.

[그림 1-10] 실질성장률과 잠재성장률 추이[7)]

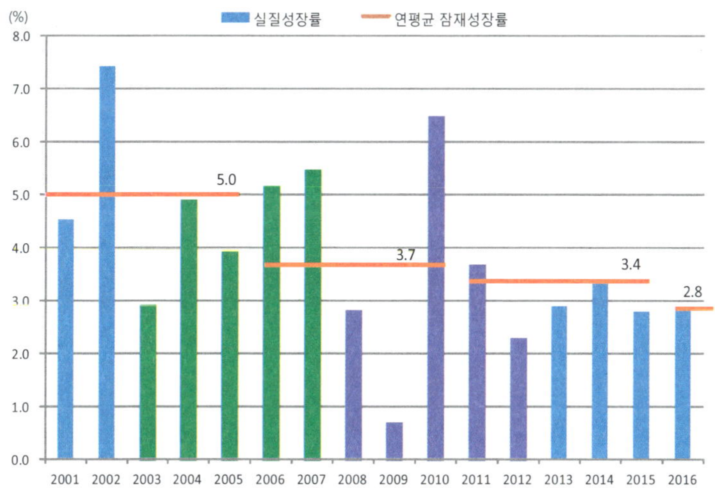

※ 출처 : 한국은행

7) [표 1-3] 잠재성장률 추정의 "생산함수 접근법"의 수치를 사용한 것이다.

물론 실물경제가 잠재성장률 이상으로 성장하게 되면 인플레이션이 발생해 물가인상을 가져오지만, 경제가 잠재성장률만큼 상승하지 못하면 경제시스템이 인적·물적 자원을 충분히 활용하지 못하고 있다는 것을 나타낸다. 이는 결국 잠재성장률의 하락을 가져올 수 있다.

잠재성장률은 통상 경제의 기초체력으로 불린다. 잠재성장률이 하락하면 경제의 기초체력이 약화되어 국가의 경제운용 입지는 그만큼 좁아진다. 기초체력이 튼튼해야 질병에 쉽게 걸리지 않고 운동선수도 좋은 성적을 낼 수 있듯이 우리 경제도 기초체력이 튼튼해야 가뜩이나 불확실한 해외 충격 등 각종 국내외 위기를 극복하고 안정적이고 지속 가능한 성장을 할 수 있다.

그렇다면 어떻게 해야 잠재성장률의 추가 하락을 막고 끌어올릴 수 있을까? 노동과 자본이 합리적으로 분배되고 효율적으로 기능하면 잠재성장률은 높아진다. 사회적 인프라의 효율적 구축, 인재 양성, 근로의욕 고취, 기업가 정신의 함양, 혁신적 기술 개발, 불필요한 규제 완화, 노동시장의 유연성 강화 등도 잠재성장률을 끌어올린다.

반면 지나친 규제로 시장이 왜곡되고 노동과 자본이 제 기능을 못하면 잠재성장률은 낮아진다. 인구 구조상 핵심생산인구(25~49세)가 20년 만에 최저로 떨어진 것도 성장 잠재력을 저하시키는 요인이다. 통계청은 현재의 추세가 지속되면 생산가능인구는 2016년 3,631만 명에서 2040년 2,943만 명으로 줄고 65세 이상 인구는 같은 기간 678만 명에서 1,712만 명으로 늘어날 것으로 추산했다. 이처럼 생산가능인구의 감소는 경제활력의 저하로 직결된다. OECD는 '장기 경제전망' 보고서를 통해 한국의 잠재성장률이 2030년 2.2%에서 2060년에는 1.3%까지 하락할 것으로 전망했다.

수출과 내수 간에 극심한 불균형 경제구조 역시 성장 잠재력을 저해하는 요소로 작용한다. 수출의 생산유발계수나 취업유발계수가 날로 떨어지고 있기 때문이다. 높은 대외의존도 역시 성장 잠재력을 떨어뜨리는 한 요소이다.

결론적으로 한국 경제의 문제는 실질성장률이 하락하고 있을 뿐만 아니라 잠재성장률도 갈수록 낮아지고 있다는 점이다. 더욱이 한국 경제의 성장엔진이 점차 꺼져가고 있으며, 낮아지는 잠재성장률마저도 달성하지 못하고 있다. 이처럼 실질성장률이 계속해서 잠재성장률을 밑돌면 잠재성장률이 추가로 하락하는 악순환으로 이어질 수 있다. 대체로 최근의 잠재성장률은 2%대 후반으로 추정되고 있다. 문제는 실질성장률이 3%를 넘어야 신규고용이 늘어나고 실업자도 줄어든다는 점이다.

잠재성장률이 떨어지고 양적 위주의 성장이 많은 부작용을 야기해온 시점에 새 정부가 들어섰으니 우리 경제의 체질과 시스템을 대대적으로 바꾸고 혁신하기에 적기라고 할 수 있다. 꺼져가는 엔진을 다시 살리고 국민들의 삶의 질을 되살릴 수 있는 경제 시스템을 구축하는 것만이 지속 가능한 경제를 통해 국가와 국민들의 미래를 밝게 할 수 있을 것이다.

사회 양극화의 심화 4

(1) 날로 심화되고 있는 양극화

사회 양극화는 우리 사회가 해결해야 될 가장 심각한 문제이다. 양극화로 인한 분열과 갈등을 해소하지 않고서는 한 발자국도 나아갈 수 없는 것이 우리 현실이다. 양극화는 사회적 박탈감과 소외감을 주고 자살과 범죄를 증가시킬 뿐만 아니라 경제성장에도 나쁜 영향을 준다.

양극화 문제의 핵심은 중산층 약화다. 양극화가 심화되어 중산층이 엷어지면 사회갈등이 높아지고 성장동력이 약화되어 경제가 앞으로 나아가기 어렵다. 두터운 중산층은 사회통합에 필수적이다. 사회 전체적으로 연대의식과 공동체의식이 높아지면서 사회갈등을 줄일 수 있기 때문이다. 그리고 이는 정치와 사회 안정에도 도움이 되어 다시 경제 번영으로 이어진다. 중산층이 두터운 사회는 사회적 갈등이 적기 때문에 정부의 경제정책이 많은 사람들의 지지를 받아 성공확률이 높아진다. 정치적인 안정은 장기적인 투자에도 유리한 환경을 제공한다.[8] 반면에 중산층의 붕괴로 사회 양극화가 심화되면 연대의식과 공동체의식은 붕괴하고 사회는 갈등과 분열로 가득해진다. 결국 경제도 성장동력을 잃고 글로벌 금융위기와 같은 파국적 결과를 가져올 수밖에 없다.

양극화의 심화와 중산층의 몰락은 경제 규모가 커지는 동안 가계소득이 국민총소득에서 차지하는 비중이 지속적으로 감소하고 있는 데서도 드러난다. 국민총소득은 생산활동에 기여하는 가계, 기업 및 정부 등 각 경제주체에 의해 창출되고 또 이들에게 배분된다. 가계의 경우 노동, 자본 등 생산요소를 제공하고 주로 임금과 자영업자의 영업이익 등을 통해 소득을 확보하게 된다.

2016년 국민총소득GNI에서 가계가 차지하는 비율은 62.1%로 20년 전인 1996년 70.8%에 비해 8.7%포인트나 감소했다. 아래 그림은 다른 나라의 경우 GNI 중에서 가계소득이 차지하는 비중이 대체로 정체되거나 미약한 하락 흐름을 보이고 있는 반면 우리나라는 크게 악화되고 있음을 보여 주고 있다.

[그림 1-11] 주요국의 가계소득 / GNI 비율 추이

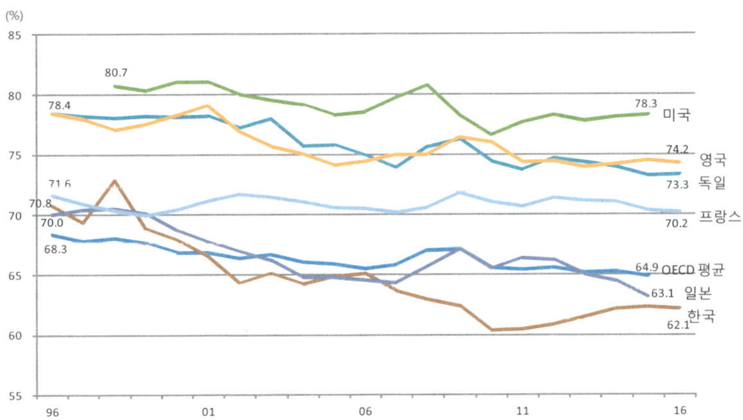

※ 출처 : 한국은행, OECD(OECD 평균은 해당 연도 자료 제공 국가들의 평균)

8) 정세균, 『99%를 위한 분수경제』, 다우출판, 2011.

한국은 지난 반세기 동안 고도성장을 하면서 1990년대 중반까지는 소득 불평등 정도를 나타내는 지니계수가 완화되었으나 특히 외환위기 이후부터 불평등이 심화되었다. 주요 원인은 경제성장의 성과가 절대다수의 국민들 삶에 영향을 미치는 임금에 제대로 반영되지 못한 데 있다. 2000년 대비 2016년에 실질 GDP는 83.7% 성장하였으나, 평균실질임금(전산업)은 35.4% 증가하는 데 그쳤다. 2007년 대비 2016년에 GDP는 31.5% 성장하였으나 평균실질임금(전산업)은 4.0% 성장하는 데 그쳤다.

경제가 성장한 만큼 임금이 늘어나지 못한 이유는 무엇보다 대기업과 중소기업의 임금 격차와 비정규직의 증가에서 비롯된다. 대기업 중심의 수출주도 성장체제에서 가격경쟁력 유지를 위한 외주화와 단가인하 전략은 영세사업체의 저임금으로 이어졌다. 1980년대 초에만 해도 대기업 임금 대비 중소기업 임금이 97%에 이르렀고 90년대에도 75~80%였다. 그러나 2016년에는 51.7%에 불과하다. 반면에 노동자들의 구성비를 보면 90년대 초 10명 중 6명이 중소기업, 4명이 대기업에 근무하고 있었으나 지금은 8명이 중소기업이 될 만큼 중소기업의 고용비중이 커졌다. 비정규직(정부 통계 32.9%)의 증가와 정규직의 54.4%에 불과한 비정규직의 낮은 임금수준 역시 양극화의 주범이다.

또한 소상공인의 영업이익도 큰 폭으로 떨어졌다. 소상공인 영업이익률은 2010년 16.1%에서 2015년에는 11.5%로 4.6%포인트 감소하였고, 월평균 영업이익도 248만 원에서 215만 원으로 감소하였다.[9)]

9) 통계청, 경제총조사(5년 주기)

그렇다면 경제성장의 성과를 누가 가져갔는가? 1990년에는 가계소득 70.0%, 기업소득 17.0%, 정부소득 13.0%로 배분되었다. 그러나 2016년에는 가계소득 62.3%, 기업소득 24.3%, 정부소득 13.4%이다.

이처럼 낮은 임금과 소상공인 영업이익의 하락은 가계소득 증가율의 감소로 이어졌다. 지난 10년간(2007년~2016년) 연평균 국민총소득은 5.5% 증가했으나 가계의 연평균 소득 증가율은 5.0%로 전체 증가율을 밑돌고 있다. 반면 기업의 연평균 소득 증가율은 전체 증가율을 상회하는 7.3%에 달한다.

이와 같은 고용둔화 및 취약계층 어려움 등으로 성장의 과실이 가계로 환류되지 못해 일자리－분배－성장이 상호 제약되는 상황이 유발되고 있다. 2000년~2016년간 기업소득은 255% 증가한 반면, 가계소득은 138% 증가에 그치고 있다. 그 결과 2016년 이후 저소득층 근로소득이 크게 감소하면서 소득분배가 악화되고 있다.[10)]

[그림 1-12] 가계-기업소득 추이

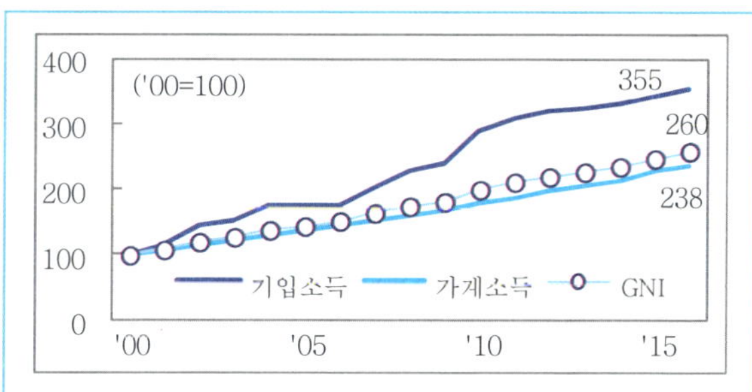

※ 자료 : 한국은행

10) 1분위 근로소득(2011년 = 100) : (2013년)108.6 (2014년)114.5 (2015년)119.8 (2016년)108.1 (2017년 1/4분기)98.0

이는 결국 국민 총소득의 증가가 가계에 제대로 배분되지 않고 있으며 기업의 이익이 임금 등을 통해 가계로 선순환되지 못하고 있다는 것을 의미한다. 다시 말하면 GDP는 지속적으로 증가하고 기업은 성장했지만 취업유발계수가 감소하면서 고용은 확대되지 않았고, 더욱이 대기업과 중소기업 간 임금 격차, 비정규직의 증가 등으로 기업의 소득이 임금을 통해 가계소득으로 이어지지 못했다. 또한 취업 대신 자영업을 선택한 사람들도 영업이익이 급감하여 가계가 성장하지 못한 것이다.

그 결과 우리나라의 소득 불평등은 계속 심화되어 왔다. 신자유주의자들은 부유층과 대기업의 소득이 증가하면 낙수효과trickle-down effect에 의해 중산층과 서민들의 소득도 증가한다고 주장한다. 그러나 현실은 정반대의 결과를 가져온 것이다. 중산층이 1990년에 73.7%였으나 2016년에는 64.8%로 감소하고, 저소득층은 같은 기간에 7.8%에서 15.4%로 거의 배 이상 늘었다. 소득분배의 불평등 정도를 나타내는 지니계수[11]와 상대적 빈곤율[12] 그리고 5분위 배율[13] 등 어느 지표를 보더라도 우리나라의 불평등 정도는 경제 규모가 커지면서 더욱 심해져 왔고 특히 1997년 외환위기 이후 크게 악화되었음을 알 수 있다.

11) 0부터 1까지 인구분포와 소득분포와의 관계를 나타내는 수치로서 수치가 클수록 불평등이 심화된 것을 나타낸다. 0은 완전평등 상태, 1은 완전불평등 상태.

12) 중위소득 절반에 미치지 못하는 소득을 버는 가구가 전체 가구에서 차지하는 비율을 나타내는 수치. 즉, 소득이 빈곤선(중위소득의 50%) 미만인 인구의 비율.

13) 고소득자와 저소득자 간 소득격차를 나타내는 수치로서 소득수준 상위 20%의 소득을 하위 20%의 소득으로 나눈 배율. 배율이 높을수록 소득 불평등이 심함을 나타낸다.

[그림 1-13] 고소득층 · 중산층 · 서민층 비중

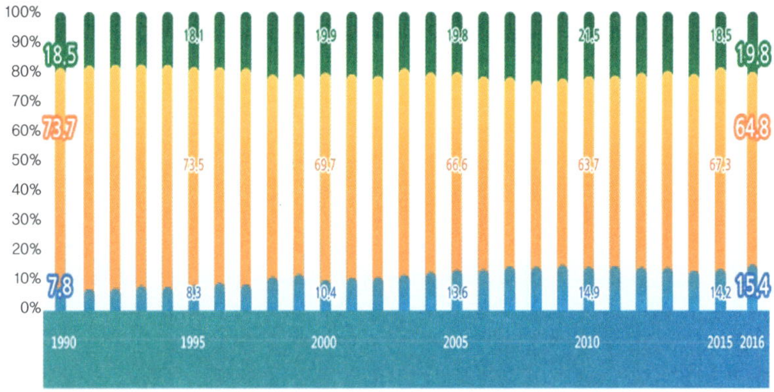

※ 출처 : 통계청, 소득분배비율

※ • 녹색[서민층(저소득층)] : 2인 이상 도시가구 중 중위소득의 50% 미만인 가구

• 황색(중산층) : 중위소득의 50~150%에 속하는 가구

• 청색(고소득층) : 중위소득의 150%를 초과하는 가구

[그림 1-14] 2인 이상 도시가구 지니계수 추이(시장소득기준)

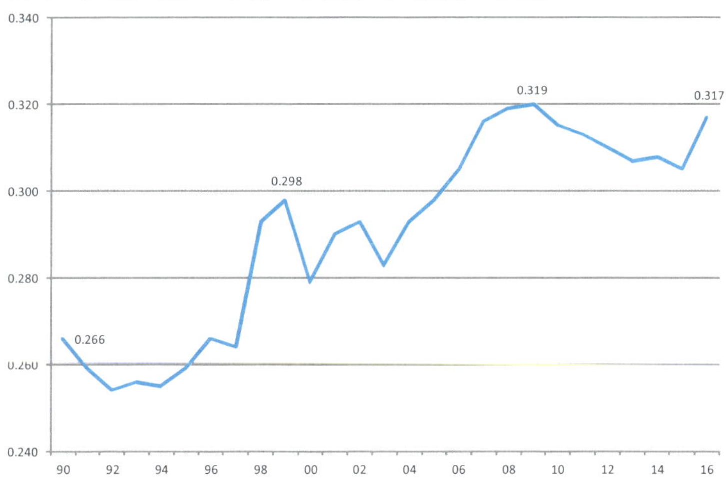

※ 출처 : 통계청

[그림 1-15] 상대적 빈곤율 추이

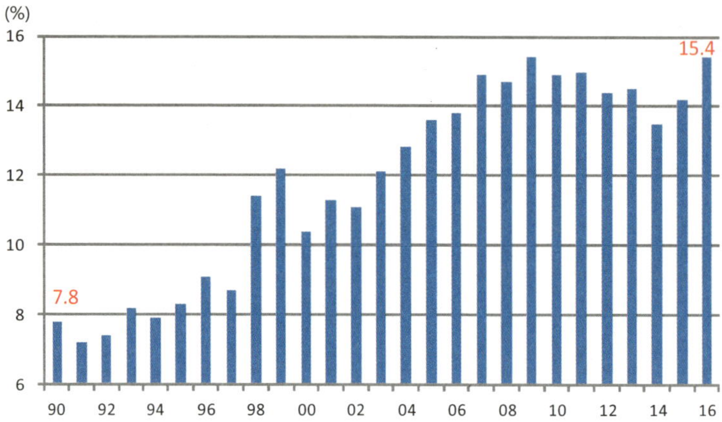

※ 출처 : 통계청

[그림 1-16] 상하위 20%의 소득 점유율 추이

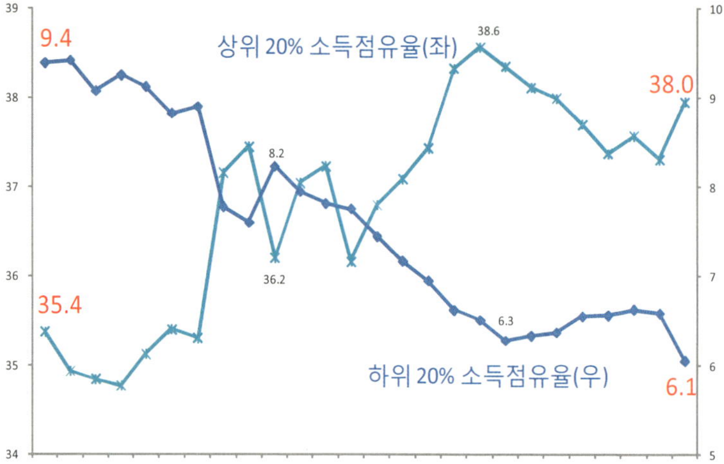

※ 출처 : 통계청

(2) 양극화의 심화 원인

우리나라에서 소득 양극화가 날로 심화된 주요 원인은 자본주의와 시장경제의 내재적 문제 외에 이를 적극적으로 치유하지 못하고 오히려 심화시켜 온 정부정책의 실패에서 비롯된 바가 크다.

경제학은 배고픔과 배아픔을 해결하기 위한 학문이다. 소득수준이 절대적으로 낮을 때에는 배고픔의 해결에 정책을 집중해야 하지만, 국민소득이 높아지면 정책의 중심이 배아픔의 해결로 이동해가야 한다. 뉴욕타임지 칼럼니스트 토머스 프리드만Thomas Friedman이 '미국이 멸망한다면 양극화 때문일 것이다', 중국 송나라 때 유학자 육상산(陸象山)이 '不患貧 患不均'(백성은 가난을 걱정하기보다는 고르지 못한 것에 분노한다)이라고 얘기한 것도 양극화의 위험성을 강조한 것이다.

그런데도 과거 정부에서는 1인당 국민소득이 2만불을 넘어섰는데도 분배는 외면하고 파이를 키우는 데에만 주력해 왔다.

양극화의 원인은 매우 다양하고 복합적이다. 여기에서는 양극화의 주범이라고 할 수 있는 △신자유주의 경제정책의 실패 △고용 없는 성장과 고용의 질 악화 △OECD 국가 중 가장 낮은 재정의 소득재분배 기능(조세부담률과 예산 규모가 OECD 최저 수준)에 대해 살펴본다.

1) 신자유주의 경제정책의 실패

'신자유주의'란 국가권력의 시장개입을 비판하고 시장의 기능과 민간의 자유로운 활동을 중시하는 이론이다. 이는 1929년 세계공황 이후 미국에서 채택되어 확산된 수정자본주의의 실패를 지적하고 '경제적 자유방임주의'를 주장하면서 1970년대 말부터 본격적으로 대두되었다.

자본주의와 시장경제는 인류가 발전시킨 최적의 시스템으로 인식되고 있지만 내재적 한계를 지니고 있다. 자유경쟁을 토대로 하고 있으므로 자본주의가 발전하면 할수록 부익부 빈익빈 현상이 심해지는 등 현실적으로 많은 부작용들을 야기했다.

이 같은 자본주의의 부작용이 심해지면 이를 완화하기 위한 정부의 역할이 중요함에도, 미국을 비롯한 세계 각국은 '보이지 않는 손'이라고 하는 시장의 자율적 조정기능에 대한 맹목적 믿음 속에서 신자유주의를 선택한 것이다. 이들 국가들은 자유화, 규제 완화, 노동유연화, 작은 정부, 감세 등을 통해 시장기능을 강화하였고, 그 결과 양극화는 더욱 심각해졌다.

신자유주의에 따른 세계화 정책 역시 소득분배의 왜곡을 가져왔다. 특히 우리 경제를 대외충격에 매우 취약한 체질로 약화시켰다. 신자유주의자들은 자유무역과 국제적 분업을 통한 시장개방을 주장했다. 그러나 모두에게 많은 혜택을 안겨 줄 것 같았던 세계화는 소수의 대기업에는 큰 이익을 주었지만 경쟁력이 낮은 농업 등 취약산업과 자영업자는 많은 피해를 입어야 했다.

신자유주의의 핵심은 물질적인 부를 성장의 유일한 지표로 인식하고 부유층과 대기업의 소득이 위에서 밑으로 흘러내릴 것이라는 낙수효과를 크게 신뢰한다. 이에 따라 각국 정부는 큰 폭의 적자예산을 편성하여 빈곤층에 대한 복지를 확충하는 대신에 대기업과 부자들을 지원하였다. 이것이 빈부격차를 확대하여 사회 양극화를 더욱 심화시킨 것이다. 이는 약육강식의 시장만능주의가 빚어낸 불행한 결과였다.

결과적으로 이러한 정책은 경제를 살리지도 못하였고 부자와 서민 간, 대기업과 중소기업 간 양극화와 갈등만 심화시켰다. 결국 신자유주의는 2008년 가을에 닥친 글로벌 금융위기와 함께 파국적인 결과를 맞게 되었다. 그동안 신자유주의의 한계와 문제점에 대한 비판은 꾸준히 제기되어 왔지만 전 세계가 결정적으로 공감하게 된 계기는 무엇보다도 세계적인 금융위기였다. 글로벌 금융위기는 신자유주의의 폐해에 대해 전 세계가 자성하고 대안을 찾아 정책 패러다임을 전환하는 계기가 된 것이다. 경제정책에 있어서만큼은 천동설이 지동설로 바뀌는 것처럼 대변혁이 필요하다는 것을 일깨워 주었다.

2008년 금융위기를 통해 얻은 교훈은 분명하다. 금융시장은 본질적으로 불안전하기 때문에 무분별하며 과도한 규제 완화는 도덕적 해이를 가져오고 세계를 걷잡을 수 없는 혼란으로 몰아넣을 수 있다는 것이다. 아울러 신자유주의가 경제적 불평등을 확대시켰으며 경제적 불평등이 세계가 직면한 많은 문제들의 근원이 되고 있다는 점을 일깨워 주었다. 또한 시장에 전적으로 맡겨진 자본주의는 많은 모순을 가지고 있으며 이는 시장 스스로 치유할 수 없다는 교훈을 주었다.

이에 따라 세계 금융위기를 맞은 이후 선진 각국은 탈 신자유주의를 모색하고 있었음에도 우리나라의 경우 정책수정 없이 철 지난 낙수경제에 기초한 신자유주의만을 계속 고집스럽게 밀고 나갔다. 특히 이명박 정부는 연 평균 경제성장률 7%, 1인당 국민소득 4만 달러, 세계 7위의 경제대국을 이루겠다던 '747공약'을 달성하기 위해 집권 초반부터 수출대기업을 지원하기 위한 고환율 정책, 고소득자와 대기업의 소득을 늘려주기 위한 부자감세, 대규모 토목 공사로 건설경기를 부양하기 위한 4대강 사업 등을 밀어붙였다.

그 결과 돌아온 것은 격차심화, 가계부채 증가, 서민경제 파탄, 재정건전성 악화 등 당초 목표와는 정반대의 결과였다. 낙수경제정책의 지원을 받은 수출대기업은 대규모의 무역흑자로 환호성을 질렀고 고소득자들은 세금감소에 따른 소득 증가의 혜택을 누렸다. 하지만 그 뒤안길에서 서민과 중소기업의 고통은 늘어만 갔고 사회 양극화와 계층 간 갈등은 더욱 심화됐다. '줄푸세'와 '474공약'을 표방한 박근혜 정부 역시 큰 틀에서는 이명박 정부의 낙수경제론을 그대로 계승했다. 이러한 정책들은 결국 약자의 호주머니를 털어 강자의 지갑을 두툼하게 해주는 정책과 다름없었던 것이다. 한국 경제의 체질이 지금 이처럼 약해진 이유 중의 하나도 이러한 정책 실패에 기인한 바가 크다고 할 수 있다.

경제학은 소수를 위해서가 아니라 국민 모두를 위해 존재해야 한다. 그러나 낙수경제론은 고소득자, 고액재산가, 대기업을 위한 경제학이다.

결론적으로 시장경제의 내재적 질환을 치유하고 지속 가능성을 높이기 위해서는 경제를 시장의 자율기능에만 맡겨서는 해결될 수 없고 '보이는 손'을 작동시켜야 한다. 시장의 '보이지 않는 손'과 국가 개입으로 표현되는 '보이는 손'이 각자의 영역에서 제 역할을 했을 때 자본주의의 지속 가능성이 확보될 수 있다. 국가의 적절한 개입이 없는 '보이는 손'은 폭력으로 작동하는 '보이는 주먹'이 될 가능성이 높고, 실제로 그러한 현상이 광범위하게 일어났다.

시장의 역기능을 규제하고 사회 전체의 균형적이고 지속적인 발전을 위해서는 재정이 적극적 역할을 해야 하고 정부가 사전적 사후적으로 적절하게 시장에 개입하는 것이 무엇보다 중요하다. 경제를 시장의 자율기능에 맡겨두자는 주장은 인간에게는 자연치유능력이 있기 때문에 중병에 걸린 환자를 병원에 데려가지 않는 것처럼 무책임한 것이라 할 수 있다. 인간에게 자연치유능력이 있다고 해서 의사의 역할이 줄어드는 것은 아니다. 의사가 국가라면 자연치유능력은 시장이다. 신자유주의는 의사의 역할을 지나치게 과소평가하고 자연치유능력에 맡기자는 것이다.

시장에 맡길 일은 시장에 맡기고 정부가 해야 할 일은 정부에 맡기는 것이 해결책이다. 무엇보다 정부의 역할은 규칙을 정하고 심판을 세우는 일이다. 신자유주의는 정부에 대한 불신을 바탕에 두고 있다. 그러나 발생하는 위기에 대응하고, 미래의 위기를 예방하는 것은 정부의 의무이자 정치권의 주된 과제이다. 이제 '작은 정부가 최선'이라는 철 지난 생각에서 벗어나야 한다. 불평등과 불공정으로 고장 난 자본주의와 시장경제 시스템을 어떻게 바꿔가야 모두가 행복해지는 경제를 이루어 낼 수 있을 것인지에 대한 해답을 찾고 적극적으로 실행하는 일이 지금 정부와 정치권에게 부여된 가장 핵심적인 역할인 것이다.

역대 정부와 신자유주의

우리나라에서 신자유주의는 세계화와 민영화를 내걸었던 1990년대 초반의 김영삼 정부로부터 시작되었다고 할 수 있다. 물론 관치경제에 대한 비판과 민간주도경제론은 1980년대 초반부터 제기되었지만 김영삼 정부 들어서서 '세계화'라는 기치하에 금융자유화 및 금융개방 정책이 급속하게 도입되고 재벌에 대한 규제가 급속하게 완화되었다. 이러한 정책들은 옳은 방향성에도 불구하고 준비 없이 무분별하게 추진되다 보니 경제의 구조적인 문제와 불안정을 심화시켜 결국 1997년의 외환금융위기를 가져왔다.

민주정부 10년의 경우에도 여러 분야에서 진보적인 정책들을 실시하려고 노력하였지만 신자유주의 병폐를 제대로 막아 내지는 못하였다. 특히 김대중 대통령이 이끌었던 국민의 정부에서는 한나라당 정부가 남긴 IMF외환위기로 인한 경제위기를 수습하는 과정에서 미국과 IMF의 강한 압박에 떠밀려 신자유주의 정책을 상당부분 받아들여야 했다. 노무현 대통령의 참여정부에서도 IMF와 세계은행을 비롯한 국제기구들이 개도국들의 경제성장에 관해 합의한 정책제언인 소위 '워싱턴 컨센서스(Washington Consensus)'가 세계적 흐름이었기 때문에 이 경향에서 완전하게 벗어나는 데 한계가 있었다.

2) 고용 없는 성장과 고용의 질 악화

① 고용 없는 성장

과거에는 성장률이 올라가면 고용은 이와 연동되어 자동으로 늘어났기 때문에 경제성장이 곧 일자리 창출과 같은 개념이었다. 따라서 산업사회에서 성장정책은 곧 고용정책이었고 불평들을 완화하는 대책이었다. 별도의 일자리정책을 시행하지 않더라도 성장 자체가 곧 좋은 일자리를 창출하였다. 이 시기에는 정부가 복지정책을 쓰지 않더라도 성장에 힘입어 일자리가 늘었고 이것이 고용복지였다. 기업이 성장하면 고용이 늘어나고 이는 낙수효과에 따라 가계소득을 증가시켜 다시 소비와 투자를 늘리는 선순환경제를 이룰 수 있었던 것이다.

그러나 성장을 선도해 오던 대기업들이 경영 효율화와 자동화 그리고 공장의 해외이전이나 아웃소싱 등을 하면서 성장은 하는데 오히려 일자리는 늘지 않거나 줄어드는 결과를 가져왔다.

이처럼 고용 없는 성장으로 대기업과 제조업 등이 성장을 해도 과거처럼 고용이 늘지 않으면서 일자리 사정이 빠르게 나빠지고 있다. 최근 10년간(2006년 대비 2016년) 고용창출 효과를 보면 대기업 고용은 55만 명 증가한 반면 중소기업은 251만 명이 증가하였다. 대기업 위주 성장정책은 고용정책으로 효과가 크지 않고 중소기업을 육성해야 하는 이유가 여기에 있다.

또한 10억 원의 생산이 추가로 발생하는 과정에서 직간접적으로 창출되는 일자리의 수를 의미하는 취업유발계수가 급격히 감소하고 있다. 1990년에 72.2명이던 취업유발계수는 2014년에는 12.9명에 불과하다.

이처럼 성장과 고용의 연결고리가 크게 약화된 데다가 더욱이 글로벌 금융위기 이후에 한국 경제가 저성장의 늪에 빠지면서 일자리 창출이 더욱 위축되고 있다.

② 노동의 양극화와 고용 불안정 심화

한국 사회의 최대 화두인 불평등 심화의 핵심은 노동시장의 이중구조로 인한 노동시장의 불평등이다. 한국노동시장은 고용형태상의 비정규직문제와 대기업과 중소기업 간 격차문제를 동시에 안고 있는 이중화의 문제가 심각하다.

정부의 일자리정책은 일자리 수를 늘리는 것도 중요하지만 질 좋은 일자리를 창출하는 데에도 중점을 두어야 한다. 지금과 같이 노령화에 따라 은퇴연령이 늦춰지면서 일자리의 양은 늘어나지만 일자리의 질이 떨어지는 상황이 계속되면 사회 양극화가 더욱 심화될 수밖에 없다.

비정규직 문제는 우리 경제의 양극화, 빈곤화, 저출산, 가계부채 증가, 높은 자살률 등 각종 사회문제를 유발하는 원인이 되고 있다. 2017년 8월 통계청 경제활동부가조사에 따르면, 우리나라 비정규직은 654만 명으로서 전체 임금근로자(1,988만 명)의 32.9%에 달한다. '사실상 비정규직'(사내 하청 등 계속 근로를 기대할 수 없는 근로자)까지 포함하면 900만 명에 이른다. 비정규직의 고용불안과 차별을 해결하지 않고는 복지국가로 나아갈 수 없다.

최근 고용의 질이 악화되고 있는 주요 원인의 하나는 제조업 중심의 산업사회가 서비스업 중심의 지식기반사회로 바뀌면서 대부분의 일자리가 서비스업에서 창출되고 있기 때문이다. 생산성이 낮은 서비스업 일자리가 늘어나면서 일자리 질이 과거보다 악화되고 있다. 또한 대기업의 일자리에 비해 중소기업의 일자리가 크게 늘어나면서 아무래도 급여나 고용조건 면에서 열악한 일자리가 많아지고 있다.

특히 대기업들이 기계화 등 인력절감투자 확대와 공장의 해외이전 등으로 고용흡수력이 떨어진데다가 정규직 채용을 최소화하고 외주화를 늘려가면서 중소기업들이 일자리 창출을 주도하고 있다. 그런데 중소기업과 대기업의 임금 격차가 더욱 벌어지면서 임금의 양극화가 심화되고 있다. 대기업 정규직 대비 중소기업 정규직의 시간당 임금은 2016년에 52.7%에 불과하다. 중소기업 비정규직은 대기업 정규직의 3분의 1 수준인 37.4%의 임금을 받고 있다. 주목할 점은 중소기업 정규직보다 대기업 비정규직의 임금이 오히려 높다는 점이다. 따라서 정규직과 비정규직의 격차문제뿐만 아니라 대기업과 중소기업의 임금 격차 문제도 심각한 문제이다. 그러다 보니 일자리는 늘었는데 일자리의 질은 더욱 악화되고 있다.

[그림 1-17] 고용형태별 임금 격차(2016년 기준)

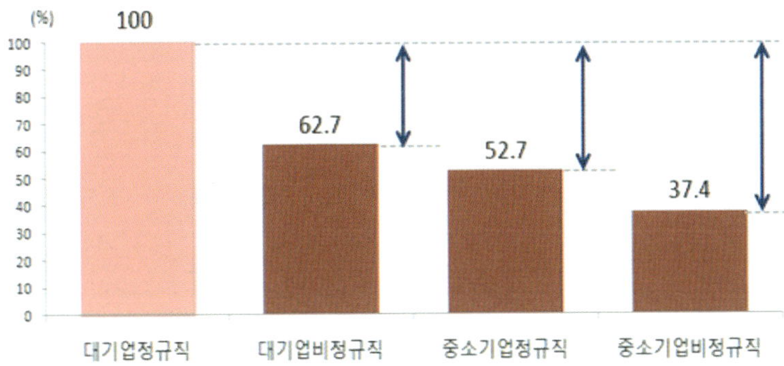

더구나 최저임금을 받는 근로자가 전체 근로자의 17.4%인 336만 6천 명에 달한다. 2017년도 최저임금인 시간당 6,470원을 적용할 때 주 40시간 사업장 기준으로 이들이 한 달에 받을 수 있는 임금은 135만 2,230원(월 209시간 기준)에 불과하다. 2018년 최저임금이 16.4% 인상된 7,530원으로 결정된 것은 대·중소기업 임금 격차의 심각성에 대한 대응책이다.

2017년판 OECD 고용전망보고서와 OECD 통계 홈페이지OECD Stats.에 따르면 우리나라는 OECD 국가 가운데 저임금 노동자의 비율이 네 번째로 높고(2014년 기준 한국 23.7%, OECD 평균 16.2%), 남녀 간의 임금 격차는 가장 크다(2014년 기준 한국 36.7%, OECD 평균 14.1%). 또한 2015년 기준 1년 미만 단기근속자 근로자 비중이 전체 근로자의 32.0%(OECD 평균 18.6%)로 가장 높고 10년 이상 근속자의 비중은 20.4%(OECD 평균 35.3%)로 칠레에 이어 두 번째로 낮다.

또한 일자리는 주로 서비스업에서 창출되는데 서비스업의 임금수준이 낮아 고용의 질이 악화되고 있다. 2005년부터 2017년까지 장년층의 서비스업 취업자 수는 127.6% 증가해 전 산업에서의 취업자 증가율 79.3%를 크게 앞지르고 있다. 그러나 제조업 대비 서비스업의 임금 수준은 2016년 기준으로 도소매업이 91.3%, 음식숙박업이 50.1%, 부동산업이 69.7%에 불과하다.

[표 1-4] 산업별 장년층(55세 이상) 취업자 수 (단위 : 만 명)

구 분	2005(A)	2010	2017(B)	B – A
서비스업	203.0	284.9	462.0	259.0(127.6%)
전 산 업	395.0	478.0	708.4	313.4(79.3%)

※ 출처 : 통계청(고령층 부가조사)

최근 15년간 소득 수준별 일자리 비중 추이를 보면 고소득 일자리는 2003년 29.5%에서 2017년 29.0%로 줄어들었으며 중위소득 일자리도 60.0%에서 59.3%로 줄어든 반면 저소득 일자리는 10.5%에서 11.7%로 증가하였다. 전반적으로 일자리의 양과 질이 악화되면서 저소득층이 늘어나고 국민의 행복지수도 떨어지고 있는 것이다.

[표 1-5] 소득 분류별 일자리 비중 변화[14)] (단위 : %)

구 분*	2003	2005	2007	2009	2011	2013	2014	2015	2016	2017
고소득	29.5	29.7	24.3	27.8	25.0	27.6	26.1	26.3	27.8	29.0
중소득	60.0	58.3	61.2	59.6	61.0	59.7	60.8	60.8	59.5	59.3
저소득	10.5	12.0	14.4	12.5	14.1	12.7	13.2	12.9	12.7	11.7

※ 출처 : 통계청 경제활동 부가조사 마이크로 데이터를 활용하여 자체 계산

* 고소득 : 중위소득의 150% 이상, 중소득 : 50% 이상 150% 미만, 저소득 : 50% 미만

이와 같이 1차 분배가 이루어지는 노동시장에서 임금 격차가 크

14) [그림 1-13]은 '가계' 기준 소득분배 비중이며, [표 1-5]는 '일자리'에 따른 개인 단위 기준이다.

고 고용의 불안정성이 높은 상황에서 조세와 복지제도만으로 격차를 줄이고 안정성을 높이는 데에는 한계가 있다. 최저임금의 현실화와 단체교섭의 영향력 확대 등 노동시장에서 임금 격차를 줄일 수 있는 제도들의 실효성을 높이고 비정규직에 대한 차별 해소 및 고용 안정성을 높이기 위한 노력도 강화해야 한다.

3) 산업구조의 변화

산업구조의 변화도 양극화를 심화시켰다.[15] 우리 사회가 산업사회에서 지식기반사회(탈산업사회)로 이행하면서 고용구조가 제조업 중심에서 서비스업 중심으로 바뀐 것도 사회 양극화의 한 요인이 되고 있다.

제조업 부문은 빠른 생산성 증가와 노동조합의 영향으로 블루칼라 일자리의 경우에도 괜찮은 보수와 안정된 고용이 보장되었다. 그러나 서비스업은 대체로 급여수준이 낮고 고용안정성도 떨어진다. 물론 서비스업 중 금융, 마케팅, 컨설팅, 의료 등 지식서비스 분야 종사자는 고소득을 누릴 수 있지만 이 분야에서 일할 수 있는 숫자는 한정되어 있다. 서비스업의 고용은 대부분 도소매업 등 유통서비스업, 음식업 등 개인서비스업, 보육 등 사회서비스업에서 이루어지는데 높은 수준의 지식과 기술이 없는 다수의 사람들이 택할 수 있는 이러한 분야는 생산성이 정체되어 있기 때문에 보수는 적을 수밖에 없다. 따라서 경제활동인구 중 서비스업 종사자 비중이 계속 증가하고 GDP에서 서비스업이 차지하는 비중도 커지고 있는 현재의 추세가 우리나라의 양극화를 더욱 심화시키고 있다.

※ 앞의 [표 1-2] “산업별 고용인원 추이”(p.29) 참고

15) 김태일, 『국가는 내 돈을 어떻게 쓰는가』, 웅진지식하우스, 2013.

이처럼 탈산업사회에서 창출되는 일자리의 다수는 저임금인데다 고용상태도 불안정하다. 일을 하면 절대빈곤에서 벗어날 수는 있지만 상대적 빈곤을 벗어나기는 어렵다. 즉, 일을 해도 안정된 생활을 누리기 힘든 근로빈곤층working poor을 양산하고 있는 것이다.

4) OECD 국가 중 가장 낮은 재정의 소득재분배 기능

재정정책의 실패 역시 사회 양극화를 심화시킨 원인을 제공했다. 자본주의는 본질적으로 부익부 빈익빈을 초래하는 속성이 내재되어 있기 때문에 고소득층으로부터 세금을 걷어 저소득층을 위해 써야 하는데 한국은 저부담 저복지 체계로 인해 재정의 소득재분배 기능이 OECD 국가 중 꼴찌이다.

특히 이명박 정부 들어 부자감세로 조세부담률이 2007년 19.6%에서 2010년 17.9%까지 떨어지면서 수출 대기업들의 순이익이 세금 징수를 통해 서민들에게 재분배되는 기능이 크게 약화되었다. 낮은 조세부담률은 재정적자와 국가채무 증가를 가져왔고 이는 정부가 '빚내서 부자와 대기업의 세금을 깎아 주는' 결과를 초래해 계층 간 갈등의 원인을 제공하기도 했다. 또한 직접세 위주의 감세로 인해 간접세 비중이 2007년 47.3%에서 2010년 52.1%로 조세구조가 역진적으로 바뀌었다. 더구나 세금을 깎아 주었으면 거둔 세금이나마 효율적으로 사용해야 되는데 4대강 사업 등 우선순위가 떨어진 사업에 재정을 쏟아 붓다 보니 재정이 소득재분배 역할을 하지 못하였다. 우리 재정이 소득재분배 역할을 제대로 하지 못하였다는 것은 아래 표에서 잘 나타나고 있다. OECD 국가들의 경우 재정의 소득재분배 후에 지니계수가 크게 개선되었으나, 우리나라는 소득재분배 전후 간에 차이가 별로 없다.

[표 1-6] 소득재분배 전후 지니계수 변화

구 분		시장소득 지니계수(A) (소득재분배 전)	가처분소득 지니계수(B) (소득재분배 후)	개선율 [(A – B) / A]
OECD 국가 평균(2013)		0.476	0.313	33.8%
한 국	2006	0.330	0.306	7.3%
	2010	0.341	0.310	9.1%
	2016	0.338	0.307	9.2%

특히 우리나라의 경우 재벌대기업의 경제력 집중, 문어발식 확장 그리고 불공정 거래행위(납품단가 후려치기, 기술과 인력 탈취, 담합 등)로 인해 중소기업과 자영업자들이 어려움을 겪고 있어 다른 나라에 비해 재정의 소득재분배 기능이 더욱 중요한 실정이다. 사자도 배가 부르면 사냥을 멈춘다는데 우리 재벌 대기업들의 탐욕은 끝이 없다. 그간 정치권의 경제민주화 논의에도 불구하고 재벌들의 경제력 집중이나 불공정 거래행위는 개선될 조짐조차 보이지 않고 있다.

불안한 일자리 5

(1) 일자리의 중요성

문재인 정부는 시대적 요구인 좋은 일자리 창출을 국정운영의 최우선 과제로 설정하고 국민들의 삶을 바꾸는 '일자리 정부'를 지향하고 있다. 이는 좋은 일자리 창출만이 한국 경제가 직면하고 있는 저성장과 양극화를 동시에 극복할 수 있을 뿐만 아니라 4차 산업혁명이 가져올 일자리 위기에도 선제적으로 대응할 수 있기 때문이다.

좋은 일자리는 최고의 복지이며 행복한 삶의 출발점이다. 국민의 행복지수를 높이는 데 가장 큰 영향을 미치는 것은 소득보다 일자리다. 경제가 아무리 성장해도 안정적이고 질 좋은 일자리가 소수에게 집중되고 다수가 종사하는 일자리의 질이 악화된다면 소득 불평등에 따른 사회 양극화는 더욱 심해질 수밖에 없다. 이런 점에서 양질의 일자리 창출은 우리 경제가 직면한 저성장 · 양극화 · 저출산 등 구조적 문제 해결의 핵심이다.[16] 결국 국민의 삶의 질은

16) 실업률 1%p 하락시 출산율 증가(美, %p) : (20～24세)1.3 (25～29세)0.9 (30～34세)0.5

얼마나 안정적이고 좋은 일자리가 많이 창출되느냐에 달려 있다.

또한 양질의 일자리는 질 좋은 성장정책이기도 하다. 인적 자본 축적과 생산성 향상을 통해 개인의 소득을 늘리고 국가성장의 역량을 제고하는 경제성장의 원동력이다. 그리고 고용기반 확대는 일을 통한 복지로 재정건전성을 높이고 범죄율 하락, 세대갈등 완화 등을 통해 사회안정성을 제고하는 등 무형의 사회적 편익을 창출한다.[17] 이러한 이유 때문에 美 · 中 · 日 등 세계 각국의 정부도 일자리 창출을 모든 정책의 최우선에 두고 경제정책을 운용하고 있다. EU 역시 중기계획인 'Europe 2020'에서 지속 가능한 포용성장을 위해 고용확대 노력을 강화하고 있다.

(2) 고용률과 취업률 상황

1) 실업률이 낮은데 왜 고용률도 낮은가?

국제적 비교기준인 15~64세 기준으로 2017년 우리나라 고용률은 66.6%다. 15세 이상 64세 이하 인구 3,654만 명 중에서 66.6%인 2,433만 명이 취업하고 있다는 얘기다. 2016년 기준으로 고용률을 국제비교해 보면, 우리나라는 66.1%로 OECD 회원국 35개국 중 21위를 기록하고 있으며, OECD 평균 68.4%에 비해 다소 낮은 수준이다.

(출처 : Janet Currie and Hannes Schwandt, Short and long term effects of unemployment on fertility, 2014. 10.)

17) 실업률 1%p 상승 시 인구 10만 명당 강력범죄 14~32건 증가(2013년, 美 50개 주)

[표 1-7] OECD 주요국의 15~64세 고용률 (단위 : %)

구 분	2007	2008	2009	2010	2011	2012	2013	2014	2015	2016
프랑스	64.3	64.9	64.1	64.0	63.9	64.0	64.0	64.2	64.3	64.6
한 국	63.9	63.8	62.9	63.3	63.9	64.2	64.4	65.3	65.7	66.1
OECD 평균	66.5	66.5	64.8	64.5	64.8	66.0	66.2	66.9	67.6	68.4
미 국	71.8	70.9	67.6	66.7	66.6	67.1	67.4	68.1	68.7	69.4
일 본	70.7	70.7	70.0	70.1	70.3	70.6	71.7	72.7	73.3	74.3
영 국	72.4	72.7	70.6	70.2	70.2	70.7	71.1	72.6	73.2	74.3
독 일	69.0	70.2	70.4	71.2	72.7	73.0	73.5	73.8	74.0	74.7

※ 출처 : OECD Stats.[2012년~2016년 OECD 평균은 통계가 생산된 국가 등의 단순평균값을 인용한 것이다(2007년~2011년은 인구 비중을 이용한 가중평균값임)].

일반적으로 고용률이 낮으면 실업률은 높을 것으로 생각되나 우리나라의 실업률은 2017년 기준 3.7%로서 OECD 회원국 평균(2016년 기준) 6.3%에 비해 크게 낮은 수준이다. 2017년 청년(15~29세) 실업률도 9.9%로서 전체 실업률보다 2배 이상 높지만 OECD국가 평균(2016년 기준, 12.9%)보다는 낮다.

우리나라 실업률이 OECD 국가들에 비해 크게 낮은데도 왜 고용률이 이들 국가들보다 높지 않을까? 실업률은 '경제활동인구 중 실업자 수'로 계산한다. 따라서 경제활동인구와 비경제활동인구를 어떻게 분류하느냐에 따라 실업률은 달라질 수 있다. 현재 정부가 발표하는 공식실업률은 조사기간 중에 실망 실업자와 같이 구직활동을 지속하다 취업될 가망성이 없다고 판단해서 스스로 취업을 포기한 사람이나 가정주부, 일할 수 없는 연로자, 학생, 심신장애자 등을 '경제활동인구'에서 제외하고 있어 실제보다 실업률이 과소 추정되는 문제가 있다.[18] 국민들이 피부로 느끼는 체감실업률보다

18) 그 결과 우리나라의 경제활동참가율(15~64세)은 2017년 기준 69.2%로서 OECD 국가 평균 73.9%(2016년 기준)에 비해 많이 낮은 수준이다.

공식실업률이 낮은 이유가 여기에 있고 국가 간 비교에도 한계가 있는 것이다. 따라서 정부는 2015년부터 보조지표로 체감실업률을 발표하고 있다. 2017년 청년체감실업률(고용보조지표3)은 22.7%로서 청년체감실업자는 114만 명에 이른다.

참고 : 고용보조지표

고용보조지표란 노동공급과 수요가 일치하지 않아서 일하고 싶은 욕구가 있음에도 불구하고 일을 하고 있지 못하는 노동력을 나타내는 지표로서 고용률·실업률과 함께 고용시장 상황을 다각적으로 알려 주는 지표이다.

- 고용보조지표1(%) $= \dfrac{\text{(시간 관련 추가 취업 가능자 + 실업자)}}{\text{경제활동인구}} \times 100$
- 고용보조지표2(%) $= \dfrac{\text{(실업자 + 잠재 경제활동인구)}}{\text{확장 경제활동인구}} \times 100$
- 고용보조지표3(%) $= \dfrac{\text{(시간 관련 추가 취업 가능자 + 실업자 + 잠재 경제활동인구)}}{\text{확장 경제활동인구}} \times 100$

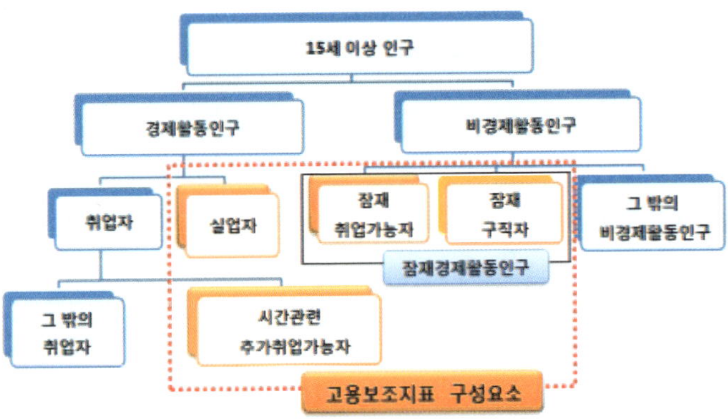

※ 출처 : 통계청

이러한 실업률의 한계 때문에 OECD는 고용률을 적극 활용하도록 권장한다. OECD는 고용률을 생산가능인구(15세 이상 64세 이하) 중 취업자가 차지하는 비율로 계산하여 국가 간 비교를 한다. 예를 들어, 이때 고용률이 70%라고 하면 15~64세 100명 중 70명이 취업자라는 뜻이다. 따라서 고용률은 실업률 통계의 문제점을 보완해 준다.

우리나라의 경우 고용률이 낮은 이유는 청년·여성의 낮은 고용률과 노동시장의 경직성, 산업구조 등에 기인한다. 청년의 경우 높은 대학진학률, 군 복무, 취업 준비 장기화 등으로 선진국에 비해 노동시장 진입 시기가 늦어지고 있다. OECD 통계에 따르면 한국의 청년(15~29세 기준) 경제활동참가율은 46.9%(2016년 기준)로 주요 선진국인 프랑스(53.7%), 일본(59.7%), 독일(62.1%), 미국(64.8%), 영국(71.0%)뿐 아니라 OECD 평균(58.9%)에 비해서도 크게 낮은 수준이다. 이에 따라 청년(15~29세) 고용률도 2016년 기준 42.3%로 OECD 평균인 52.3%에 비해 10%포인트나 낮게 나타난다.

고용률을 성별로 살펴보면 남성의 고용률(2016년 기준 75.8%)은 OECD 평균(74.8%)에 비해 오히려 높은 수준이나 여성 고용률(2016년 기준 56.2%)이 OECD 평균(59.4%)에 비해 낮은 상황이다. 특히, 미국(64.0%), 일본(66.1%), 영국(69.5%), 독일(70.8%) 등 주요 선진국과는 큰 폭의 격차를 보이고 있다. 우리나라 여성의 고용률이 낮은 것은 출산과 육아 부담이 큰 데다 일과 가정의 양립 문화가 성숙되지 않고 있고 시간제 일자리 같은 여성이 필요로 하는 일자리가 크게 부족한 데 주로 기인한다. 이처럼 여성들이 지속적으로 일할 수 있는 여건이 미흡하다보니 경력 단절이 많이 발생하고 있다. OECD 주요국의 여성 취업자 중 단기간 근로자 비중(2016년 기준)을 보면 한국은 16.5%로 프랑스(22.0%), 일본(37.1%), 독일(36.9%), 영국(37.5%) 등 주요국에 비해 크게 낮은 수준이며, OECD 회원국 평균인 25.8%에도 못 미치는 수준에 불과하다.

[표 1-8] OECD 주요국 성별 · 연령별 고용률 (단위 : %, 2016년 기준)

구 분	고용률(15~64세)			연령별 고용률		
	전체	남자	여자	15~29세	30~54세	55~64세
프랑스	64.6	68.0	61.4	44.1	81.3	49.9
한 국	66.1	75.8	56.2	42.3	77.2	66.1
OECD 평균	67.0	74.8	59.4	52.3	80.4	59.2
미 국	69.4	74.8	64.0	59.4	78.2	61.8
일 본	74.3	82.5	66.1	56.8	83.2	71.4
영 국	74.3	79.1	69.5	64.4	83.3	63.6
독 일	74.7	78.5	70.8	58.3	85.1	68.6

※ 출처 : OECD Stats.(http://stats.oecd.org), OECD employment database, 2017. 12. 18.

또한 정규직에 대한 과도한 고용 보호 등 노동시장의 경직성이 기업 고용의 제약 요인으로 작용한다는 분석도 있다. 산업구조 면에서는 고용 창출력이 높은 전문과학기술 서비스, 금융보험업 등 고부가가치 서비스업의 일자리 창출이 선진국에 비해 미흡한 것이 고용률 저하의 원인으로 작용하고 있다.

[표 1-9] 업종별 취업자 비중 (단위 : %, 2016년)

구 분	한 국	영 국	독 일	프랑스
서 비 스 업	70.6	80.7	71.8	76.5
도 소 매 업	14.2	13.2	14.1	12.9
숙 박 음 식 업	8.7	5.4	3.8	3.8
전문과학기술서비스업	4.2	7.2	5.7	5.7
금 융 보 험 업	3.0	3.9	3.2	3.3

※ 출처 : OECD

2) 청년 고용률은 감소, 고령층 고용률은 증가

청년층(15~29세)의 취업난이 가중되고 있다. 청년층의 경제활동 참가율은 2004년 49.2%에서 2013년에 43.2%까지 하락하다가 2017년에는 47.1%로 다소 상승했으나 여전히 낮은 수준이다. 고용률도 2005년 45.1%에서 2013년 39.7%로 하락했다가 2017년에는 42.5%로 다소 높아졌다.

[그림 1-18] 청년층(15~29세) 경제활동참가율 및 고용률 추이

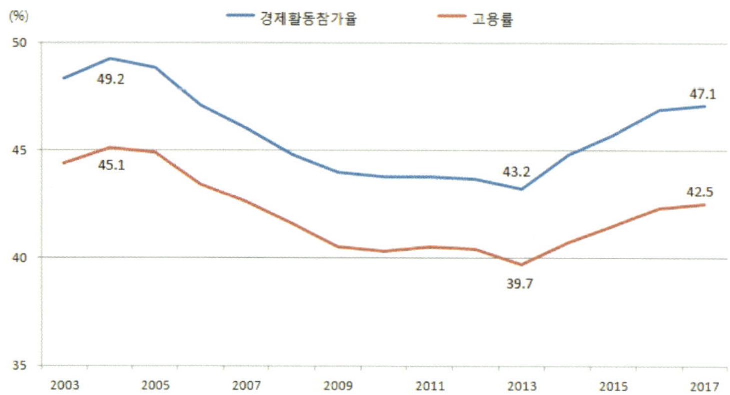

더욱 심각한 것은 취업 의사와 능력은 있으나 조사기간 중 구직 활동을 하지 않거나 또는 조사대상 기간 중 일시적인 사유로 취업이 가능하지 않아 비경제활동인구로 분류되는 청년들이 2017년 기준으로 63만 명에 이른다는 것이다. 또한 학업을 수행하지 않는 무직이면서 구직 활동을 적극적으로 하지 않는 청년층(니트 NEET) 비중이 18.8%(2016년 기준)로 OECD 36개 회원국(평균 13.9%) 중 7번째로 높다.

이는 청년층의 높은 고학력과 관련이 깊다. 우리나라의 대학 진학률은 2016년 기준 69.8%로 OECD 평균 43%보다 매우 높다. 대

졸 이상 고학력 노동력이 꾸준히 양산된 반면 외환위기 이후 기업의 구조조정과 경제의 저성장 국면 진입 등으로 고학력 청년들이 희망하는 일자리는 크게 늘지 않아 청년들의 취업난을 더욱 심화시키고 있다. 그러다 보니 결국 고학력 청년 취업 계층은 현시점의 저임금 일자리를 선택하는 대신 미래의 고임금 일자리를 얻기 위해 구직을 포기하는 상황이 벌어지고 있다. 더구나 질 좋은 일자리와 저임금 일자리 간의 이동이 더욱 어렵게 되면서 첫 직장이 향후 고용의 질을 결정하는 상황이 고착되자 청년들이 섣부르게 저임금 일자리를 선택하지 않는다.

그 결과 청년층이 노동시장에 진입하는 평균 연령도 2004년 22.5세에서 2010년 23.3세, 2016년 23.6세로 점차 높아지는 등 미취업 상태가 길어지는 상황이 벌어지고 있다. 청년 실업 문제가 심각해지면서 취업에 대한 희망과 의지조차 잃어버린 청년층이 늘고 있다.

앞서 얘기했듯이 우리나라는 청년층(15~29세) 고용률이 OECD 평균에 비해 크게 낮은 수준이지만, 반면 65세 이상 고용률은 2016년 기준 30.7%로 미국(18.6%), 일본(22.3%), 영국(10.6%)보다 크게 높고, OECD 평균(14.1%)보다 2배 이상 높다. 이는 연금제도 등 사회안전망의 부족, 농촌 고령층의 활발한 근로 등에 기인한다.[19] 이에 따라 65세 이상 고령층을 포함한 15세 이상 고용률은 주요 선진국보다 오히려 높다.

2008년 글로벌 금융위기 이후 경제성장률이 크게 하락한 상황에서도 고용률이 많이 떨어지지 않은 것은 고령화로 과거 은퇴 연령층이었던 55세 이상 장년층이 늘어난 데다 이들의 경제활동참가율

---

19) 농림어업 취업자 비중(2016년) : 한국 3.9%, 미국 1.4%, 일본 2.5%

이 상승한 데 기인한다. 이들 베이비부머의 은퇴가 본격화된 2010년 이후에도 오히려 이들의 경제활동 참여는 더욱 늘어났다.

연령대별 경제활동참가율을 보면, 유일하게 청년층의 경제활동참가율만 2005년 48.8%에서 2017년에는 47.1%로 1.7%포인트 감소하였다. 반면 50대와 60세 이상 인구의 경제활동참가율은 같은 기간 각각 7.2%포인트와 3.7%포인트 늘어나면서 이들의 경제활동참가율 상승이 전체 고용율의 상승을 견인했다.

특히 이들 장년층은 은퇴 후 새로운 직장을 구하기 어렵게 되자 상대적으로 낮은 임금을 감수하면서 서비스업 등의 취업 활동에 적극 나서거나 영세 자영업에 뛰어들고 있는 형편이다. 이것이 표면상 고용률이 크게 감소하지 않는 이유다.

[표 1-10] 연령대별 경제활동참가율 (단위 : %, %p)

구 분	2000	2005(A)	2010	2012(B)	2017(C)	증 감	
						B − A	C − A
15~29세	47.2	48.8	43.8	43.7	47.1	−5.1	−1.7
30~39세	75.2	74.8	74.6	75.0	77.9	0.2	3.1
40~49세	79.2	79.1	79.8	80.0	81.1	0.9	2.0
50~59세	68.7	69.9	72.7	73.8	77.1	3.9	7.2
60세 이상	38.2	37.4	37.0	38.4	41.1	1.0	3.7
65세 이상	29.6	30.0	29.4	30.7	31.7	0.7	1.7

※ 출처 : 통계청(http://kosis.kr), 경제활동인구조사

[표 1-11] 2017년 고용 현황

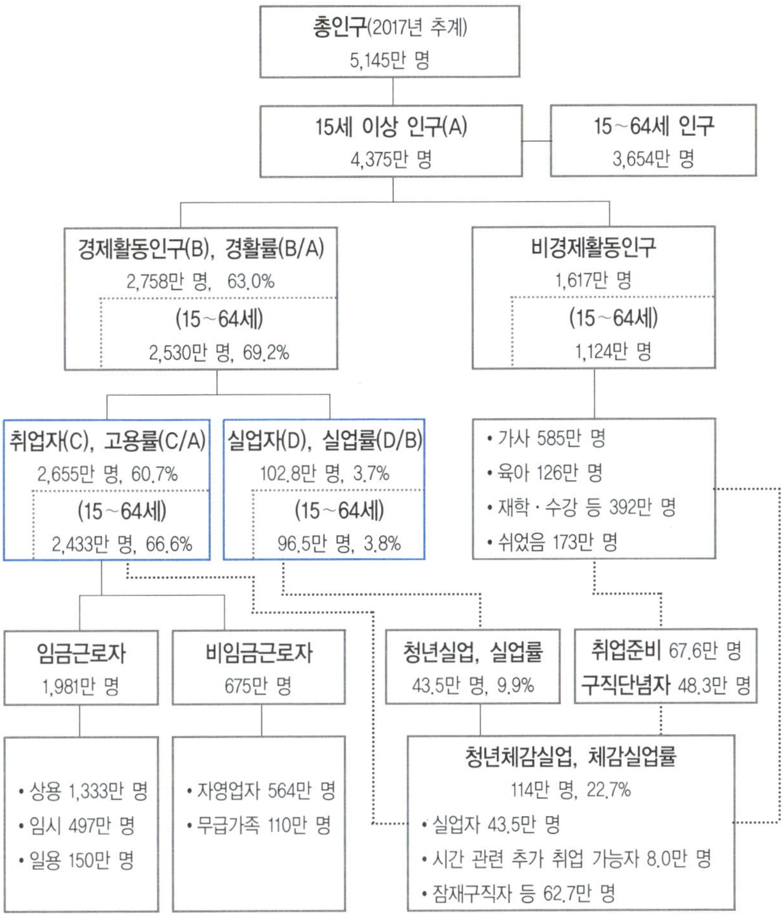

※ ① 취업자 : ⓐ 조사대상 주간(15일이 속한 주)에 수입을 목적으로 1시간 이상 일한 자
ⓑ 주당 18시간 이상 일한 무급가족 종사자
ⓒ 직업 또는 사업체가 있으나 공장정비 등 일시적인 사유로 일하지 못한 일시휴직자
② 고용률(%) = (취업자 ÷ 15세 이상 인구) × 100
③ 실업률(%) = (실업자 ÷ 경제활동인구) × 100
④ 취업준비 = 취업을 위한 학원 · 기관 수강 + 학원 · 기관 수강 외 취업준비
⑤ 체감실업률에는 단시간 근로자 중 추가 취업을 희망 · 가능한 사람, 취업준비생 등 구직활동은 없지만 취업을 희망 · 가능한 사람 등을 광의의 실업자로 포함
⑥ 15~64세는 OECD의 국제 비교기준

(3) 저성장 고착화와 고용 없는 성장으로 일자리 창출기반 지속 약화

그간 우리 경제는 수출 제조업 중심의 산업화를 기반으로 급속히 성장해 왔다. 산업사회에서 경제성장은 일자리 창출과 같은 개념이었다. 별도의 일자리정책을 시행하지 않더라도 성장률이 올라가면 고용은 이와 연동되어 자동으로 늘어났기 때문에 성장 자체가 곧 좋은 일자리 창출 정책이었다.

그러나 1997년 외환위기 이후 제조업의 성장률이 빠르게 둔화되는 가운데 취업유발계수[20]도 크게 떨어져 일자리 창출기반이 크게 약화되고 있다. 그 이유는 무엇보다 성장과 고용의 연결고리가 크게 약화된 데에 기인한다. IT기술 발전과 생산성 향상으로 산업구조가 고용 절약적 구조로 전환되고 특히 그동안 성장과 일자리를 선도해 오던 대기업들이 경영 효율화를 통해 고용을 줄이고 있기 때문이다.

이제 대기업과 제조업 그리고 수출주력업종은 지속 가능한 고용 창출력 유지에 많은 어려움이 있다. 대기업의 취업유발계수는 중소기업과 비교하면 크게 낮다. 그 결과 대기업 일자리가 차지하는 비율은 그동안 계속 줄어왔다. 선진국들은 전체 기업 중 250인 이상의 대기업이 차지하는 일자리 비율이 30~50%인 데 반해 우리나라는 12%에 불과하다. 2006년 대비 2016년 10년간 종사자 수가 306만 명 증가했는데 중소기업 종사자 수가 251만 명 증가하고, 대기업 종사자 수는 55만 명 증가에 그쳤다. 또한 300人 이상 사업체 취업자 수를 보면 2014년 11.7만 명 증가 → 2015년 9.3만 명 증가 →

20) 취업유발계수 증감률(1997년 대비 2014년, %) : (제조업)△67.0 (서비스업)△26.1

2017년 상반기 2.1만 명으로 꾸준히 감소세를 보이고 있다.

제조업의 취업유발계수 역시 서비스업의 절반에도 미치지 못한다. 2014년 기준으로 전 산업 취업유발계수가 12.9인 데 비해 주력업종인 반도체는 3.6, 석유 1.9, 화학은 6.3에 그치고 있다. 또한 수출의 취업유발계수 역시 내수에 크게 미치지 못한다. 이제 수출대기업 위주 성장정책은 고용정책으로 유효하지 않고 중소기업과 내수 및 서비스업을 육성해야 하는 이유가 여기에 있다. 그러나 일자리의 대부분을 차지하는 중소기업의 수익성[21]이 제약되면서 추가적인 양질의 일자리 창출이 어려운 상황이다. 더욱이 글로벌 금융위기 이후에 한국 경제가 저성장의 늪에 빠지면서 그나마 일자리 창출이 더욱 위축되고 있다.

[그림 1-19] 전 산업 취업유발계수 추이

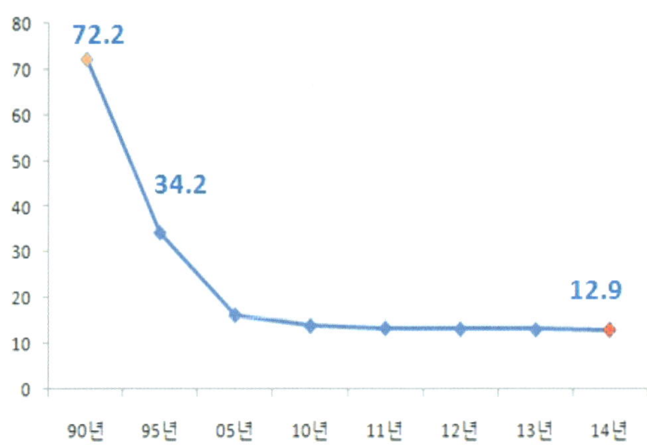

※ 출처 : 한국은행

21) 大/中企 영업이익률(%) : (2010년)6.48/3.29 (2013년)4.66/3.15 (2014년)4.42/3.12 (2015년)5.48/3.55

[그림 1-20] 분야별 취업유발계수(2014년 기준) (단위 : 명 / 10억 원)

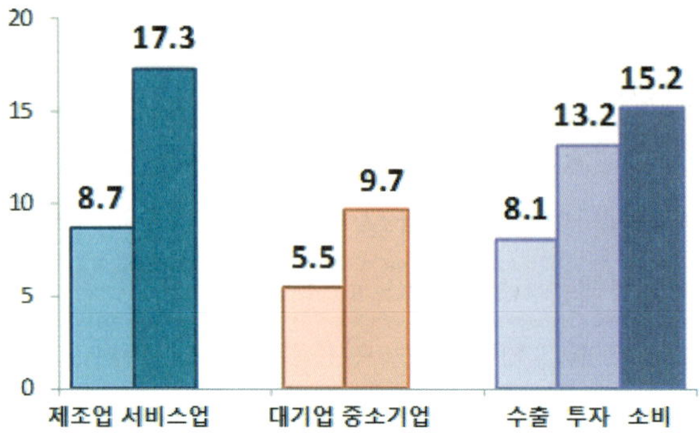

※ 출처 : 한국은행(대 · 중소기업 취업유발계수는 2013년 제조업 기준)

또한 기업들이 높은 인건비와 사업 환경의 악화 그리고 현지화 전략 차원에서 해외로 눈을 돌려 공장의 해외 이전이나 해외 아웃소싱을 하면서 성장은 하는데 오히려 일자리는 늘지 않거나 줄어드는 결과를 가져왔다. 2005년부터 2015년 사이 국내 제조업체가 해외에서 만든 일자리가 53만 개에서 163만 개로 110만 개나 증가했다. 반면 국내에서 외국 기업이 만든 일자리는 같은 기간 20만 개에서 27만 개로 7만 개 느는 데 그쳤다.[22] 우리 기업들이 해외에 나가 창출한 일자리가 급격히 늘고 있다는 얘기다. 국내 제조업에서 쓸 만한 일자리가 사라지고 있다는 우려가 나오는 것도 이와 무관하지 않다.

이러한 결과로 경제 규모가 커지는 것에 비해 고용률이 오르지 못하고, 고용의 질도 계속 악화되고 있다. 또한 저임금 서비스업과 고용안정성이 낮은 건설업(일용직), 영세 자영업자 등이 일자리 창출을 견인하고 있고 서비스업의 생산성 정체[23] 등으로 인해 양질의

22) 출처 : 대한상의 자료

23) 제조업(=100) 대비 서비스업 생산성(2014년) : (한국)45.1 (OECD 평균)90.4

일자리가 크게 부족한 실정이다. 고용률[24]은 조금씩 향상되고 있으나 수출호조 등으로 인한 경기 회복세의 확대에도 불구하고 취업자 증가 규모는 20만 명대 후반으로 둔화되고 있다.[25]

[그림 1-21]

취업유발계수 추이 　　　　　　　　산업별 취업자 증감 추이

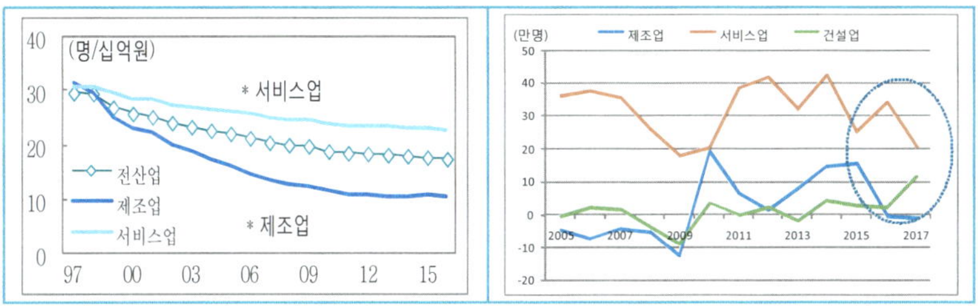

※ 자료 : 한국은행 　　　　　　　　※ 자료 : 통계청

(4) 일자리 질 저하

정부의 일자리정책은 일자리 수를 늘리는 것도 중요하지만 질 좋은 일자리를 창출하는 데에도 중점을 두어야 한다.

대・중소기업, 제조・서비스업 간 격차가 확대되는 과정에서 고용의 큰 비중을 차지하는 중소기업・서비스업의 저임금이 고착화되고 있다. 또한 비용절감과 고용유연성을 위한 비정규직 사용유인이 지속되고 있다. 정규직 증가율은 2005～2009년간 3.1%에서 2013～2016년간 2.4%로 증가폭이 축소되고 있는 반면, 같은 기간

24) 15～64세 고용률(%) : (2015년)65.7 　(2016년)66.1 　(2017년)66.6
(2017년 상반기)66.3 　(3/4분기)66.9

25) 취업자 수 증감(전년비, 만 명) : (2014년)53.3 　(2015년)33.7 (2016년)29.9
(2017년)31.7, 　1/4분기 36.0 → 2/4분기 36.7 → 3/4분기 27.9 → 4/4분기 26.2

비정규직 증가율은 1.2%에서 2.7%로 대폭 커졌다. 1990년대 이래 추진된 고용 유연화 정책의 결과 노동시장의 이중구조는 심화되고 노동법의 사각지대는 확대되었다. 이는 사회적 양극화로 이어졌다. 근로빈곤층의 확대와 고착화는 이들에게 적절한 권리가 제공되지 않은 채 이들을 노동시장의 종속적 지위에 방임함으로써 발생하였다. 이들이 인간으로서 존엄을 유지하도록 하기 위해서는 사회적 기본권으로서 노동권이 부여되어야 한다. 이 대응이 시급한 곳이 비정규직 영역이다.

비정규직 문제는 우리 경제의 양극화, 빈곤화, 저출산, 가계부채 증가, 높은 자살률 등 각종 사회문제를 유발하는 원인이 되고 있다.

2017년 8월 현재 우리나라 비정규직은 전체 임금근로자 1,988만 명의 32.9%에 해당하는 654만 명으로 비정규직 근로자의 95%가 300인 미만 사업장에 집중되어 있다. 4대 보험 등 사회안전망에서 배제되어 있는 취약계층까지를 비정규직에 포함하면 사실상의 비정규직은 900만 명에 이른다. 비정규직의 고용불안과 차별을 해결하지 않고는 노동존중사회는 물론 복지국가로 나아갈 수 없다.

[표 1-12] 정규직 · 비정규직 현황

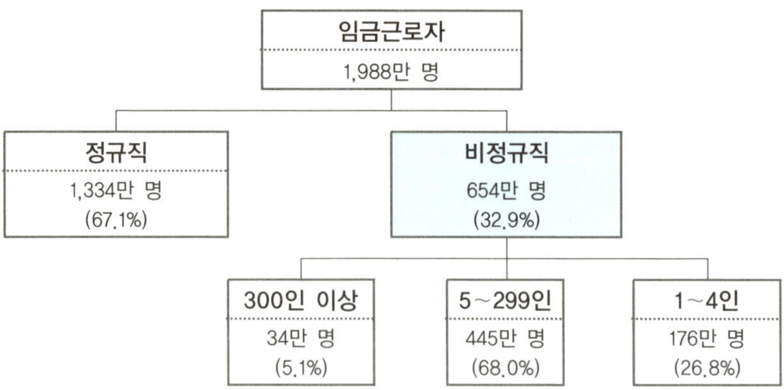

※ 출처 : 통계청, 경제활동부가조사(2017년 8월)

정규직과 비정규직 그리고 대기업과 중소기업 간 격차는 계속 확대되고 있다. 2016년 기준 대기업 정규직 임금을 100으로 볼 때 대기업 비정규직 62.7% > 중소기업 정규직 52.7% > 중소기업 비정규직 37.4%로 파악되고 있다{**[그림 1-17]** 고용형태별 임금 격차(p.53) 참조}.

최근 고용의 질이 악화되고 있는 것은 제조업 중심의 산업사회가 서비스업 중심의 지식기반사회로 바뀌면서 대부분의 일자리가 서비스업에서 창출되고 있기 때문이다. 생산성이 낮은 서비스업 일자리가 늘어나면서 일자리 질이 과거보다 악화되고 있다.

특히나 대기업의 일자리는 줄어든 반면에 중소기업의 일자리가 늘어나면서 아무래도 급여나 고용조건 면에서 열악한 일자리가 많아지고 있다. 대기업들이 기계화 등 인력절감투자 확대와 공장의 해외 이전 등으로 고용흡수력이 떨어질 뿐만 아니라 정규직 채용을 최소화하고 외주화를 늘려가면서 중소기업들이 일자리 창출을 주도하고 있다. 그런데 중소기업과 대기업의 임금 격차가 더욱 벌어지면서 임금의 양극화가 심화되고 있다. 대기업 대비 중소기업의 임금 수준은 1999년 71%였으나 2016년에는 51.7%까지 떨어져 있다. 그러다 보니 일자리는 늘었는데 일자리의 질은 더욱 악화되고 있다.[26]

---

26) <2015년 기준>

- 전체 사업체 수 3,604,773개 = 중소기업 3,600,882개(99.9%) + 대기업 3,891개(0.1%)
- 전체 종사자 수 16,775천 명 = 중소기업 15,127천 명(90.2%) + 대기업 1,647천 명(9.8%)
- 규모의 영세성 : 중소기업 3,601천 개 = 중기업 101천 개(2.8%) + 소기업 407천 개(11.3%) + 소상공인 3,093천 개(85.8%, 도소매 및 음식숙박업 150.4만 개, 개인서비스업 28.0만 개)

더구나 근로시간이 OECD 최장수준을 유지하고 있고,[27] 최저임금 등 법적 권리조차 보호받지 못하는 근로자가 다수[28]이다.

(5) 청년 고용 여건 더욱 악화

청년의 경우 다른 연령대에 비해 실업률과 체감실업률(광의의 실업률)이 2배 이상 높게 나타나는 등 어려움이 큰 상황이다.[29] 이는 주요 구직계층인 20대 후반 인구가 큰 폭 증가(2017년 8.7만 명 증가)하고 있는 데 주로 기인한다. 청년층의 노동시장 참가(구직자)가 늘어나면서 청년 고용률이 증가하고 있으나, 늘어난 구직자 일부가 실업상태에 머물며 실업률도 함께 상승하고 있다.[30]

---

27) 연간 근로시간(2016년) : (韓)2,052 (美)1,789 (日)1,724 (獨)1,298

28) 최저임금 미만율(%, 2016년) : (10대)23.8 (20대)7.5 (30대)4.3 (40대)6.3 (50대)8.3 (60대~)14.4

29) 2017년 실업률 : (전체)3.7% (청년)9.9%
체감실업률 : (전체)11.1% (청년)22.7%

30) 청년 고용률(%) : (2013년)39.7 (2014년)40.7 (2015년)41.5 (2016년)42.3 (2017년)42.5
청년 실업률(%) : (2013년)8.0 (2014년)9.0 (2015년)9.2 (2016년)9.8 (2017년)9.9

[그림 1-22] 청년 고용률과 청년 실업률

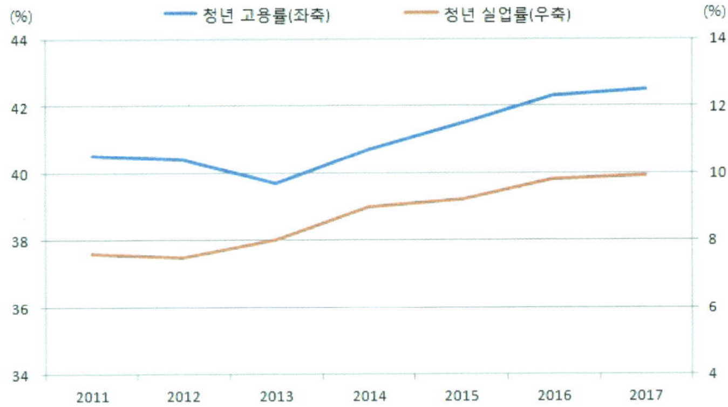

※ 자료 : 한국은행

에코붐 세대(1991년~1996년생)의 본격적인 고용시장 진입으로 문재인 대통령 임기 중 청년 고용 여건이 매우 어려울 것으로 전망된다. 20대 후반 인구(25~29세) 증가세가 이어지는 2021년까지 청년 고용애로가 지속되고 특히, 2018년과 2019년의 어려움이 클 전망이다. 20대 후반 인구는 2017년부터 2021년까지 39만 명이 증가[31)]한 이후 2022년부터 2026년까지는 37만 명이 감소하고 그 이후 5년간은 무려 81만 명이 대폭 감소할 것으로 전망된다.

31) (2017년)+9.5만 명 (2018년) 11.0만 명 (2019년)+8.3만 명
(2020년)+5.5만 명 (2021년)+4.5만 명

[그림 1-23]

청년인구 전망

20대 후반 인구 증감

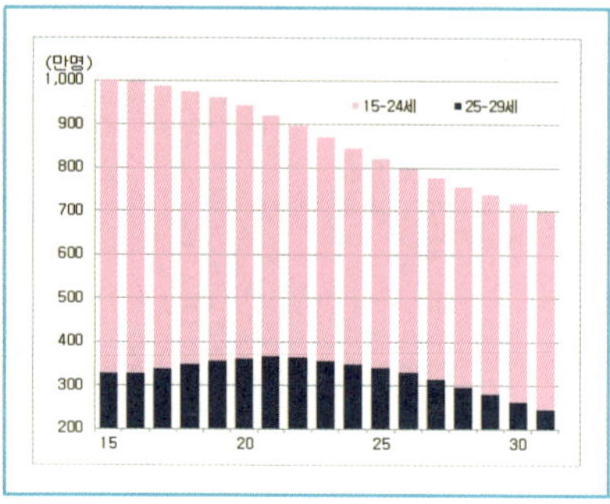

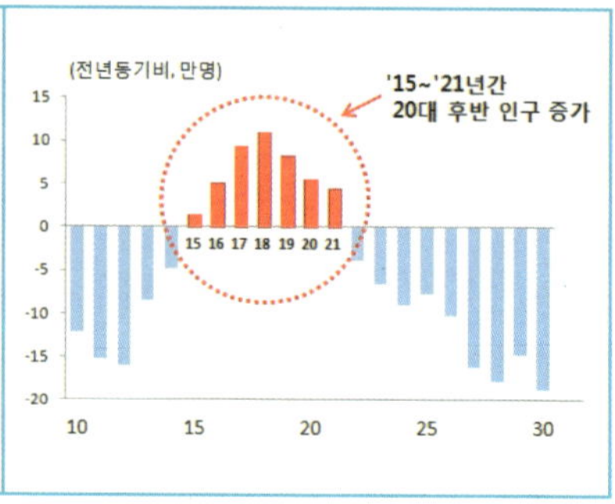

※ 자료 : 통계청

대학진학률 하락[32)]에 따른 조기 구직성향, 대기업의 경력직 선호,[33)] 청년층의 단기 일자리 감소 등도 최근의 청년고용 수급 여건의 악화 요인으로 작용하고 있다. 우리나라 대학진학률은 2008년 83.3%로 정점을 찍은 뒤 2016년에는 69.8%까지 떨어졌다. 2014년~2016년 청년고용 증가의 77%를 담당했던 음식숙박업 일자리도 2017년 들어 10대와 20대 초반 연령층에서 감소로 전환했다.[34)]

또한 새 정부 출범 이후 공공부문 인력증원 기대감 등으로 취업준비생(광의의 실업자)이 늘어나면서 광의의 실업률인 청년 체감실업률[35)]이 22%대에 달하고 있다. 체감실업률(고용보조지표3)은 단시간 근로자 중 추가 취업을 희망·가능한 사람과 취업준비생 등 구직활동은 없지만 취업을 희망·가능한 사람 등을 광의의 실업자로

32) 대학진학률(%) : (2000년)68.0 (2004년)81.3 (2008년)83.8 (2012년)71.3 (2015년)70.8 (2016년)69.8

33) 경력직 채용 비중(%) : (2011)19.7 → (2013)21.9 → (2015)27.1 → (2016)29.3

34) 연령별 음식숙박업 취업자 증감(전년동기비, 만 명, 2016년→2017년 상반기→2017년 하반기) : (15~19세)0.8→△0.5→△1.7 (20~24세)2.0→△1.4→△1.1 (25~29세)2.1→1.8→2.1

35) 청년 체감실업률(고용보조지표3, %) : (2015년)22.0 (2016년)22.0 (2017년)22.7

포함시키고 있다. 2017년 체감실업률 상승은 대부분 취업준비생(2017년 : 4만 명 증가) 등 잠재구직자 증가에 기인한다. 취업시험 준비자는 공무원 · 교원 등 공공 부문 외에 자격증 취득, 일반기업 등 민간 부문에서도 증가하고 있다.[36)]

[그림 1-24]

청년 실업률과 체감실업률　　　청년취업준비생

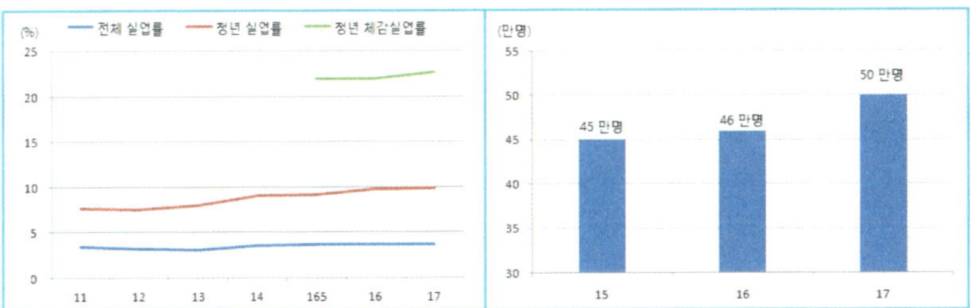

[그림 1-25] 전체 고용률 및 청년 고용률 추이

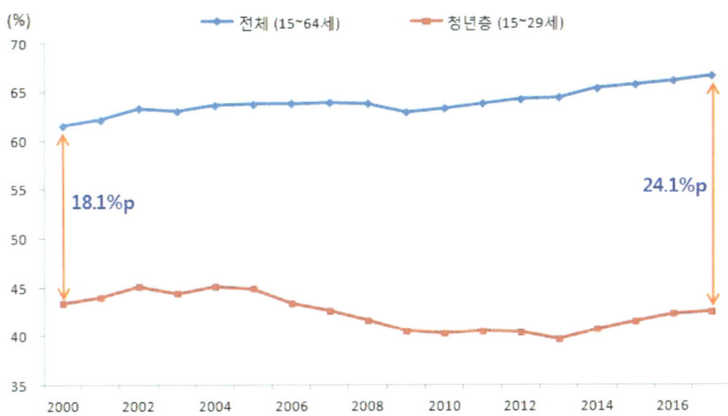

36) 분야별 취업시험준비자(만 명, 전년동기비 증감, 2017년 5월 청년층 부가조사) : 일반 공무원 26(+0.5), 교원 4.5(+1.2), 기능자격증 11(+2.0), 기업 15(+0.6)

(6) 임금노동자는 증가하는데 국민소득 중 노동자의 몫 감소

한국은행에 따르면 1999년 58.3%였던 노동소득분배율은 2008년 61.9%까지 상승했다. 그러나 이명박 정부시절인 2010년에는 59.4%까지 하락하다가 2012년에는 60.9%, 2016년 현재는 약 64% 수준으로 높아졌다.

노동소득분배율은 국민소득[NI, National Income](피용자 보수 + 영업 잉여)에서 노동소득(피용자 보수)이 차지하는 비율을 의미한다. 노동소득분배율은 노동의 가격이 자본의 가격보다 높을수록, 한 나라의 산업이 노동집약적일수록, 총취업자 중 피용자의 비율이 높을수록 그 값이 커지게 된다.

이명박 정부 5년간 전체 취업자 중 임금노동자 비율은 2008년 68.7%에서 해마다 뛰어 2012년 71.8%로 증가했지만, 이들 전체에게 돌아가는 몫은 오히려 줄어든 우려스러운 상황이 발생했다. 이에 따라 아래 그림에서 보듯이 임금노동자 비중과 노동소득분배율의 격차는 최근 10년간 점점 벌어지고 있다. 이는 '기업 프렌들리' 정책 기조로 비정규직이 늘고 노동 여건이 개선되지 못하면서 고용의 질이 악화되었기 때문이다. 이런 흐름은 소득과 자산의 양극화를 가져와 가계소비를 위축시키고 궁극적으로 투자와 경제성장을 저해하여 일자리 창출에 나쁜 영향을 미친다.

[그림 1-26] 임금노동자 비중 및 노동소득분배율 추이

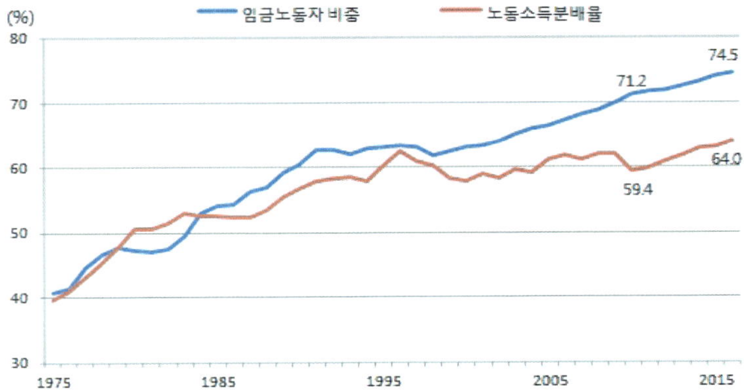

※ 출처 : 임금노동자 비중(통계청), 노동소득분배율(한국은행)

한편, 우리나라의 노동소득분배율이 낮은 이유는 자영업자가 많은 구조적 특성 때문이라는 지적도 있다. 이는 전체 일자리 중 자영업자 비중이 OECD 국가(2015년 기준 평균 15.8%) 중 최고 수준인 25.9%라서 생기는 현상이라는 것이다. 특히 구멍가게나 음식점을 경영하는 영세 자영업자들은 사실상 근로자들과 비슷한 처지이며, 이들의 소득도 사실상 근로자들의 임금과 비슷한데 이들의 소득은 노동소득으로 잡히지 않고 자영업을 운영하는 기업의 소득으로 분류되는 점을 강조한다.

따라서 재계에서는 자영업자도 사실상 근로자와 비슷하니 이들의 소득도 모두 반영한 '보정노동소득분배율'을 따로 구해 보면 선진국보다 오히려 높다고 주장한다. 이 수치는 주로 재계에서 노동계의 임금 인상 요구를 반박하는 근거로 활용한다. 그러나 이 반론은 임금 노동자 비중은 계속 높아지는데도 노동소득분배율은 계속 떨어지는 추세에 대한 적절한 해명이 되지는 못한다.

이와는 별개 문제로 우리나라의 자영업 비중이 높은 것은 노동시장이 경직돼 재취업이 어려운 퇴직자들이 주로 음식점이나 편의

점, 빵집 등을 차렸기 때문이다. 이들의 빈곤화가 한국 경제를 주름지게 하는 주요 원인 중 하나인 것은 분명하다.

(7) 인구구조 변화에 따라 취업자 수 증가세 둔화

저출산 · 고령화가 빠르게 진행되는 가운데 베이비붐 세대와 그 자녀인 에코붐 세대로 인해 연령대별로 인구구조 변화의 양상이 상이하게 나타나고 있다. 2018년부터 생산가능인구(15~64세) 감소세가 본격화될 전망이며, 총인구도 증가세가 둔화되어 2032년부터 감소세로 전환될 것으로 예상된다. 청년인구(15~29세) 감소에도 불구하고 20대 후반 인구는 2017년~2021년간 큰 폭으로 증가한 후 2022년부터는 다시 빠르게 감소될 것으로 예상된다. 한편 55~64세 인구의 빠른 증가세는 2018년까지 이어진 후 점차 둔화되고, 65세 이상 인구의 증가세는 지속적으로 확대될 것이다.

[표 1-13] 연령대별 인구 증감 전망 (단위 : 전년비, 만 명)

구 분	2011~2015 연평균	2016	2017	2018	2019	2020	2021	2022	2023~2028 연평균
총인구	29	23	20	19	18	16	15	14	10
–15~64세	25	18	△1	△5	△7	△24	△23	△25	△36
• 15–24세	3	△4	△19	△23	△22	△25	△26	△26	△14
• 25–29세	△11	1	9	11	8	6	4	△4	△10
• 30–54세	1	△28	△18	△26	△12	△18	△16	△9	△17
• 55–64세	32	50	27	33	19	13	14	9	5
–65세 이상	24	22	31	30	31	44	41	43	52

※ 출처 : 통계청, 장래인구추계

이와 같은 인구구조 변화는 전체 취업자 수 증가세를 둔화시키고 20대 후반(최초 취업시기) 및 55~64세(퇴직 후 재취업시기)의 취업 경쟁을 심화시킬 것으로 전망된다.

2017년 이후 생산가능인구(15~64세)의 감소세 전환은 고용률이 동일하다고 가정할 경우 예년보다 취업자 수 증가 규모를 △2만~△3만 명 수준 둔화시키는 요인으로 작용할 것으로 보인다. 노동시장에 신규 진입하는 20대 후반의 인구가 2021년까지 늘어나면서 청년들의 일자리 여건은 새 정부 임기 내내 어려울 것으로 전망된다. 55~64세(퇴직 후 재취업)는 2010년 이후 인구 증가에 따라 취업자 증가를 주도[37)]해 왔으나, 2019년 이후 취업자 증가세가 점차 둔화될 전망이다.

이와 같은 구조적인 인구제약으로 인해 경기흐름이 개선되더라도 취업자 수의 증가폭은 크지 않겠지만, 경제활동참가율과 고용률은 양호한 흐름을 보일 것으로 전망된다.

[그림 1-27] 15세 이상 인구 및 15~64세 인구증가율 추이

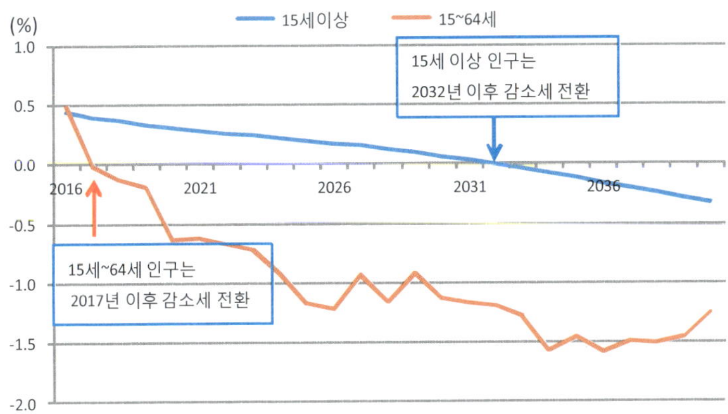

※ 출처 : 통계청, 장래인구추계 통계

37) 2011년~2016년간 취업자 수 증감(연평균, 만 명) : (전체)+40.1 (55~64세)+34.8

2017년에는 여성과 베이비붐(대략 55~65세) 세대의 활발한 노동시장 참여가 지속되었다. 인구구조 변화가 노동공급의 근본적 제약요인으로 작용하는 단계를 향해 가고 있기 때문에, 경제활동 참여가 상대적으로 낮았던 인구집단의 노동시장 참여 활성화를 위한 고용정책의 중요성은 나날이 커지고 있다. 적극적이고 확장적인 노동공급 유인 대책이 필요하다.

아직까지 청년 채용이 개선되는 조짐은 나타나지 않고 있다. 이로 인해 고용률은 답보상태이고, 실업은 높은 상태를 유지하고 있다. 경기적 요인에 더해 대기업과 중소기업 간 근로조건 격차가 너무 커 좋은 일자리가 부족한 것이 원인이다. 단기적으로는 구직활동 기간 일정액의 소득지원을 통해 보다 질 높은 구직활동을 지원하는 정책(예 : 청년구직촉진수당)을 확장적으로 개선하고, 중장기적으로는 일자리 간 격차를 줄이기 위해 공정거래 촉진, 대기업과 중소기업 간 성과공유제 같은 경제주체들의 자발적인 격차 해소 노력이 활성화되도록 정책을 조정해 나가야 한다.

국민행복지수의 추락 6

세계가 부러워하는 경제성장을 이뤄 내고 세계적으로 위상을 드높인 한국 국민은 그에 상응하는 삶의 질을 누리고 있을까? 외형은 놀라울 만큼 성장했지만 국민의 행복지수는 추락하고 있다. 더욱이 경제의 성장 엔진마저 멈춰 한국 경제의 지속 가능한 발전에 대한 커다란 불안감이 사회 전체에 드리워져 있다.

경제성장, 수출입, 국민소득 등을 나타내는 경제지수와 국민의 삶의 질을 나타내는 행복지수는 가위의 양날과 같다. 양날의 간격이 너무 멀어지면 종잇장 하나도 잘라 낼 수 없는 것처럼 두 지수가 간격을 좁히지 못하면 사회적 갈등과 마찰로 결국은 양적 성장도 지속 가능성을 갖기 어렵다. 국가 경제력과 국민행복지수가 동반성장할 때 그야말로 선진한국의 꿈이 실현될 수 있다. 대한민국이 지속적으로 발전하고 그 속에서 국민의 행복지수를 높여가는 두 마리 토끼를 모두 잡기 위해서는 경제성장률, 수출증가율, 경상수지 흑자 규모 등 거시경제지표 상승에만 주력하는 외형 위주의 성장에서 벗어나야 한다는 얘기다. 경제성장 일변도의 사고에서 벗어나 우리 국민이 경제성장의 성과 속에서 풍요롭고 행복하게 생활하는지 냉정히 성찰해 보아야 한다.

(1) 국제적으로 낮은 국민행복지수

행복은 주관적이다. 그래서 국가별 행복지수를 계량화해 순위를 매기는 것 자체가 무리일 수 있고 객관성이 보장되지 않아 논란의 여지도 많은 것이 사실이다. 그러나 여러 통계를 종합해 미루어 보면 우리나라의 행복지수가 매우 낮은 것은 분명하다.

2017년 UN세계행복보고서에 의하면 우리나라의 행복지수는 세계 157개국 중 56위로 나타나고 있다. 영국의 신경제학재단NEF이 2016년에 발표한 행복지수HPI를 보면 우리나라의 순위는 140개국 중 80위다. 경제협력개발기구OECD가 매년 발표하는 행복지수Better Life Index에서는 조사대상 38개국 가운데 2012년 24위에서 2013년 27위, 2016년 28위로 하락한 것으로 나타났다. 미국의 여론조사기관 갤럽에서도 2011년 우리나라 국민의 행복지수가 세계 97위라고 발표한 바 있다. 이는 148개국의 15세 이상 국민 1,000명씩을 대상으로 일상생활에서 긍정적인 기분을 어느 정도 느끼는지를 조사한 결과다.

국내 조사 역시 마찬가지 결과를 보였다. 2016년 한국보건사회연구원에서 분석한 삶의 질 조사[38]에서는 OECD 회원국 30개국 가운데 29위(0.190점)를 차지했다. 한국보다 삶의 질이 낮은 나라는 헝가리(0.174점)뿐이었다. 상위 5위 안에 든 국가는 노르웨이, 네덜

38) 김상호, 『OECD 국가의 복지수준 비교 연구』, 한국보건사회연구원, 2016. 12.

란드, 덴마크, 스웨덴, 호주였다. 이 조사에서는 자살률, 합계출산율, 기대수명, 삶의 만족도, 여가시간, 부패지수 등을 기반으로 국민행복도를 측정했다.

[그림 1-28] 한국의 행복지수

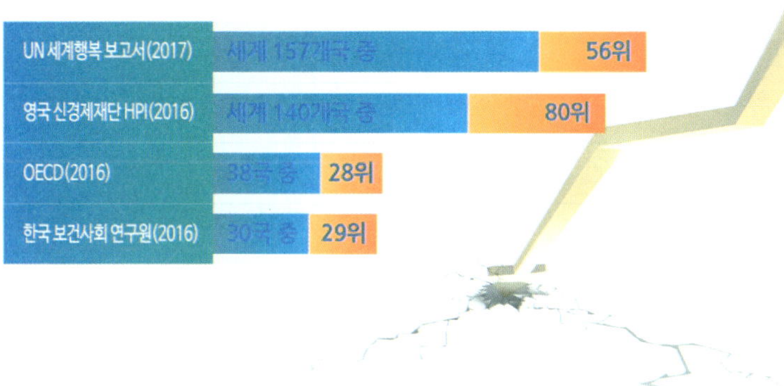

1995년부터 2010년까지 15년간 1인당 국민소득은 1.8배 증가했지만, 삶의 질은 1.3배 개선되는 데 그쳤다는 분석도 있다. 현대경제연구원이 소득, 건강, 안전, 노동, 교육, 환경 등 삶의 질과 관련한 객관적 지표를 토대로 지난 15년간의 변화 추이를 지수화한 결과에 따르면, 2010년 1인당 국민소득은 2,132만 원으로 1995년의 1,196만 원보다 78% 증가했으나, 삶의 질 지수는 같은 기간에 100에서 132.3로 32% 상승하는 데 머물렀다.

굳이 국내외 기관들의 발표 자료를 인용하지 않더라도 국민이 느끼는 행복이 경제성과를 따라가지 못한다는 것은 우리 모두 체감하는 현실이다. 사람들이 이같이 느끼는 이유는 일자리 불안, 소득분배 악화, 범죄율 증가, 전통적인 가족 개념 약화, 물질만능주의, 안보 불안, 각종 사회적 위협 등 매우 복합적이다.

특히 우리 사회의 건강 수준을 나타내는 지표들을 보면 더욱 심각하다. 현재의 어려움을 나타내는 자살률은 세계 최고이고, 미래에 대한 희망과 관련이 높은 출산율은 국가의 존립을 걱정할 정도로 낮다. 이혼율이 급증하면서 가족 질서가 붕괴되고 있으며 사회 범죄는 그 규모와 흉포함이 날로 증가하고 있다. 교통사고 사망률이나 산업재해사망률도 OECD 국가 중 상위 수준이다.

한마디로 한국 사회는 겉보기에는 그럴듯한 풍채지만 속으로는 질병 주머니를 차고 사는 환자 같다. 경제 규모가 커지고 대외 영향력이 확대되는 것이 무색할 정도로 우리 국민의 행복지수는 뒷걸음치고 있는 것이다. 상황이 이렇게 심각한데도 그간 국가 경제 정책의 방향을 결정하는 과정에서 국민의 삶의 질이 제대로 조사·연구되거나 반영되지 못했던 것이 우리의 현실이다.

(2) 피폐해진 사회

1) 자살을 부추기는 사회

우리 국민은 행복하지 않다. 이 사실을 가장 잘 나타내는 지표가 높은 자살률이다. 우리나라의 자살률은 2003년부터 세계 1위다. 2016년 우리나라 인구 10만 명당 자살률은 26.5명으로 OECD 평균(2014년 기준)인 12.0명의 두 배가 넘는 수치다. 한 해에만 지방 중소도시 인구 규모에 해당하는 30여 만 명이 자살을 시도하고, 그중 1만 2,000여 명이 자살로 죽는다. 3년마다 내 고향 함평군만한 인구가 자살로 사라지고 있다. 전쟁보다도 더 많은 사람이 자살로 목숨을 잃고 있다. 월남전 파병 10년 동안 전사자가 5천여 명이란 점을 감안하면 얼마나 심각한지 알 수 있다.

연령대별로 보면 한국의 앞날이 걱정될 정도다. 우리나라 10대부터 30대까지의 사망 원인 중 1위가 자살이며, 암과 같은 질병이나 교통사고보다 자살로 사망하는 경우가 훨씬 많다. 꿈과 희망을 갖고 힘차게 살아가야 할 많은 청춘이 피어보지도 못하고 스스로 생을 마감하는 것이다. 40대에서는 자살이 사망 원인의 2위이며, 인구 전체에서는 자살이 사망 원인의 4위에 해당한다.

우리나라는 전통적으로 목숨을 귀하게 여겼다. '사람의 생명은 하늘에 달려 있다'는 인명재천(人命在天)의 유교적 기반 때문이기도 했고 노동력이 소중했던 농본 사회의 특성 등으로 서로 보살피는 공동체 문화가 강했다. 그래서인지 궁핍하고 어려운 시기에도 자살률이 높지 않았다. 그런데 인구 10만 명당 10명 안팎이던 자살률이 IMF 외환위기를 기점으로 급증하기 시작해 2009년에는 33.8명까지 늘어났다.

[그림 1-29] OECD 주요 회원국의 자살률 추이 (단위 : 인구 10만 명당)

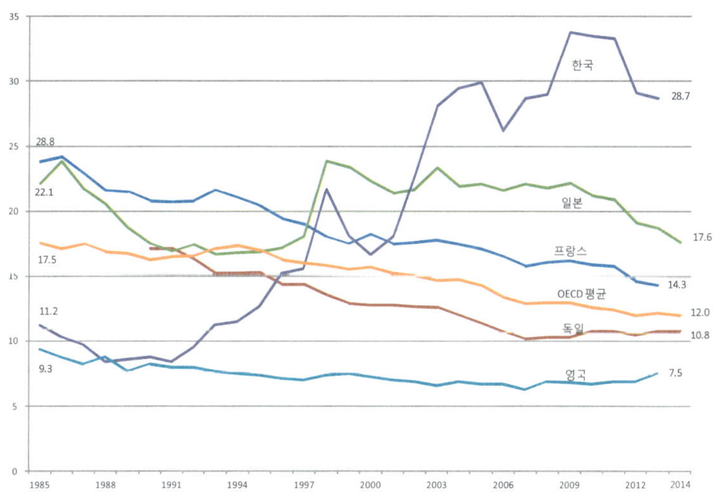

※ 출처 : OECD(2017), Suicide rates (indicator)

더욱이 [그림 1-29]에서 보듯이 선진국은 자살률이 전반적으로 감소하는 추세인데 우리나라는 오히려 늘어나고 있어 문제가 더 심각하다. 질 좋은 성장을 하는 건강한 사회라면 경제성장으로 소득이 많아질수록 자살률은 줄어드는데 우리나라는 거꾸로 GDP 규모와 자살률이 비례 관계에 있다. 자살이 급증한 것은 급격한 경제성장 과정에서 나타난 과도한 경쟁 중심의 사회구조와 양극화가 사람들에게 절망감을 주었기 때문이다. 양적 성장에 주력하는 동안 사회 내부는 심각하게 병들어간 것이다.

그렇다면 왜 사람들은 자살을 할까? 10대는 학교 문제, 20대는 취업난, 30대는 채무, 40대는 질병과 배우자와의 갈등, 50대 이상은 질병과 채무 등이 자살의 원인이 되고 있다. 우리 사회의 지나친 경쟁주의와 심화되고 있는 사회 양극화가 사람들을 극단적 선택으로 내몰고 있다. 즉, 절대적 소득 수준과 복지는 예전보다 나아졌음에도 지나친 경쟁과 소외가 자살률 증가로 나타나는 것이다.

질병 때문에 자살하는 경우가 많다는 것은 우리나라 복지수준이 사회 치유 수단으로는 미흡하다는 의미다. 스트레스와 우울증은 모든 연령층에서 공통적으로 자살 원인이 되고 있으며, 특히 자살 고위험군에서 전형적으로 나타나는 현상이다. 우리나라의 자살률이 높다는 것은 국민의 스트레스가 우리 사회에서 제대로 관리되지 못하고 있음을 의미한다. 프랑스 사회학자 에밀 뒤르켐Emile Durkheim이 그의 저서 『자살론』에서 "모든 자살은 사회적 타살이다"라고 지적하고 있다. 국가는 국민이 행복을 추구할 수 있도록 지켜줘야 하는데도 현재 대한민국은 스스로 목숨을 끊을 수밖에 없는 절박한 사유로부터 국민을 지켜 주지 못하는 것이다.

극단적 선택을 하는 국민을 구출하려면 어떻게 해야 할까? 성장률 중심의 경제체제를 변화시켜 국민들의 스트레스와 우울증을 근본적으로 없애는 것이 본질적 해결책이다. 또한 사회 양극화를 심화하는 경제구조를 개선하고 지나친 경쟁과 소외를 불러오는 사회 체제를 바꾸지 않는다면 자살률은 쉽사리 줄어들지 않을 것이다.

2) 인구를 걱정해야 하는 초저출산 국가

세계적으로 가장 인구절벽이 심각한 국가가 한국이다. 출산율이 떨어져 우리 경제의 지속 가능성이 심각하게 위협받고 있다. 우리나라는 원래 자기 먹을 것은 자기가 가지고 태어난다는 생각을 가진 다산국가였다. 농업이 주산업인 데서 비롯된 자연스러운 현상이었다. 그런데 2016년 합계출산율, 즉 여성 한 명이 가임기간(15~49세) 동안 낳는 자녀의 수는 1.17명에 불과했다. 이는 전 세계 224개국 가운데 219위[39]로 싱가포르나 홍콩, 마카오 등을 제외한 일정 규모 이상의 국가 가운데 가장 낮은 수준이다.[40]

합계출산율이 최소한 대체출산율(지금 인구를 현상 유지하는 데 필요한 출산율)인 2.1명이 되어야 그 사회는 지속 가능하다. 우리나라는 합계출산율이 1983년 2.06명으로 대체출산율 아래로 떨어진 이후 2001년에는 1.297을 기록, 1.3명 이하인 초저출산lowest-low fertility 국가로 분류되었으며 17년째 이를 벗어나지 못하고 있다.

39) 세계 순위는 미국 CIA의 The World Factbook(2017) 기준으로, 한국의 2017년 출산율을 1.26으로 추정한 결과다. 다만, 우리나라 통계청은 2017년 출산율이 1.06~1.07 수준에 그칠 것으로 보고 있다.

40) 주요 국가의 출산율(OECD 2015년 기준) : 스웨덴 1.9, 영국 1.8, 미국 1.8, 일본 1.5, 독일 1.5

[그림 1-30] 우리나라 합계출산율 추이

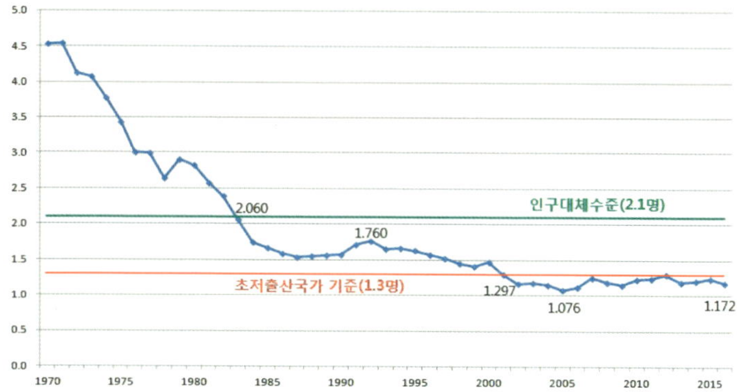

※ 출처 : 통계청

출산율보다 더 중요한 것이 출생아 수다. 2차 베이비부머 세대인 1970년생은 출생아 수가 100만 7천 명이었지만, 2016년생은 40만 6천 명, 2017년에는 30만 명 대로 떨어졌다. 영국 옥스퍼드대 인구문제연구소에 따르면 지금과 같은 고령화 속도라면 지구상에서 인구가 사라질 첫 번째 국가로 한국을 꼽고 있다.[41)]

[그림 1-31] 우리나라 합계출산율 및 출생아 수

※ 출처 : 통계청

41) 한국의 출산율을 1.10명으로 추산하여 시뮬레이션 한 결과 2305년이면 마지막 한국 사람이 사라진다는 것이다.

2017년을 계기로 대한민국은 인구구조의 역전이 시작되었다. 노인(65세 이상) 인구가 유소년(0~14세) 인구를 앞지르는 분기점이다. 15~64세, 소위 생산가능인구도 2017년부터 감소세로 접어든 것이다. 2018년에는 노인인구 비중이 전체 인구의 14%에 이르는 '고령사회'로 진입할 것으로 예상된다. 총인구가 줄어드는 시점은 2032년[42] 이후지만 3가지 지표가 겹치는 2017년~2018년은 본격적인 인구구조 지각변동의 원년이다. 특히 걱정스러운 것은 15세부터 64세까지의 생산가능인구의 감소다. 생산가능인구의 감소는 경제 활력의 저하로 직결된다.

국제연합(UN)의 인구추계[43]에 따르면, 2015년 현재 우리나라의 65세 이상 인구는 8명 중 1명꼴로, 4명 중 1명 수준인 일본, 이탈리아, 독일 등 주요국보다 현저히 적지만, 45년 후인 2060년에는 10명 중 4명 수준으로 증가하여 이탈리아, 독일보다 높아질 것으로 예측되었다. 경제활동인구는 2015년 현재 10명 중 7명꼴로 주요국가 중 높은 수준이나, 2060년에는 가장 낮은 수준으로 전환되는 등 저출산 고령화 현상이 가장 빠르게 진행되고 있는 것으로 나타났다.

우리나라는 빠른 저출산·고령화로 노년층 비중이 급격하게 높아지면서, 전체 인구의 20% 이상인 초고령사회로 돌진하고 있다. 이로써 노년층의 재취업과 노인복지 문제가 심각해지고, 일할 사람은 줄고 부양할 사람은 늘어남에 따라 성장동력이 크게 떨어지고 있다. 또한 생산인력이 줄어듦에 따라 생산성과 소득 수준이 감소

---

42) 2017년 통계청이 발표한 장래인구추계에 따르면 현재 추세가 지속될 경우 한국의 인구는 2031년 5,296만 명으로 정점을 찍은 후 줄어들기 시작하여 2049년에는 5,000만 명 이하로 떨어지고, 2065년에는 4,302만 명으로 줄어들 것이라고 한다.

43) UN, World Population Prospects : The 2017 Revision, 2017.

하면서 이로 인한 투자 위축, 자산가치 하락마저 예상된다. 인구 감소는 경제성장률 둔화, 노인 부양 부담 증가, 외국인 이민자 증가에 따른 다문화 갈등 등 다양한 사회 문제를 야기한다. 우리나라는 2015년부터 인구의 성장 기여도가 마이너스로 반전되었다.

이렇게 출산율이 낮아진 주요 원인 중 하나는 무엇보다 보육과 교육에 비용이 너무 많이 들고, 믿고 맡길 보육시설이 부족한 데 기인한다. 한국보건사회연구원이 2013년 4월 발표한 실태조사에 따르면 출생부터 대학 졸업까지 22년간 자녀 한 명에게 들어가는 양육비(교육비 포함)가 3억 896만 원이나 될 거라고 한다. 다음 세대를 안정적으로 양육해 그들이 스스로 삶을 개척할 수 있도록 지원하는 데에 비용이 너무 많이 드는 것이다. 더구나 치열한 입시 경쟁과 심각한 취업난으로 다음 세대가 안정적으로 자신의 삶을 개척해 나가리라 기대하기도 어려운 상황이다.

출산율 문제는 현세대의 행복에만 관련된 것이 아니다. 다음 세대가 살 만한 사회를 만들고 있는가를 판단하는 중요한 잣대이기도 하다. 낮은 출산율은 현재 우리가 처해 있는 상황이 매우 불안정하고 행복하지 못하다는 의미를 담고 있으며, 동시에 미래에도 크게 개선될 것으로 기대하지 않는다는 뜻을 함축하고 있다.

정부는 2005년 저출산 및 인구고령화에 대응하기 위해 「저출산·고령사회기본법」을 제정했으며 '저출산고령사회위원회'를 발족했다. 또한 2006년에는 「저출산·고령사회 기본계획」을 수립하고 저출산 종합대책을 발표하는 등 교육, 주거, 문화, 노동, 이민, 보육 각 분야에서 출산 장려 정책을 펴왔다. 그러나 출산 장려가 지상과제가 된 상황에서도 출산율을 올리기는 쉽지 않았다. 2011년(1.244)과 2012년(1.297)에는 잠시 합계출산율이 상승했으나 2013년 다시 1.187로 하락했고, 2017년에는 1.1 이하로 역대 최저 수준을 기록

할 전망이다.

한국보다 앞서 이 문제에 부딪힌 서구 선진국은 한 세대를 거치면서 출산율 상승효과를 거두었다. 2010년 이후의 합계출산율 증가가 그간 기울인 정책적 노력에 따른 것이라는 진단도 있었지만 그 이후 출산율이 다시 떨어진 것으로 보아 가임기 여성의 일시적 증가[44]에 따른 결과라는 분석이 더 설득력 있어 보인다.

궁극적으로는 사회 양극화를 심화시키는 경쟁 중심의 사회경제 구조와 악화되는 고용 환경이 개선되지 않고는 지속적인 출산율 상승은 기대하기 어려울 것이다.

3) 가정을 붕괴시키는 높은 이혼율

이혼율의 증가도 국민의 행복 수준이 얼마나 심각한 상황에 있는지 보여 준다. 통계청 자료에 따르면 우리나라의 이혼율[45]은 1971년에는 0.3건에 불과했고 이후 완만한 증가세였으나 1997년 2.0건, 2003년 3.4건으로 외환위기 이후 급격히 증가했다. 2007년 2.5건, 2015년과 2016년 2.1건으로 다소 감소하고 있기는 하나 1970년(0.4건)과 비교하면 5배 정도, 1990년(1.1건)과 비교하면 2배 정도 증가한 수치다.

---

44) 베이비붐이 끝난 1972년 이후 줄어든 0~4세 인구가 1979년부터 1983년까지 잠시 증가하는데 이때 태어난 이들이 30대에 들어서면서 가임여성 수가 일시적으로 증가하였다.

45) 통계청이 사용하는 이혼율은 조이혼율로, 1년간 발생한 총 이혼 건수를 당해 연도의 연앙인구(7월 1일 기준인구)로 나눈 수치를 1,000분비로 나타낸 것이다. 나라끼리 비교할 때 많이 사용된다.
[조이혼율 = 연간 이혼 건수 ÷ 총인구(연앙인구) × 1,000]

[그림 1-32] 연도별 조이혼율 추이

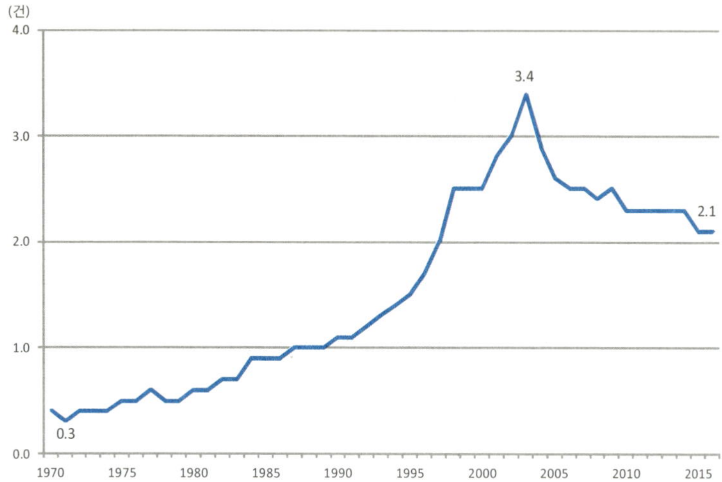

※ 출처 : 통계청

세계 각국의 이혼율에 대한 가장 최근의 OECD 통계에 따르면 우리나라의 이혼율은 2014년 기준 2.3건으로 31개국 중 덴마크(3.4건), 미국(3.2건), 라트비아(3.1건) 등에 이어 10위권[46]이다. 독일(2.1건), 일본(1.8건), 이탈리아(0.9건) 등 다른 주요 국가들은 우리보다 낮다. 31개국의 평균 이혼율은 2.1건으로 우리나라보다 0.2건 낮은 수준이다.

이혼율의 증가 추이를 보면 문제는 더 심각해진다. 1970년과 2014년의 이혼율을 비교해 보면([그림 1-32] 참조) 우리나라의 이혼율 증가 정도는 1.9건(1970년 0.4건~2014년 2.3건), 포르투갈(2.6건), 룩셈부르크(2.0건)에 이어 31개국 중 세 번째로 높다.

우리나라보다 이혼율이 높거나 같은 10개국 중 룩셈부르크를 제외한 나머지 9개국은 1970년에 비해 2008년의 이혼율이 줄거나 우

46) 비교대상 31개 국가 중 일부는 2014년 데이터 대신 가장 최근 연도(2013년 또는 2012년) 데이터 사용

리나라에 비해 증가 정도가 크지 않았다(미국 0.3건, 체코 0.3건, 리투아니아 1.1건, 핀란드 1.2건 등).

[그림 1-33] OECD 국가의 조이혼율 추이

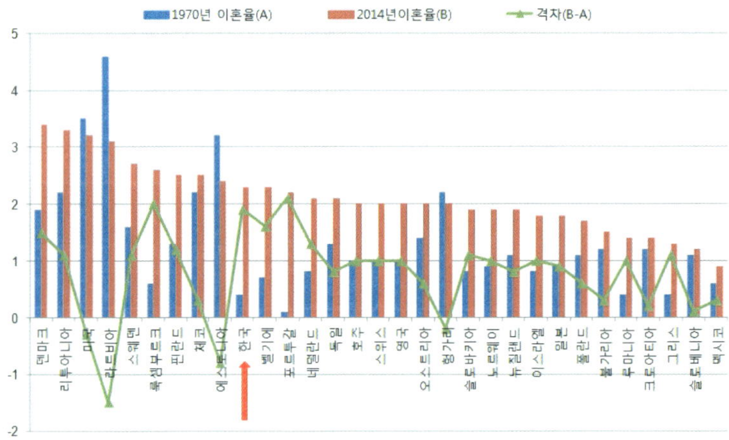

※ 출처 : OECD Family Database

예부터 우리 민족은 결혼은 '인륜지대사'라고 여겨 배우자를 고를 때 서로 궁합까지 볼 정도로 신중을 기해 왔는데 왜 이혼율이 다른 나라보다 높을까? 이혼율의 증가는 급격한 산업화·도시화와 밀접한 관련이 있다. 물론 대부분 나라들이 산업화 과정에서 이혼율 증가라는 사회현상에 직면한다. 농업을 바탕으로 유지되어 온 예전의 공동체적 생활방식이 사라지면서 가족의 결속력이 약해짐으로써 나타난 결과다. 전통적인 사회에서 산업화 사회로 급격히 진행되면서 한국 사회 역시 이혼율의 일정한 상승은 불가피했을 수도 있다.

그러나 개인주의 문화에 기반을 둔 서구와 달리 우리 사회 문화는 가족을 기반으로 형성되어 왔기 때문에 우리 사회에서 이혼율의 급격한 증가는 다른 나라에 비해 더욱 심각한 문제를 가져오고 있다. 가족이 급격하게 해체되면서 공동체가 파괴된 것은 물론 개인 역시 기댈 곳을 잃어가고 있다. 더구나 해체된 가족을 수용할 수 있는 사회적 여건이 마련되지 않아서 수많은 사회문제를 낳고 있다.

특히 결혼한 지 10년이 안 된 부부가 이혼하는 일이 많아지고 있는데, 이는 어린 자녀들에게 심각한 문제를 남긴다. 유·소년기에 부모의 이혼은 삶의 가장 고통스러운 기억으로 남을 뿐 아니라 삶의 방향에도 심각한 영향을 미치기 때문이다. 정서적으로 성인에게 의존할 수밖에 없는 유·소년기 자녀에게 부모의 이혼은 쉽게 치유할 수 없는 상처가 되며, 이는 학교생활에서 다양한 장애로 나타나기도 한다.

그러나 우리 사회는 여전히 이혼 당사자는 물론 자녀들이 겪게 되는 스트레스를 치유할 적절한 방안을 마련하지 못하고 있다. 결국 건강하고 행복한 사회는 국민 개개인에게 가중된 사회적 스트레스를 얼마나 효과적으로 관리하고 치유하느냐에 달려 있는데, 우리가 갈 길은 아직 요원하다.

4) 날로 증가하는 사회범죄

우리 사회가 병들어가는 징후는 자고 나면 터지는 성범죄와 '묻지마 살인' 등 범죄가 날로 증가하고 흉포해진 데서도 드러난다. 과거에 우리나라는 여학생들이 도서관에서 밤늦게까지 공부하고 귀가하거나 부녀자들이 밤길을 거닐어도 안심할 수 있었다. 더구나 조선왕조 500년 동안 면면히 이어져온 선비 정신과 권선징악의 전통이 있는 나라에서, 왜 이렇게 각종 범죄가 늘어나는 것일까?

검찰청 자료에 따르면 형법상 범죄의 발생 건수는 1983년 28만 5,000건에서 2015년 104만 8,000건으로 3.7배나 증가했다. 같은 기간 살인, 강도, 성폭력 등 강력사건은 3만 8천 건에서 28만 4천 건으로 약 7.5배 증가했다.

다행히 최근들어 살인범죄 발생 건수는 소폭 하락하고 있는 추세이나 OECD 주요국에 비해 감소폭은 작은 수준이다. 2003년 1,011건이던 우리나라의 살인범죄 발생 건수(미수 포함)는 2015년에는 958건으로 5.2% 감소하였다. 그러나 같은 기간 일본(697건 → 395건, 43.3% 감소), 독일(859건 → 682건, 20.6% 감소), 영국(1,039건 → 594건, 42.8% 감소) 등 주요국의 살인 발생 건수는 우리나라에 비해 훨씬 큰 폭으로 감소했다.

더구나 이해관계가 있는 특정 개인을 향한 범죄뿐만 아니라 낯선 사람들, 즉 불특정 다수에 대한 범죄가 늘고 있어 매우 우려스럽다. 원한관계가 아니라 사회불만 범죄가 늘어나고 있다. 이러한 범죄는 자신이 사회에서 부당한 대우를 받고 있다는 인식과 함께 자신의 경제적 처지와 조건이 계속 나빠지면서 느낀 절망감이 세상과 낯선 사람들에 대한 폭력 형태로 나타나고 있는 것이다.

특히 경쟁지상주의와 입시 위주의 교육으로 인한 스트레스, 취업난, 실직할 경우 재도전 기회 상실 등이 사회 전체를 극단적인 선택의 위험으로 몰아넣고 있다. 더구나 이 같은 위험은 경제 불평등과 사회 양극화가 심화될수록, 사회적 안전망과 패자부활전이 부재할수록 더욱 커지게 된다.

이처럼 우리 사회가 거시적인 GDP 위주의 양적 성장지표만 추구하는 과정에서 국민에게 감당하기 어려운 스트레스를 많이 주었고, 이는 국민 개개인의 안전을 위협하며 우리나라를 '위험 국가'로 몰아가고 있다. 우리 사회가 이를 치유할 수 있는 길을 찾지 못한다면 우리는 인간의 가장 기본 조건인 생명이 위협받는 사회에서 벗어나지 못하게 될 것이다.

(3) 왜 우리의 행복감은 점점 멀어질까

대한민국은 그동안 괄목할 만한 경제성장을 기록해 왔고 1인당 국민소득 역시 놀라울 정도로 증가했다. 우리 국민은 과거에 비해 양적으로 풍족한 삶을 누리고 있지만 우리 국민의 행복지수는 오히려 과거보다 크게 낮아졌다. 우리 주변에서도 가난했던 옛날이 지금보다 훨씬 행복했다고 얘기하는 어르신들이 많다. 이유가 무엇일까? 여러 가지 이유가 있겠지만 우선 마음의 여유나 생활의 안정성이 크게 위협받는 사회구조를 들 수 있다.

1) 사회 양극화의 심화

우리 국민들의 행복지수가 떨어지고 있는 것은 그동안 우리 사회가 양적 성장에 치중하면서 양극화가 심화된 데서 주로 비롯한다. 이로써 상대적 박탈감과 소외감이 커지고 계층 간에 갈등과 분열이 심해지고 있다.

1997년 외환위기 이후 우리 사회에 일자리 불안이 매우 심해졌다. 취업이 어렵고, 취업돼도 평생직장 개념이 흔들리면서 언제 직장을 잃을지 불안하며, 정상적으로 은퇴해도 고령화로 긴 여생이 불안하기 짝이 없다. 또한 자녀의 양육비와 교육비를 마련하느라 하루도 편할 날이 없다. 그뿐이 아니다. 평생 벌어도 집 한 채 마련하기가 쉽지 않다. 이처럼 고용이 불안해 수입은 줄어드는데 양육비, 교육비, 주거비, 의료비 등 가계지출은 늘어나기 때문에 혼자 벌어서는 먹고살기 힘든 세상이 되었다. 가계부채는 늘어나고 항상 무엇에 쫓기듯 살고 있는 것이다.

그러나 이러한 상황이 살기 힘든 이유는 될 수 있겠지만, 그렇다고 행복 수준이 떨어지는 이유는 될 수 없다. 과거에는 먹고사는 문제도 해결되지 않을 정도로 훨씬 어렵게 살았지만 지금보다 훨씬 행복했기 때문이다. 따라서 행복지수의 하락은 상대적 박탈감과 소외감을 주는 소득 불평등, 이른바 사회 양극화의 심화가 가장 큰 주범이라고 할 수 있다. 여기에 물질과 돈이 세상을 지배하는 물질만능주의와 경쟁지상주의가 더해지면서 우리의 정체성, 전통문화, 미풍양속이 파괴되고 정신적 공황과 문화와 가치의 혼돈마저 가져오고 있다.

"사돈이 땅을 사면 배가 아프다"는 말이 있다. 모두 가난하면 행복지수는 오히려 높게 나타난다. 배가 아플 비교 대상이 없기 때문이다. 가난했을 때는 가족 간에 우애가 깊고 행복했던 집안이 부자가 되면서 불화와 반목이 생기는 경우가 비일비재하다. 가난은 인간적인 화목이나 감동을 만들어내는 요소를 가지고 있지만 부는 갈등과 반목을 자아내는 특성을 내포하고 있기 때문이다. 그렇지만 정말 좋은 집안은 부자가 되어도 화목이 유지되거나 우애가 더 깊어진다. 좋은 나라도 마찬가지다.

경제성장이 서민들의 가계소득을 늘리지 못하고 행복을 담보하지 못한 채 양극화 현상만 심화시킨다면 GDP 성장률 같은 거시경제지표는 '그저 숫자'일 뿐이다. 우리 경제도 양적 성장에만 치중한다면 결국 시장경제는 지속 가능성을 잃게 되고 창조와 혁신도 어렵게 된다. 따라서 날로 심화되는 사회 양극화와 이로 인한 갈등과 분열을 해소하지 않으면 우리 사회는 한 발자국도 앞으로 나아갈 수 없을 뿐만 아니라 국민의 행복도 높일 수 없다.

교육 시스템의 양극화도 문제다. 특히 현재처럼 저소득층 자녀들의 명문대 진학과 사회지도층 진입이 점점 힘들어진다면, 소수의 부유층 자녀를 제외한 젊은이들은 대부분 잘살 수 있다는 희망조차 갖기 어렵고 대한민국은 꿈과 희망이 없는 죽은 사회가 될 것이다.

2) 패자부활전이 없는 사회

건강하고 역동적인 사회는 '개천에서 용 나는' 사회다. 그러나 우리 사회에는 미끄럼틀만 있고 사다리가 없다고들 한다. 계층 이동 사다리가 끊어지다 보니 꿈과 희망을 가질 수 없다는 것이다. 사업에 실패하면 자살을 생각해야 하는 막막한 곳이 한국 사회라고 이야기한다. 사회안전망이 없어 재기하기가 어렵기 때문이다. 외환위기 이후 사회 전반에 무한경쟁 시스템이 도입됐지만 양산되는 낙오자들을 누구도 신경 쓰지 않았다. 특히나 중년의 가장은 실패나 낙오에 취약하다. 2016년 우리나라 50대 남성 자살률이 1988년보다 3.3배나 늘었으며 특히 외환위기와 금융위기 이후에 급증했다. 우리의 취약한 사회안전망이 구조조정 등으로 좌절한 50대 중년 가장들을 지켜 주지 못한 것이다.

[그림 1-34] 50대 남성 자살률 추이 (단위 : 10만 명당 건수)

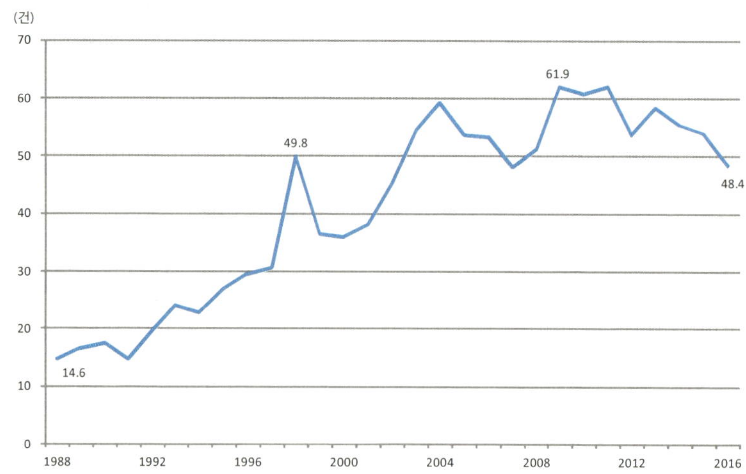

※ 출처 : 통계청

더 큰 문제는 패자부활전이 없는 사회에서는 부의 불평등이 대물림되어 자라나는 세대와 그 다음 세대에 더 큰 불평등을 초래한다는 점이다.

이러한 불평등의 대물림을 끊고 계층 이동을 가능하게 하는 통로 중 가장 핵심적인 것이 '교육'이다. 그러나 우리나라의 교육시스템은 이미 부의 불평등이 교육 기회의 불평등으로, 다시 부의 불평등으로 이어지는 부와 학력의 대물림이라는 또 다른 악순환에 휘둘리고 있다.

교육 기회가 평등하고 배우는 과정이 공정해야 함에도 현재처럼 고액의 사교육을 받지 않고는 명문대학에 들어가기 힘들고, 나아가 명문대학이 아니면 자신의 꿈을 펼칠 기회조차 얻기 어려워지면 대다수의 젊은이는 스스로의 노력만으로 잘살 수 있다는 희망을 포기할 것이다. 부모의 경제적 지위가 아니라 개인의 능력과 노력에 따라 성공할 수 있으려면 누구에게나 최소한의 교육, 의료, 소득이 보장되어야 한다.

'실패하더라도 재기할 수 있는' 탄탄한 국가 복지망이 갖추어진 후에야 대한민국은 '변화와 혁신', '창의와 도전'이 넘쳐흐르는 새로운 세상, 역동적인 국가로 변모할 수 있다. '실패를 통해 배우자'는 실패학 개념을 처음 만든 일본 도쿄대학교 명예교수 하타무라 요타로[畑村洋太郎]는 다음과 같이 주장한다.

> "실패에서 배우고 활용하면 실패는 창조의 씨앗이 된다. 실패는 필연적이며 오히려 기술의 진보를 가져온다. 실패를 긍정적으로 받아들이고 재생산의 원동력으로 삼는 건강한 패자부활의 사회를 만들어야 한다."

아울러 좋은 일자리를 창출해 취업난을 해소함으로써 청장년들이 사회구성원으로 당당하게 살아가고 자존감을 누릴 수 있도록 해줘야 한다. 그렇게 하려면 일자리 혁명, 청년 일자리 확충, 비정규직의 정규직 전환, 일자리 차별 철폐 및 일자리 '최소 기준' 준수, 노동기본권 사각지대 해소, 정리해고 요건 강화, 직업능력개발과 공공고용서비스 확대 등이 필요하다. 이런 제도들이 실현되면 국민행복지수 제고에도 크게 기여할 것이다.

3) 돈이 지배하는 나라

세계화와 지식기반 사회의 급속한 확산과 함께 돈과 성장만을 중시하는 물신주의적 국정운영이 우리 사회의 수준을 천박하게 만들었다. 우리 사회의 전통적 가치인 신뢰·정직·정의·청렴 등 사회적 자본social capital이 몹시 황폐해졌다. 모든 것을 돈으로 평가하는 물질만능주의, 과정은 어찌됐든 상관없고 결과만 좋으면 된다는 성과 지상주의, 다른 사람과 관계없이 나만 잘되면 된다는 개인주의가 우리 사회를 지배하고 있다. 물신주의가 사회를 지배할 때 경제사회적 발전은 고사하고 오히려 위기가 온다는 것이 역사의 교훈이다. 멀리는 로마제국부터, 가깝게는 글로벌 경제 위기가 그렇다. 사람이 중심이 아니라 화폐와 물질로 모든 것을 판단하고 무한정 경쟁만 강요하는 경쟁만능주의가 우리 사회를 정글자본주의로 추락시키고 있다.

또한 절제 없는 시장주의는 사람을 경제적 동물로 전락시켰다. 그 결과 국가가 쇠퇴할 때 나타나는 병폐들이 우리 사회에 만연해 있다. 원칙 없는 정치, 노동 없는 부(富), 양심 없는 쾌락, 인격 없는 교육, 사회적 책임 없는 기업, 희생 없는 종교, 사명감 없는 언론 등이 그것이다. 지금 우리 사회는 이러한 병폐에서 자유로운 대목이 하나도 없다. 이를 바로잡기 위한 노력을 게을리한다면 경제

규모의 확대와 양적 성장은 우리 삶에 축복이 아니라 재앙으로 다가올지도 모른다. 19세기 후반의 미국 경제학자 헨리 조지는 『진보와 빈곤』에서 "최고의 능률은 정의에서 나온다"라고 했다. 국가의 힘은 경제력에서만 나오는 것이 아니다.

훼손된 갯벌이 회복되는 데 수십, 수백 년이 걸리듯 일단 황폐해진 사회적 자본은 회복하는 데 시간과 노력이 많이 소요된다. 지금이라도 '사회적 자본'을 제자리로 되돌려놓지 않으면, 경제지수와 행복지수는 영영 만나지 못할 수도 있다. 따라서 신뢰 · 정직 · 정의 · 청렴 등 무너져버린 사회적 자본을 되살려 우리 사회에 '정직하고 정의롭게 살면 성공할 수 있다'는 긍정의 에너지를 확산해 나가야 한다. 물질만능주의와 결과 중심의 천민자본주의에서 벗어나 사람 중심의 사회, 과정과 절차를 중시하는 품격 있는 시장경제를 확립해야 한다.

더불어 중요한 것은 '경제 살리기'라는 이유로 많은 사회적 갈등과 문제 제기를 억누르려고 해서는 안 된다는 것이다. 자유와 인권, 민주주의 등의 사회적 가치는 숨을 죽여 놓고 경제적 성공만이 유일한 잣대가 되게 해서는 안 된다. 소비자들의 소비자 주권운동, 비정규직을 비롯한 사회적 약자의 주장이 더는 경제 때문에 무시되어서는 안 된다.

"정직이 최선의 방책이다(Honesty is the best policy)"라는 서양 속담은 이제 옛말이 되어가고 있다. 정의도 마찬가지다. 정치철학자 마이클 샌델의 『정의란 무엇인가』가 베스트셀러가 된 이유도 정의에 대한 우리 사회의 갈증 때문이다. 공정과 공평에 대한 지식 사회의 외면 또한 우리 사회의 큰 문제이자 정의로운 사회로 가는 걸림돌이다. 공정이 출발선상에서의 평등한 기회를 의미한다면 공평은 실력에 상응하는 처우, 노동의 질과 양에 상응하는 처우를 의미한다. 기회가 평등하게 주어지고 과정이 공정할 때 정의로운 결과는 자연스레 창출될 수 있을 것이다.

4) 인성교육과 감성교육의 실종

우리 사회의 행복지수를 떨어뜨리는 또 하나의 요인은 바로 갈 길을 잃은 '교육'이다. 아이들은 행복한 삶을 꿈꾸는 것이 아니라 입시 경쟁에서 승리하는 데만 집착한다. 경쟁에서 이기면 사회에서 '성공'하고 이것이 행복한 삶을 가져다 줄 것이라고 막연히 생각한다. 정작 어떻게 해야 '행복'하게 살 수 있는지는 가르치지 않는다. 지금 우리 교육은 경쟁에서 이기는 법만을 가르친다.

인성 · 감성 · 지혜 교육을 외면하는 지식전달 위주의 교육과 지능지수IQ만 강조하고 감성지수EQ는 외면하는 비정상적인 교육도 행복지수를 떨어뜨리는 데 크게 한몫하고 있다. 인성이란 사람의 성품을 말하는 것으로서 도덕성, 사회성, 정서, 절제와 인내심, 강인한 정신력 등을 의미한다.

미국의 저명한 심리학자 대니얼 골먼은 "지능지수는 성공에 20%만 기여하고 감성지수는 80% 기여한다"며 감성지수의 중요성을 강조했다. 우리 사회에서 문제를 일으킨 사람들을 가만히 떠올려보면 대체로 지능은 뛰어난데 감성은 메마른 사람들이다. 머리(지능)와 가슴(감성)이 균형을 이루는 교육이 절실한 상황이다. 부모와 자식 간에 대화가 단절되면서 인성교육을 키워줘야 할 가정교육이 제대로 이뤄지지 못하고 있다. 부모, 특히 어머니를 사랑하고 존경하는 아이들은 사고를 치거나 문제아가 될 확률이 적다. 아이들이 부모가 원하지 않는 것을 하지 않으려고 노력하기 때문이다. 아이들은 은연중에 부모를 닮아가고 부모를 통해 세상을 배운다. 부모가 절제 있는 삶을 살고 자식에게 헌신하는 모습을 보이면 아이들은 자기도 모르게 부모를 존경하게 된다.

교육의 목적은 장 자크 루소의 말대로 "기계를 만드는 것이 아니라 인간을 만드는 데 있다" 이때 '인간'이 수능점수가 높은 사람을 뜻하는 게 아니라는 건 누구나 안다. 하지만 우리 교육은 오랫동안 지능만 강조하는 비정상적인 과정을 고집해 국민의 행복지수를 떨어뜨리는 데 큰 원인이 되어왔다. 폐해가 커지자 최근에는 감성지능의 중요성이 부각되면서 지능지수와 함께 감성지수를 높이려 노력하고 있다. 문제는 우리 사회가 얼마나 병들었는지 이 감성지수조차 수치화해 아이들에게 서열을 매기려고 한다. 이제 아이들은 지능은 물론이고 감성을 높이기 위한 사교육 시장에 내몰리고, 부모들은 아이들이 유아일 때부터 이중으로 사교육비 부담을 떠안아야 한다.

감성지능과 인성은 교과서나 학습지가 아니라 사람과 사람이 교류하는 과정에서 배우게 된다. 감성지수가 지능지수보다 높은 사람들은 경쟁보다 협동을 중요시하고, 개인의 이득보다 공동체의 선을 먼저 생각하는데 이것이 바로 '행복한 사회'의 기초가 된다.

그런데 우리의 교육은 어떠한가? 기존에 인성교육을 주로 담당해 왔던 가정교육은 맞벌이가 늘어나면서 부모와 자식 간에 대화가 단절되고 이혼이 늘어 가정이 붕괴되면서 더는 제 역할을 제대로 못하고 있다. 아이들이 많은 시간을 보내는 학교에서도 이를 대체해 주지 못하고 있다. 우리 사회가 산업화, 도시화 과정을 거치면서 지역사회가 담당해 왔던 아동 보호 및 교육 기능도 약화되고 있다.

이런 문제를 어떻게 풀어가야 할까? 예전에 집집마다 당연한 풍경이었던 '가족과의 단란한 저녁 식탁'에 상응하는 '관계'와 '시간'을 아이들에게 만들어 주면 어떨까? 결국 부모와 아이들이 행복을 찾기 위한 해답은 '교육개혁'에 있다. 내 아이 명문대 보내기가 부모들의 삶의 형태와 질을 좌우하게 되면, 부모는 적성에 맞는 일을 찾기보다는 자녀 교육비 조달을 감안하여 직업을 선택하게 되고, 부모가 살고 싶은 곳에서 살기보다는 아이 명문대 보내기 적합한 곳에서 거주하게 된다. 그리고 이것이 엄연한 현실이다. 더 늦기 전에 교육개혁을 실시해 모든 청소년에게 꿈과 희망, 공평한 기회를 안겨 줘야 한다. 청년이 살아야 나라가 살고 청년이 야망을 품어야 나라에 미래가 있다. 지금처럼 청소년이 오직 명문대학 진학과 취업에만 관심을 쏟는다면 대한민국의 앞날은 암울할 수밖에 없다.

청소년이면 누구나 좌절하지 않고 저 나름대로 성공의 사다리를 올라갈 수 있도록 해주어야 한다. 과도한 경쟁을 부추기는 사교육이 필요 없는 혁신 교육, 꿈을 찾는 진로 교육, 공교육을 살리는 대입전형 단순화, 대학 서열화 해소가 반드시 이뤄져야 하는 까닭이다. 대학 서열화가 국가 발전의 걸림돌로 작용하는 상황에서 지나친 학벌주의를 능력주의로 전환하는 것이야말로 입시 위주의 초·중등 교육, 인구의 수도권 집중, 세계 최고 자살률, 세계 최저 출산율 등 사회적 문제 해결의 열쇠가 될 것이다.

5) 가치관의 혼돈과 역사의식의 부재

문화와 역사 그리고 가치관이 빠르게 바뀌면서 찾아온 정신적 공황이 자살, 이혼, 범죄 등 사회적 문제를 일으키고 있다. 가치와 문화가 시대흐름에 맞게 바뀌어가는 것이 꼭 부정적인 면만 있는 것은 아니다. 그러나 문제는 우리의 좋은 전통과 문화 위에 외국의 효율적인 제도들이 시행되어야 하는데 우리의 것들이 외국의 것에 밀려 여과 과정도 없이 빠르게 자취를 감추면서 많은 혼란을 주고 있다는 것이다. 없는 전통문화도 만들어야 할 세계화 시대에 우리 스스로가 고유의 미풍양속을 퇴출시키는 데 앞장서고 있으니 보통 문제가 아니다.

우리 민족은 예부터 가난하고 힘든 이웃을 보면 그냥 지나치지 않았다. 제 먹을 몫을 덜어 주고 입던 옷까지 벗어 나눠 주었다. '상부상조'의 아름다운 전통이야말로 우리 민족이 오래도록 이어온 소중한 가치였다. 이런 우리 문화와 역사를 바로 세워 인간성과 도덕심을 회복하는 것이 행복지수 추락을 막는 길이다.

대한민국의 정체성과 한국인의 얼을 제대로 이어가려면 학교에서부터 역사교육을 똑바로 해야 한다. 사회지도층이 역사의식을 가져야 한다. 한복 · 한식 · 한옥 · 국악 · 명절 · 예의범절 등은 우리의 귀중한 자산이다. 가장 한국적인 것이 가장 경쟁력 있다는 점을 명심해야 한다.

과거에는 학생들이 역사 시간에 이완용의 매국행위에 분노하고, 성삼문과 안중근 의사의 충절을 배우면서 정의감과 애국심을 키웠다. 그러나 요즘 아이들에게 역사는 여러 입시 과목 중 하나일 뿐이다. 2005학년도 대학수학능력시험부터 한국사가 필수과목에서 사회탐구 영역의 선택과목으로 변경된 이후 이러한 경향은 더욱 커져갔다. 2017학년도 수능부터는 다시 필수과목으로 바뀐 것은 그나마 다행스러운 일이다.[47] 이제는 점수 따기식 역사공부가 아니

47) 필자는 2013년 6월 13일 국회 대정부질의에서 '역사 바로 세우기 5대 대책'을 제안하고, 그 후속 대책으로 6월 26일 대학수학능력시험에 한국사를 의무적으로 포함하도록 하는 「고등교육법 일부개정 법률안」을 발의하였다. 박근혜 대통령은 6월 17일, 청와대 수석비서관회의에서 역사왜곡을 바로잡을 필요성을 언급하였고, 7월 10일 한국사 시험을 대입 평가에 반영하겠다는 의지를 보였다. 이에 따라 교육부는 8월 27일, 2017학년도부터 한국사를 수능 필수과목으로 지정하는 내용이 포함된 '대입전형 간소화 및 대입제도 발전 방안'을 발표하였다.

라 스스로 역사의식을 기를 수 있도록 역사교육 과정을 개선해야 한다.

"네가 만약 늙은 어미보다 먼저 죽은 것을 불효라 생각한다면 이 어미는 웃음거리가 될 것이다.
너의 죽음은 너 한 사람 것이 아니라 조선인 전체의 공분을 짊어지고 있는 것이다.
네가 항소를 한다면 그것은 일제에 목숨을 구걸하는 짓이다.
네가 나라를 위해 이에 이른즉 딴 맘먹지 말고 죽으라.
옳은 일을 하고 받은 형이니 비겁하게 삶을 구하지 말고 대의에 죽는 것이 어미에 대한 효도이다.
아마도 이 편지가 이 어미가 너에게 쓰는 마지막 편지가 될 것이다.
여기에 너의 수의를 지어 보내니 이 옷을 입고 가거라.
어미는 현세에서 너와 재회하기를 기대치 않으니 다음 세상에는 반드시 선량한 천부의 아들이 되어 이 세상에 나오너라."

윗글은 청년 안중근이 이토 히로부미를 저격한 뒤 사형을 눈앞에 두고 있을 때 어머니 조마리아 여사께서 안중근에게 보낸 마지막 편지이다. 오늘의 대한민국은 이분들의 희생과 헌신으로 유지되고 있다. 이러한 글을 역사교과서에서 읽으면서 성장한 아이들은 결코 일제강점기와 친일을 미화하지 않을 것이며, 강한 애국심과 역사의식을 느낄 것이다. 역사교과서의 내용이 중요한 이유의 하나이다.

많은 사람이 어려운 여건에서도 불의와 타협하지 않고 정의롭게 사는 것은 역사가 주는 교훈이 있기 때문이다. 지금 우리 아이들에게 필요하고 중요한 것은 영어 단어나 수학 공식 몇 개 더 외우는 것이 아니라 국가와 민족의 미래를 위해 자신의 정체성을 깨닫고 역사의식을 높이는 것이다. 역사를 통해 우리가 누구이며 어디에서 왔는지 뿌리를 알아야 나아갈 길도 보인다. 지금 우리에게는 경제 성장률을 1% 더 올리는 것보다 대한민국의 역사를 바로 세우고 이를 바탕으로 국내외 역사왜곡에 대응하는 것이 더 시급하고 중요한 가치다. 우리 역사와 전통문화 바로 세우기는 국민의 행복지수를 높이는 길이기도 하다.

2부

사람 중심의 행복경제, J노믹스

언제부턴가 우리는 돈에만 집착하고 있다. 더 많은 화폐를 손에 쥐면 삶의 격도 덩달아 높아질 것이라는 환상에 빠져 있었다. 그러나 물질적인 풍요를 얻었음에도 우리는 지금 행복하지 못하다. 더 많은 화폐를 얻기도 어려워졌고 삶의 격도 추락하고 있다. 기존의 정책 기조로는 끝없는 추락만이 있을 뿐이다. 다시 한 번 도약하여 삶의 터전을 더 튼튼하고 행복하게 만들려면 판 전체를 재구성하는 대혁신의 과정이 필요하다.
한국 경제는 현재 멈춰있을 뿐만 아니라 차갑고 삭막하다. 물질 중심에서 사람 중심의 행복경제로 환골탈태해야 한다. 물질을 버리자는 것이 아니라 사람을 위한 물질로 다시 자리매김하자는 것이다. ‘J노믹스’는 이렇게 탄생되었다.

사람 중심의 행복경제, J노믹스

1 J노믹스란?

윤태호 : 문재인 정부의 경제철학 내지는 경제정책을 흔히들 J노믹스라고 부르는데 J노믹스라고 부르는 이유는?[48)]

이용섭 : 3가지 상징적인 의미를 내포하고 있다. 우선 J노믹스는 문재인의 Jaein과 Economics의 합성어이다. 레이거노믹스, 아베노믹스와 같은 이치이다. 둘째는, 문재인 정부의 최우선 정책과제가 일자리 창출이란 점에서 Job(일자리)의 J를 상징하기도 한다. 셋째는, 경제용어 'J커브 효과'J-Curve Effect에서 J를 의미하기도 한다. 문재인 정부가 추진하는 구조개혁은 한국 경제의 패러다임을 바꾸는 대수술이기 때문에 초기에는 다소 진통이 있지만 일단 정책효과가 나타나기 시작하면 'J' 자 커브처럼 지속적으로 성장한다는 의미이다.

48) 편집자 주 : 윤태호 작가의 2부와 3부 질문은 편집 체계에 맞게 일부 수정되었습니다.

윤태호 : **J노믹스가 등장하게 된 배경은?**

이용섭 : 대한민국 경제는 수년째 선진국 문턱에서 방황하고 있다. 선진국다운 선진국으로 진입할 것인지 아니면 중진국함정에 빠질 것인지 기로에 서있다. 1인당 국민소득은 11년째 2만 불대를 벗어나지 못하고 있다. 모든 것을 돈으로만 평가하는 물신주의가 확산되고 성장의 열매가 특정계층에만 집중되면서 사회는 황폐화되고, 계층 간 갈등은 심화되고, 경제는 역동성이 사라지고 있다. "노력하면 성공할 수 있다"는 희망 대신 "노력해 봤자 안 된다"는 절망이 자리 잡으면서 분노사회로 변하고 있다. 자살률은 세계 1위이고 출산율은 세계에서 가장 낮고 범죄발생률은 급증하고 있다.

한국 경제의 패러다임과 성장 틀을 바꾸는 진정한 변화real change만이 우리가 직면하고 있는 복합적인 위기를 극복하고 4차 산업혁명시대에 재도약할 수 있는 해법이다.

물론 경기침체가 경기변동 과정에서 오는 불황이라면 과거 정부처럼 단기부양책을 써서 버티면 경제가 살아날 수도 있지만, 한국 경제의 위기는 구조적 문제에서 온 것이기 때문에 한국 경제의 틀과 체질을 근본적으로 바꾸는 강도 높은 구조개혁이 필요하다. 문재인 정부의 J노믹스는 이러한 시대적 요청에 부응하여 등장한 것이고 과거 정부의 정책실패에 대한 반성에서 비롯된 것이다.

윤태호 : **이명박 정부와 박근혜 정부의 경제정책과는 어떻게 다른가?**

이용섭 : 과거 정부에서는 신자유주의 정책을 기조로 수출·대기업 중심의 물적 성장, 부동산과 금융규제 완화, 부자감세, 기준금리 인하, 재정지출 확대 등 돈 풀어 경기 살리겠다는 단기부양책만 남발하였다. 그 결과 오히려 저성장이 고착화되고 양극화는 심화되었으며 국민의 행복지수는 추락하였다. 소위 '747공약'과 '줄푸세'로 대표되는 이명박 정부와 박근혜 정부의 경제정책은 구조개혁의 대수술 없이 단기부양책만 남발하다 보니 밑 빠진 독에 물 붓는 격으로 반짝 효과에 그치고 부동산 가격과 전월세 가격 급등, 가계부채 증가 등 부작용만 키웠다.

이제 '새로운 성장공식'이 필요한 것이다. '컨설팅'의 대가 맥킨지는 2013년 4월 14일 제2차 한국보고서인 '신(新)성장 공식'에서 "한국의 성장모델은 동력을 잃었다(A growth model running out of steam)"며 '새로운 성장공식'이 필요하다고 지적했다. 또 "지금 한국 경제는 뜨거워지는 물속에 개구리 같다"며 "신성장 동력을 찾지 못한다면 한국 경제는 추락하고 말 것"이라고 경고했다. IMF 외환위기 당시 위기 극복방안을 제시해 화제를 모은 '1차 보고서'에 이어 15년 만에 나온 '2차 보고서'는 중산층의 가계부채 부담, 고용 없는 성장, 저출산, 고령화 등을 문제로 지적하면서 다음과 같은 해법을 제시했다.

> "대기업과 제조업 중심의 성장방식에서 탈피해 중소기업과 서비스산업의 경쟁력 강화를 통해 양질의 일자리 창출과 중산층의 재무건전성을 회복시켜야 한다."

이제 정책의 중심을 부자와 대기업을 통해 경제를 살리겠다는 하향식 낙수경제Top-down Economics, Trickle-down Effect에서, 중산층과 서민을 지원하고 중소기업을 육성해 경제를 살리는 상향식 분수경제Botom-up Economics, Fountain Effect로 전환해야 한다. 물론 공정거래 질서가 확립되고 대기업이 사회적 책임을 다해 낙수효과와 분수효과가 함께 나타날 수 있는 경제생태계를 만들어 가는 것이 최종의 목표가 되어야 할 것이다.

J노믹스는 고용 없는 성장에서 일자리와 성장이 동행하는 고용창출형 성장으로, 대기업 중심의 양극화 성장에서 대기업과 중소기업 동반성장으로, 수출주도 성장에서 수출 · 내수 균형성장으로 성장의 틀을 바꿔가는 것이다.

윤태호 : J노믹스의 본질은 사람 중심 경제라고 하던데?

이용섭 : 문재인 정부의 임기 5년간 경제 로드맵인 경제정책 방향이 출범 75일만인 2017년 7월 25일에 발표되었다. 이것이 새 정부가 종합적으로 공식 발표한 J노믹스의 첫 번째 모습이었다. 핵심은 '사람 중심 경제'를 목표로 경제 패러다임의 전면적 전환이다. 대기업 · 수출 중심인 기존 경제 시스템을 사람 중심으로 바꿔 양극화를 극복하고 '3% 성장' 시대를 다시 열겠다는 것이 주요 목표이다.

기획재정부는 저성장과 양극화 해소를 위해 수요와 공급을 함께 늘리는 '쌍끌이 성장 전략'을 제시했다. 일자리 중심 경제와 소득주도 성장 전략을 추진해 수요를 늘리는 동시에 '혁신성장' 전략으로 공급도 확대하는 것이다. 여기에 불공정거래 관행을 대대적으로 뜯어고치는 '공정경제'를 통해 성장 과실이 경제 전반에 골고루 퍼지도록 뒷받침하겠다는 구상이다.

물적 자본투자 중심의 양적 성장에 치우친 종전의 경제정책은 이제 유효성을 상실했다는 게 새 정부의 진단이다. 과거 대기업 ·

제조업·수출을 집중적으로 지원해 물적 성장을 추구했지만 결과적으로 저성장기조를 고착화시켰고 가계·기업 간, 대기업·중소기업 간, 수출·내수 간 불균형을 초래했다. 이에 따라 경제성장은 소득 주도로, 경제 체질은 일자리 위주로 전환하고 그동안 소비 주체이자 분배의 객체로만 여긴 가계를 경제 중심에 놓겠다는 게 이번 경제정책 방향의 골자다.

윤태호 : J노믹스에서 일자리는 어떤 위치에 있는가?

이용섭 : J노믹스는 저성장과 양극화의 문제를 동시에 치유하기 위한 해법으로서 일자리에서 시작되어 일자리로 완성된다고 할 수 있다. 좋은 일자리를 많이 창출하면 중산층과 서민들의 소득이 늘어 양극화가 완화되고 이것이 소비 증가로 이어져 투자가 늘고 성장률이 높아지는 일자리–분배–성장의 선순환 경제를 구축하기 위한 것이다.

일자리 중심 소득주도 성장이 성공하게 되면 우리 경제사회는 크게 바뀔 것이다. 과거 대기업 중심의 소수특권 성장시대에서 성장의 혜택이 국민 모두에게 돌아가는 국민 성장시대가 열리게 된다. 부채주도 성장에서 소득주도 성장, 고용 없는 성장에서 일자리 창출 성장, 양극화 성장에서 동반 성장, 수출주도 성장에서 수출내수 균형성장으로 바뀔 것이다.

J노믹스의 4대 키워드는 일자리, 포용적 성장, 불평등 해소, 국민통합이다. '양질의 일자리 창출 → 양극화 해소 및 포용적 성장 → 국민통합 → 더 많은 일자리 창출'의 선순환 경로가 만들어진다. 즉, 좋은 일자리를 많이 창출해 질 좋은 성장을 견인하고 양극화를 해소해서 국민통합을 이루어 다시 더 많은 일자리를 창출해

내는 일자리 선순환경제를 만드는 것이다.

윤태호 : J노믹스의 4대 키워드중 하나로 포용적 성장을 들었는데 무슨 뜻인가?

이용섭 : 좋은 정책은 시대정신을 담아내고 그 나라가 처한 현실 문제를 해결할 수 있어야 한다. 지금의 시대정신은 불평등 · 불공정 · 불균형, 소위 3不로 인한 중산층과 서민들의 고통과 울분을 해소해서 국민통합을 이루고 지속 가능한 발전을 이루는 것이다. 그런가 하면 지금 한국 경제는 저성장, 양극화 심화, 좋은 일자리 감소, 국민행복지수 추락이라고 하는 중병에 시달리고 있다.

J노믹스는 불평등 · 불공정 · 불균형 해소라는 시대정신을 실현하고, 한국 경제의 3대 중병인 저성장, 양극화, 일자리 부족을 동시에 해결하기 위한 「한국형 포용적 성장론」이다. 한국형 포용적 성장 Inclusive Growth은 저성장의 뉴노멀 시대에 분배와 성장의 선순환을 통해 '불평등 해소'와 '경제성장'을 동시에 이룰 수 있는 질적 성장모델이다.

J노믹스는 신자유주의 성장론에 대한 반성에서 시작된 것으로 한국 경제사회가 직면하고 있는 여러 문제들을 해소하기 위한 한국적 발전모델이다. 일부에서는 J노믹스는 국제노동기구ILO의 임금주도성장론인데 우리나라가 자영사업자가 많기 때문에 소득주도성장으로 이름만 바꾼 것이라고 주장한다. 그러나 J노믹스는 ILO의 임금주도성장론과 OECD의 포용적 성장론 등을 우리 현실에 맞게 발전시킨 「한국형 포용적 성장경제」다.

산업 간의 융 · 복합화가 빠르게 진행되고 4차 산업혁명이 본격화되면서 경제위기도 과거와 다른 새로운 형태로 나타나고 있어 특정한 경제이론 하나로 복잡 다양한 현안들을 해결할 수 없다. 다양한 경제이론을 한국 현실에 맞게 융복합한 새로운 성장공식이 필요하다.

J노믹스는 경제성장의 혜택이 대기업이나 특정계층에 집중되는 나 홀로 성장의 소수특권시대에서 국민 모두에게 골고루 돌아가는 국민성장시대를 열어가기 위한 것이다. 아울러 낡은 질서, 낡은 체제, 낡은 가치를 근본적으로 대개조해 4차 산업혁명 시대에 경쟁우위를 점할 수 있는 완전히 새로운 경제를 만드는 것이다.

[그림 2-1] 한국 경제, 패러다임을 바꿔야 산다

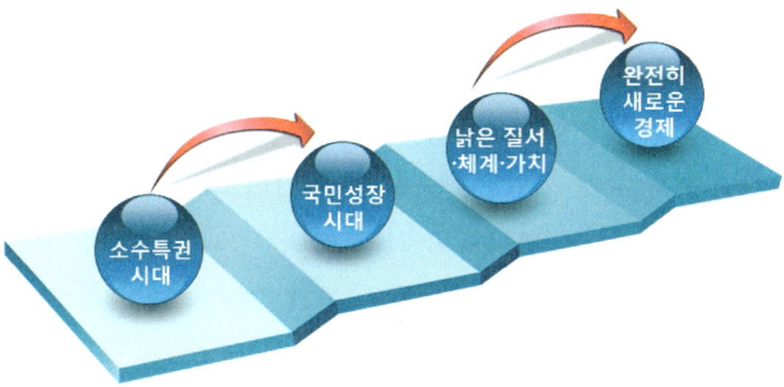

윤대호 : 어느 강의에서 J노믹스는 자본주의 3.0을 자본주의 4.0으로 구조 개혁하는 것이라고 말씀하셨던데?

이용섭 : 자본주의 4.0은 영국의 더 타임스 칼럼니스트이자 경제평론가인 아나톨 칼레츠키가 처음 사용한 용어로 알려져 있다. 자본주의는 자유방임주의와 수정자본주의를 거쳐 신자유주의로 변신을 거듭해 왔으나 리먼브라더스의 파산으로 촉발된 2008년 9월 글로벌 금융위기 이후 포용적 자본주의로 진화했다. 이러한 과정을 소

프트웨어의 버전 방식으로 진화단계에 따라 숫자를 붙인 것이다.

자본주의 1.0은 정부가 시장에 개입하지 않고 자율에 맡기면 '보이지 않는 손'Invisible Hands에 의해 최상의 결과를 가져온다는 자유방임의 고전자본주의를 의미한다. 애덤 스미스는 국부론에서 '보이지 않는 손'을 다음과 같이 설명하고 있다.

> "자유방임주의 경제 체제에서 국가는 시장에 간섭하지 않고 치안과 국방을 담당하는 야경국가의 역할을 하며 국가가 시장의 흐름에 개입하지 않는 대신 시장은 보이지 않는 손, 즉 가격에 의해 자동으로 효율성을 유지하게 된다."

1920년대 말 세계 대공황이 발발하자 정부 역할을 강조하면서 등장한 수정자본주의가 2.0에 해당된다. 이후 1970년대 말에 세계 경제가 침체되고 실업이 늘어나자 다시 시장자율을 강조한 신자유주의가 3.0이다. 자본주의 4.0은 사람 중심의 '따뜻한 자본주의', '포용적 자본주의'라고 할 수 있다. 정부는 시장의 부족한 부분을 적극 보완하고 기업은 사회적 책임CSR, Corporate Social Responsibility을 다하여 사회양극화를 해소해 가자는 것이다.

인간의 몸에 비유하자면 자본주의 1.0은 사람에게는 타고난 면역력이 있으므로 자연치유능력에 맡기면 최상의 건강상태를 유지할 수 있다는 것으로 의사의 역할을 부정한다. 자본주의 2.0은 의사의 역할을 과대하게 강조하고, 자본주의 3.0은 의사의 역할을 과소평가한다. 자본주의 4.0은 자연치유능력과 의사의 역할을 모두 균형 있게 강조한다. 시장만능주의를 부정하고 시장이 할 일은 시장이 하고 정부가 할 일은 정부가 하자는 것이다.

윤태호 : J노믹스(자본주의 4.0)에서 유달리 사람과 행복을 강조하는 이유는?

이용섭 : J노믹스의 핵심은 대기업 중심의 이윤극대화가 최고가치인 물질 중심의 신자유주의경제(자본주의 3.0)에서 사람의 가치를 극대화하는 사람 중심의 행복경제(자본주의 4.0)로 경제철학을 전환하자는 사고에서 출발한다. 물질을 버리자는 것이 아니라 사람을 위한 물질로 다시 자리매김하자는 것이다.

경제성장의 궁극적 목표는 높은 소득을 실현하면서 쾌적한 환경에서 행복한 삶을 추구하는 데 있다. 그러나 한국은 외형적 경제규모는 세계 10위권이지만 국민의 행복감은 날로 떨어지고 내면적·정신적·문화적 측면에서는 여전히 후진적 모습을 탈피하지 못하고 있다. 높은 수준의 물질문명과 공존하면서도 정신적인 풍요와 생활의 질적 향상을 최우선시하는 행복중심경제로 나아가야 한다. 고도성장의 강박감에서 벗어나 그동안 소홀히 해왔던 안전과 환경, 법과 질서를 중시하면서 이제 성장률 수치 올리기에 급급하지 말고 국민 개개인의 내면적 행복을 높이는 방향으로 경제정책이 추진되어야 한다.

GDP 성장률은 우리 삶에 나쁜 영향을 주는 것들이 증가하면, 성장률도 상승한다는 문제를 안고 있다. 예를 들면, 교통사고·재해·흡연·사교육비·질병 등이 많으면 많을수록 성장률은 높아진다. 반면 소득분배의 형평성이나 복지수준 등 삶의 질은 반영되지 않는다. 국민 90%의 소득이 증가하지 않더라도 상위층 10% 소득이 크게 증가하면 성장률은 올라간다. 또한 일부 대기업이 원자재와 부품을 주로 수입하거나 낮은 납품단가를 통해 이루어 낸 수출실적은 성장률에는 기여할지언정 서민경제나 일자리 창출에는 효과가 적다. 성장률 수치만 중시하는 성장정책은 이처럼 매우 위험한 것이다. 더욱 큰 문제는 과거 정부들이 성장률 올리기에 진력했지만 성장률 수치마저 떨어지고 있다는 점이다. 과거 정부가 경제민주화를 포기하면서까지 각종 부양책과 규제 완화를 동원했지만 경제는 나아지지 않고 양극화만 심화되었다. 구조조정이 뒷받침되지 않았기 때문이다.

성장률 수치보다도 성장의 내용이 더 중요하다는 점은 각국의 경험에서도 알 수 있다. 선진국 중에는 1~2%대의 낮은 성장률로도 안정과 조화를 이룬 사례들이 있다. 2008년 금융위기의 직격탄을 맞았던 영국은 2011년~2015년 평균성장률이 2%에 불과했지만 재정적자를 절반으로 줄이고 206만 개의 일자리를 만들어 냈다. 독일 역시 같은 기간 성장률은 1.5%에 그쳤지만 안정적으로 경제를 꾸려 가며 재정위기로 시달리는 유럽의 버팀목이 되고 있다. 이런 나라들이 낮은 성장에도 안정적인 것은 질적 성장을 추구하고 있기 때문이다.

윤태호: **국민들의 삶의 질을 높이고 한국 경제가 선진국에 진입하기 위해 우리가 명심해야 할 것을 하나만 꼽는다면?**

이용섭: '불환빈 환불균(不患貧 患不均)'이란 말을 명심했으면 한다. 송나라 유학자 육상산이 한 말인데 '백성은 가난함을 근심하는 것이 아니라 고르지 못한 것에 분노한다'는 뜻이다. 날로 심화되고 있는 불공정과 불평등으로 인한 분열과 갈등을 해소하지 않고서는 우리 사회는 지속적인 발전을 이룰 수가 없고 국민도 행복할 수가 없다. 좋은 일자리를 많이 창출하는 포용적 성장을 통해 국민통합을 이루는 것이 정의롭고 풍요로운 선진국으로 가는 지름길이다.

J노믹스의 성장 전략 2

윤태호 : J노믹스의 성장 전략에 대해 설명 부탁한다.

이용섭 : J노믹스의 성장 전략은 그간 수출 대기업 중심의 외바퀴 성장전략에서 네 바퀴 성장 전략으로 경제 패러다임을 바꾸는 것이다. J노믹스는 수요부문의 △소득주도 성장 △일자리 중심 경제 그리고 공급부문의 △공정경제 △혁신성장이 상호 작용하면서 분배와 성장이 선순환되는 4륜구동 성장시스템이다.

[그림 2-2]

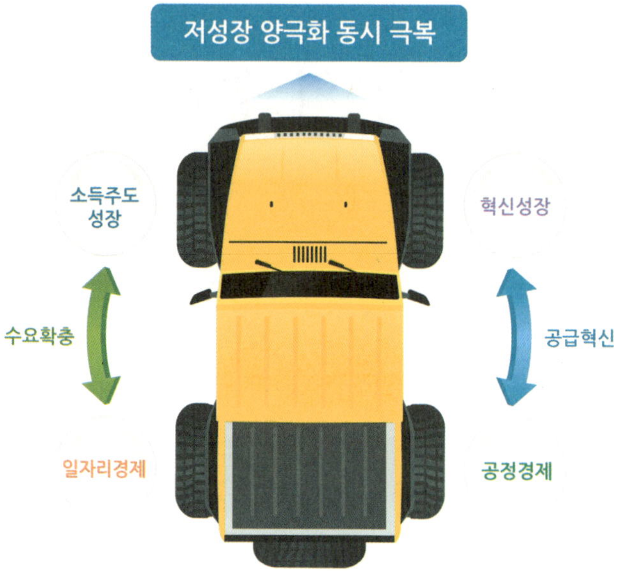

왼쪽 두 바퀴는 양질의 일자리 확충을 통해 중산층과 서민들의 소득을 늘려 양극화를 해소하고 소비와 투자확대를 이끌어내는 수요 확충을 통한 성장 전략이다. 오른쪽 두 바퀴는 공정경제를 통해 대기업과 중소기업이 동반성장하는 경제민주화를 실현하고, 구조개혁과 규제 완화를 통해 신성장 산업을 육성하자는 공급부문의 성장 전략이다.

J노믹스는 일자리와 가계의 소득증대를 통한 수요 확충과 공급 확충을 위한 구조개혁과 기술 혁신을 동시에 추진하는 '수요와 공급의 쌍끌이 성장 전략'을 펼쳐 나가고 있는 것이다. 다만, 그간 누적된 불평등과 불공정으로 인해 수요 쪽의 두 바퀴가 고장이 난 상태이기 때문에 정부출범 초기에는 이를 고치기 위해 정책 기조의 무게를 수요 확충에 두었으나, 지난 2017년 11월 28일 대통령 주재 '혁신성장 전략회의'를 시작으로 공급부문의 혁신성장 전략도 본격적으로 가동하

기 시작했다.

윤태호 : 3% 성장시대를 다시 열겠다는 말씀을 하셨는데 새 정부 5년 동안 가능할 것으로 보는지?

이용섭 : 앞으로 J노믹스의 4륜구동 성장시스템이 정상적으로 작동되면 임기 중 연평균 3%대 성장은 가능할 것으로 보인다. 더욱 중요한 의미는 J노믹스는 성장의 양적 측면보다는 질적 부분을 중요시한다는 점이다. 같은 3% 성장이라도 특정계층에게 성장의 혜택이 집중되는 양극화를 심화시키는 성장과 성장의 과실을 골고루 나누어 가지는 공정 성장은 국민의 삶의 질에 미치는 영향이 완전히 다르다. 또 한 가지 강조하고 싶은 점은 J노믹스는 과거 정부와 달리 숫자로 나타나는 정책목표를 강조하지 않는다는 점이다. 목표에 매몰되어 성장의 혜택이 배분되는 내용이나 과정을 경시하게 되면 성장률은 올라가지만 오히려 중산층과 서민 등 경제적 약자에게 가혹해지는 결과를 가져올 수 있기 때문이다. 문재인 정부의 3% 성장은 질적 성장을 의미하는 것으로 우리 경제의 잠재성장률 수준으로 성장률을 끌어 올리겠다는 의지의 표현이며 대국민 약속이기도 한다.

문재인 정부 출범 첫 해인 2017년 GDP는 3.1% 성장하여 3년 만에 3%대를 회복하였다. 2018년 역시 3% 성장이 가능할 것으로 보인다. 우선 세계경제 회복세가 2017년보다 확대[49)]됨에 따라 수출증가세가 지속될 것으로 보이며, 새 정부의 소득주도 성장이 성과로 나타나면 가계소득이 확대되고 소비심리가 회복되어 민간소비

49) IMF와 OECD는 세계 경제성장률을 2017년 3.6%, 2018년 3.7%로 전망하고 있다.

가 증가할 것으로 기대된다. IMF와 OECD 등 주요 국제기구도 2018년 우리 경제의 성장률을 3%로 예측하고 있다.

윤태호: **일부 언론의 논조를 보면 J노믹스가 성장은 외면하고 분배와 복지만을 지나치게 강조한다는데?**

이용섭: 오해다. J노믹스에서도 여전히 성장은 핵심적 발전전략이다. 다만, 성장률 수치의 높고 낮음을 중시하는 양적 성장으로 인해 얼마나 중산층과 서민의 일자리와 소득이 늘고 삶의 질이 높아졌는지를 더 중시하는 질적 성장으로 전환하자는 것이다. J노믹스는 양극화를 심화시키는 고용 없는 성장 대신에 일자리를 창출하고 중산층과 서민의 소득을 늘리는 질 좋은 성장, 즉 '경제성장과 국민행복이 동행'하는 포용적 성장을 추구한다. 포용적 성장은 분배와 성장의 선순환을 통해 양극화를 해소하면서 성장 잠재력을 높여 지속 가능한 성장을 보장한다. 양극화를 심화시키는 높은 성장률보다는 성장률은 조금 낮더라도 일자리를 창출하고 중산층과 서민의 소득을 늘리는 성장이 훨씬 국가 발전이나 국민행복지수 제고에 도움이 된다.

가계부채와 재정적자를 키우는 부채주도 성장에서 벗어나 일자리와 중산층과 서민들의 소득을 늘려 경제를 키우는 소득주도 성장이 핵심 정책이다. 고용 없는 성장에서 일자리가 성장을 이끌어내는 고용창출형 성장으로, 대기업 중심의 양극화 성장에서 대기업과 중소기업 동반성장으로 성장의 패러다임을 바꿔 가는 것이다.

또한 수출에 지나치게 의존하는 기형적인 대외 의존형 천수답 경제에서 내수와 수출의 균형을 통해 해외 충격에도 견뎌내고 고용 창출에도 기여하는 전천후 경제로 바꿔가는 것이다.

[표 2-1] 자본주의 3.0 → 자본주의 4.0

물질 중심의 신자유주의 (자본주의 3.0)		사람 중심의 포용적 경제 (자본주의 4.0)
▪ 부채주도 성장 ▪ 고용 없는 성장 ▪ 양극화 성장 ▪ 수출주도 성장	➡	▪ 소득주도 성장 ▪ 고용창출형 성장 ▪ 동반 성장 ▪ 수출·내수 균형성장

윤태호 : **J노믹스에서 수출과 내수의 균형을 강조하는 이유는?**

이용섭 : 부존자원이 부족하고 국내시장이 협소한 우리 여건상 개방은 불가피하다. 우리는 그간 성장의 삼각축인 수출·투자·소비 가운데 수출만 잘나가는 기형적 성장구조가 고착화되면서 경제의 대외의존도가 지나치게 커져 왔다.

우리나라의 무역의존도(=수출입/GDP)는 2016년 기준 77.7%로 G20 국가 중 독일(84.3%)과 멕시코(78.4%)에 이어 3위이다. OECD 회원국 평균(56.0%), 프랑스(60.5%), 영국(58.0%) 등보다 높고, 일본(31.2%)과 미국(26.6%)에 비해서는 두 배 이상 높은 수준이다. 내수 비중(민간소비/GDP)은 2016년 기준 48.8%로 G20 국가 중 18위이며 우리보다 민간소비 비중이 낮은 국가는 사우디아라비아와 중국뿐이다. 한국 경제의 대외의존도를 보여 주는 국민총소득GNI 대비 수출입 비중은 1970년대에는 연평균 48.4% → 1980년대 60.7% → 1990년대 54.7%였으나 2000년대 이후에는 83.2%로 높아졌다. 특히 이명박 정부 이후 급격하게 상승하여 2011년에 109.4%로 최고치를 기록하였다.

[그림 2-3] 연도별 국민총소득 대비 수출입 비중 추이

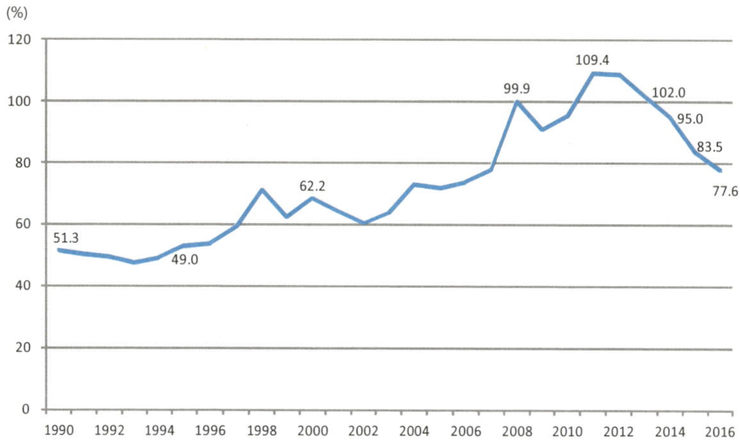

※ 출처 : 한국은행, 국민계정 통계를 이용하여 자체 계산

그러다 보니 해외 충격에 매우 민감하다.[50] 글로벌 금융위기로 인한 세계경제의 불황에도 큰 타격을 받은 바 있다. 더욱 심각한 것은 과거와 달리 해외공장 이전과 원자재의 해외 아웃소싱으로 인하여 수출이 국내투자와 성장 및 고용에 미치는 연관효과가 크게 감소했다는 점이다. 지금 우리 경제는 수출과 내수 간 연결고리가 단절되어 수출이 호조되어도 투자 및 고용이 확대되지 않고 있고, 이로 인해 소비 증가의 파급효과가 나타나지 못하고 있다. 또한 주력 수출종목이 편중되어 파급효과가 제한적이며 부품, 원자재들의 수입의존도가 높아 국내산업 간 연관관계도 약하다. 그 결과 취업유발계수가 수출의 경우 2005년 10.8명에서 2014년 8.1명으로 크게 줄어들고 있다. 이에 반해 민간소비는 2014년 15.2명, 투자는 13.1명으로 일자리 창출효과가 수출보다 내수가 훨씬 크다.

50) 우리나라 전체 수출의 0.18%에 그치고 거리도 먼 그리스가 재정파탄이 났는데도 한국 경제가 크게 영향을 받았던 경험이 있다.

앞으로 세계경제는 매우 불투명하고 한시도 조용할 날이 없을 것으로 예상된다. 이제 발상을 전환해야 한다. 이제는 대외변수에 무방비상태인 천수답경제에서 벗어나 전천후 경제로 나아가야 한다. 내수라는 안전판 없이 수출에만 과도하게 의존하는 경제구조로는 외풍에 취약하고 국내 경제의 불확실성이 커질 수밖에 없다. '수출증가 → 경제성장 → 일자리 증가 → 생활수준 향상'이라는 공식이 통하지 않는다.

이제는 내수를 키워 수출과 내수 간 균형성장을 도모해 고용도 늘리고 해외 충격에도 버틸 수 있는 전천후 경제로 바꿔가야 한다. 교육 · 의료 · 금융 · 문화예술 · 관광 · 레저 · 스포츠 등의 서비스업[51)]과 같은 내수산업을 키워 내수 비중을 확충하여야 한다. 또한 강한 중소기업을 육성해 나가야 한다. 컨설팅회사인 맥킨지 역시 2차 한국보고서에서 수출대기업과 제조업 중심의 성장방식에서 중소기업과 서비스 산업의 경쟁력 강화를 통해 양질의 일자리를 만들어야 한다고 제언한다.

윤태호 : **그럼 4바퀴 성장 전략을 하나씩 짚어 보기로 하겠다. 일자리경제는 나중에 별도로 심도 있게 논의하기로 하고 여기서는 간단히 소개만 부탁드린다.**

이용섭 : 국민행복에 가장 큰 영향을 미치는 것은 소득보다 일자리다. 일자리가 행복한 삶의 출발이다. 지금은 성장률을 1% 더 올리는 것보다 국민행복과 경제성장의 동행이 중요하다.

스위스 주민을 표본으로 한 프레이르와 스튜처 교수의 결론에

51) 서비스업의 GDP 비중(%, 2015년 기준) : 중국 49.7, 독일 68.9, 일본 72.4, 미국 79.3, 영국 79.9, 한국 59.2(한국은 2016년 기준)

의하면 실업은 소득과 관계없이 행복해질 수 있는 확률을 26% 떨어뜨리는 것으로 분석하고 있다. 소득은 행복에 어느 정도 기여를 하지만 소득의 증가가 반드시 행복의 상승을 가져오지 않으며 동시에 긴밀한 상관관계가 없는 것으로 분석되었다. 우리가 가난했던 1960년대~1970년대에 느끼는 행복도보다 지금 우리가 느끼는 행복도가 떨어지는 이유도 여기에 있다.

일하고 싶은 사람에게 일자리를 제공하지 못하는 것은 시장의 실패이자 무능이며 불평등의 원천이다. 따라서 일자리 문제는 시장에만 맡길 문제가 아니다. 고용 없는 성장과 낙수효과의 약화 등 경제구조상의 결함으로 인해 시장 중심적 고용확대 정책으로는 한계가 있다. 정부가 일자리 혁명에 적극적으로 참여해야 하는 이유가 여기에 있는 것이다.

일자리정책의 목표는 일자리 양을 늘리고, 질을 높여, 격차를 줄임으로써 '일자리–분배–성장'의 선순환 경제구조를 구축하는 것이다. 지금 대한민국이 겪고 있는 저성장, 양극화 등 많은 문제는 좋은 일자리 부족에서 비롯된다. 일자리 창출은 단순히 소득 창출원을 뛰어넘어 질 좋은 성장정책이고 양극화 정책이며 복지정책이다. 또한 일한다는 것은 자존감과 건강과 행복을 가져다주는 인생 최고의 가치이다.

소득주도 성장 3

윤태호 : 소득주도의 수요 확충정책만으로는 지속 가능한 발전을 할 수 없다면서 J노믹스를 비판하는데 이에 대한 입장은?

이용섭 : J노믹스의 전체 그림을 보지 못한 데서 많은 오해가 나오고 있는 것 같다. 일부에서 "소득주도 성장모델은 비주류 경제학이며 무모한 실험이다", "사실상 경기 대응적 성격이지 성장정책으로 보기 어렵다"고 비판하지만 J노믹스의 공정경제와 혁신성장을 통한 공급 확충을 보지 못한 데서 비롯된 비판이다.

소득주도 성장론은 가계소득 증대를 통해 양극화 완화와 함께 소비와 투자를 촉진시켜 경제성장의 선순환 구조를 만들어 내는 경제성장이론이다. 임금을 낮추고 기업의 이윤을 높임으로써 투자와 수출을 촉진해 경제성장을 하자는 수출 · 대기업 중심의 성장론과 대비되는 개념이다. 소득주도의 경로는 좋은 일자리 창출, 최저임금 인상, 중소기업 육성, 복지 확충 등 매우 다양하다. 이 중에서 가장 중요한 것은 질 좋은 일자리를 늘려 가계소득을 늘리고 성장을 주도하는 일자리 경제이다. 이제 성장률이 올라가도 고용이 늘어나지 않기 때문에 좋은 일자리를 늘려 성장률을 높이는 새로운 발전 경로를 모색해야 한다. 새로운 위기에는 새로운 전략이 필요하다.

한국 경제 침체 원인 중 하나가 총수요의 부족이기에 소득주도 성장이 총수요 확대를 강조하고 있지만 이것이 J노믹스의 전부는 아니다. 소득주도 성장은 양극화와 불평등을 악화시켜 온 기존의 성장론으로는 더 이상 국민 삶의 질 개선은 물론이고 성장 자체도 달성하기 어렵다는 반성에서 나온 것이다. 경제학에서 성장은 자본, 노동, 기술혁신 3가지 요소가 결정한다. 대기업의 낙수효과를 강조한 기존 성장정책은 주로 자본과 기술혁신의 중요성을 강조했다. 그러나 대기업의 유보이윤이 남아돌고 있어 법인세 인하 같은 자본 인센티브 정책은 이제 별 효과가 없다. 한국 경제의 성장 병목은 OECD 최악의 자살률과 출산율에서 보듯이 비정규직 차별, 저임금, 장시간 노동으로 인한 피로이다. 혁신은 사람이 하는 것이다. 고용·소득 불안정에 시달리고 장시간 노동으로 피로에 찌들고 결혼과 출산을 포기할 정도로 미래에 대한 희망을 갖지 못한 사람들이 첨단 기술혁신과 창의적 아이디어를 만들어 낼 수 없다. 혁신은 여유가 있고 회사에 대한 신뢰와 애정이 있을 때 나오는 것이다. 한국은 GDP 대비 R&D 투자 비율이 세계 1위다. 그동안 기술혁신을 위해서 돈을 쏟아 부었지만 성과가 신통치 않은 것도 혁신은 돈이 아니라 사람이 하는 것이기 때문이다. 소득주도 성장은 울분과 분노의 '헬조선'을 방치하면 혁신도 성장도 안 된다는 위기의식에서 나온 것이다.[52]

소득주도 성장의 목표는 사회위험에 효율적으로 대처하고 국민

52) 조영철(고려대 경제학과 초빙교수), "소득주도 성장은 혁신경제의 발판"(광주일보 기고문), 2017. 11. 14.

들이 삶의 여유를 갖고 모험적 혁신과제에 도전할 수 있는 사회 토대를 만드는 것이다. 물론 최저임금 인상에서 보듯이 소득주도 성장도 부작용이 있지만, 부작용을 최소화하는 대응방안을 마련하면서 그 방향으로 나아가야 성장도 혁신경제도 가능하다.

소득주도 성장은 국제적으로 사례가 없다는 비판 역시 타당하지 않다. 주류 경제학을 따르고 있는 국제기구들도 이제 심각한 불평등이 성장을 해칠 수 있다고 우려하며 포용적 성장을 촉구하고 있다.

윤태호 : **일부에서는 개방경제에서 임금 인상으로 생산비용이 상승하면 상품 가격이 올라 수입품에 밀리거나, 생산기지를 해외로 옮겨 오히려 국내투자를 저해할 수 있기 때문에 소득주도 성장은 성공하기 어렵다고 비판하는데?**

이용섭 : 적절한 비판으로 보기 어렵다. 소득증대의 주요 원천은 일자리 창출이다. 임금을 올리는 것은 과도하게 낮은 최저임금이나 비정규직의 급여를 정상화하는 것이다. 또한 임금이 상승하면 생산성도 증가할 수 있다. 가계소득의 증가로 소비가 늘어나고 경기가 살아나면 기업들의 투자도 증가하게 될 것이다. 또한 임금이 상승하더라도 이미 주력 수출품이 자본집약적 산업인 한국 경제에서 수출에 미치는 나쁜 영향은 제한적일 것이다.

여러 실증적 연구들은 한국에서 노동소득분배율이 높아지면 소비는 크게 늘어나는 반면 투자와 수출에 미치는 영향은 미미해서 총수요와 성장이 진작될 것이라 분석하고 있다. 외환위기 이후 생산성 향상에 따른 성장혜택이 가계로 환류되지 못하고 대기업에 집중되었고 저성장도 고착화된 점을 감안할 때, 소득주도 성장은 성장모델의 전환으로서 의의가 크다.

공정경제 4

윤태호 : 공정경제는 주로 어떤 내용을 담았는가?

이용섭 : 공정경제는 대기업 · 재벌 중심의 왜곡된 시장경제 질서를 바로잡아 양극화를 해소하고 경제 전반의 역동성을 회복하기 위한 것이다. 경제에 대한 정부의 간섭을 배제하고 시장질서에 맡기면 최상의 결과를 가져온다는 신자유주의는 경제환경이 바뀌면서 그 수명을 다했다. 시장이 할 일은 시장에 맡기되, 시장의 불공정한 부분은 적극 보완하고 기업이 사회적 책임Corporate Social Responsibility을 다하도록 정부가 역할을 해야 한다.

공정경제는 경제민주화를 통해 서민과 부자, 중소기업과 대기업이 더불어 잘사는 상생과 동반성장의 경제생태계를 마련하는 데서 출발한다. 우선 대기업의 과도한 경제력 집중과 문어발식 확장 그리고 불공정 거래행위를 규제해 중소기업을 살려 지속적이고 안정적인 성장동력을 확보해야 한다.

재벌이 경제력 집중과 문어발식 확장이라는 기득권을 주장하면 새로운 기업들의 창업과 성장을 기대할 수 없다. 사자도 배가 부르면 사냥을 멈춘다는데 우리 재벌기업들의 탐욕은 끝이 없다. 재벌 대기업의 순환출자 금지, 중소기업 적합업종 확대, 대형마트와 SSM 규제 등을 통해 과도한 경제력 집중과 문어발식 확장을 규제하고 담합, 납품단가 후려치기, 일감몰아주기, 인력 및 기술 탈취 등의 불공정행위를 시정하는 한편 중소상공인 지원을 강화해야 중소기업이 살아나고 양극화도 해소된다. 핵심은 재벌 대기업들이 세계시장에서 높은 경쟁력을 유지하면서 한국의 이미지와 브랜드 가치를 높일 수 있도록 뒷받침하되, 국내시장에서는 중소기업과 함께하는 상생 생태계를 만들자는 것이다.

윤태호: 공정경제를 이루기 위해 경제민주화가 필요하다는 뜻으로 말씀하셨다. 새 정부가 들어서면서 경제민주화란 용어 사용이 크게 줄었다. 경제민주화란 무엇이고 추진 방향은?

이용섭: 우리 나라에서 경제민주화는 1987년 민주화운동으로 대통령 직선제가 관철되면서 개정 헌법에 반영되었다. 우리 헌법 제119조는 자유시장을 존중하면서도 국민경제의 균형 있는 성장과 안정, 적정한 소득분배, 시장의 지배와 경제력의 남용방지, 경제주체 간의 조화를 위해 규제와 조정을 할 수 있도록 명시하고 있다.

그 후 경제민주화는 간헐적인 논의가 있었으나 큰 진전이 없었다. 경제민주화가 뜨거워진 것은 다른 나라와 마찬가지로 2008년 글로벌 금융위기를 겪으면서 자본수익 확대에 초점을 맞춘 신자유주의식 경제운용으로는 더 이상 경제안정을 기할 수 없다는 인식이 확산되면서부터이다. 경제민주화는 복지국가와 더불어 시대정신이다. 이 두 가지는 동전의 양면처럼 불가분의 관계가 있으며 상호 보완재로서 기능을 하고 있다. 한때 유행처럼 왔다가 사라지는 의제가 아니고, 경제민주화 없이는 한국 경제의 지속적 성장이 어려운 상황이다.

경제민주화의 출발점은 자본주의가 지닌 내재적 모순이다. 시장경제에 있어 자본의 역할은 매우 중요하지만 인간의 희생을 전제로 하는 자본만의 보호는 정의롭지 못한 결과를 가져오기 때문에 자본과 노동의 불균형을 해소하자는 것이다. 특히 우리 사회는 과거 성장 위주의 경제정책을 통해 양적 성장은 이루었지만, 불평등·불균형·불공정 등 3불이 심화되었다. 이로 인해 국민들의 삶은 더 팍팍해졌고 저성장이 고착화되었으며, 불공정한 경제질서로 인해 대기업과 중소기업 간 격차가 심화되었다. 경제민주화는 이러한 3불 현상을 시정해 나가는 것이라고도 얘기할 수 있다.

경제민주화는 학문적으로 정립된 개념이라기보다는 시대상황과 정치적 관점에서 대두되었기 때문에 통일된 개념정의가 어려우며 각자의 이해관계에 따라 다르게 쓰이고 있다. 그러나 우리나라에서 경제민주화는 헌법적 가치이기 때문에 헌법 규정에 기초하여 그 개념을 정의하는 것이 논란의 여지를 최소화하는 길일 것이다.

이런 점에서 '경제민주화'는 국가의 규제와 조정을 통해 공정경쟁과 분배정의를 실현하여 대기업과 중소기업이 동반성장하고 부자와 서민이 상생하며 전국이 균형발전하는 건강한 경제생태계를 만드는 것이라고 정의할 수 있다. 상생·동반성장·균형발전을 통해 따뜻한 시장경제, 품격 있는 자본주의를 만드는 것이 헌법적 가치에 부합하는 경제민주화 개념이다. 소수의 강자만 잘 사는 경제가 아니고 다수의 약자도 더불어 잘 사는 경제, 사자와 양들이 평화공존하며 상생하는 경제체제를 만드는 것이 경제민주화다.[53)]

---

53) 이정우 경북대 교수[이용섭, 『성장과 행복의 동행』(메디치, 2013) 중에서]

요약하면 경제민주화는 시대정신이고 세계적 흐름이며 헌법 가치이다. 또한 사회양극화를 해소하여 지속 가능한 발전을 이뤄가기 위해 필요하다.

경제민주화의 추진 방향은 경제기조를 재벌특권경제에서 민생중심경제로 전환하여 신자유주의가 초래한 양극화를 해소하고 시장경제의 지속 가능성을 높이자는 것이다. 대기업－중소기업－소상공인이 각자의 영역에서 상생하고 동반성장할 수 있도록 경제민주화를 통해 지속 가능한 경제생태계를 만들어 가야 한다. 이를 위해 △무엇보다 재벌의 과도한 경제력 집중을 완화해야 한다. △재벌들이 깨끗한 부를 추구하도록 담합·납품단가부당인하·일감몰아주기 등 불공정행위를 엄단해야 한다. △중소기업과 소상공인에 대한 지원이 강화되어야 한다. △노동 기본권을 보장하여 노동이 존중받는 사회를 만들어 가야 한다.

윤태호 : 구체적으로 대기업집단의 경제력남용 방지는 어떻게 추진되는지?

이용섭 : 재벌 중심의 경제력 집중이 양극화를 심화시키고 있다. 30대 대기업집단 중 상위 4개 대기업집단의 자산 비중이 2008년 46.1%에서 2017년에는 52.7%로 높아지고, 매출액도 같은 기간 51.4%에서 56.2%로 증가하였다. 이러한 상황에서 대기업의 지배구조가 총수 3세와 4세로 넘어오면서 혁신을 통한 새로운 성장동력을 발굴하기보다는 오히려 일감몰아주기 등을 통해 경영권을 승계하는 데 기업의 역량을 쏟아 붓는 행태가 지속되고 있다.

따라서 대기업집단 총수일가의 사익편취 행위를 근절하고 편법적 지배력 강화를 방지하여 대기업집단의 건전한 발전을 유도할 필요가 있다.

공정거래위원회를 중심으로 추진 중인 정책을 소개하면 우선 현행법의 엄정한 집행을 통해 총수일가의 사익편취 행위를 근절하는 데 주력하고 있다. 총수가 있는 집단 전체를 대상으로 내부거래실태를 점검하고 법위반 혐의가 높은 기업집단에 대해서는 직권조사를 실시할 계획이다. 또한 은밀하게 이루어지는 사익편취행위의 효과적 적발을 위해 신고포상금 지급제도가 도입되었다. 아울러 시장의 자율감시기능을 통해 내부거래 관행이 개선되도록 대규모 내부거래의 이사회 의결 및 공시 의무를 철저히 점검하고 있다.

두 번째로는, 편법적 지배력 확대를 차단하기 위한 제도개선이다. 현재는 총수 일가의 일감몰아주기 등 사익편취 금지 의무는 공정거래법령상 특수관계인이 30% 이상의 지분을 가지고 있는 계열사(비상장주식의 경우는 20% 이상)에만 적용된다. 공정거래법 시행령에 규정되어 있는 이러한 규제를 공정거래법으로 상향하여 규정하는 방안과 함께 현행 30% 기준을 낮추는 방향으로 개정이 추진될 것이다. 또한 기존의 순환출자를 단계적으로 해소해 나가고 자사주와 공익법인 등을 이용한 편법적 지배력 확대를 차단하는 방안도 찾아나가고 있다. 지주회사로의 전환 유인은 계속 유지하되, 소유 · 지배의 왜곡이 심화되지 않도록 보유 지분율, 부채비율 등은 규율을 강화해 나갈 것이다. 계열 금융 · 보험사의 고객 자금을 이용한 지배력 행사를 억제하여 금산분리 원칙을 지켜나가고, 경영권 방어 목적의 예외적 의결권 행사 한도와 별도로 금융 · 보험사 의결권 행사 한도 신설도 검토되고 있다.

윤태호 : **대기업의 경제력 집중을 억제하는 것과 더불어 중소기업 및 소상공인과의 상생경제 생태계를 구축하는 것도 매우 중요해 보이는데?**

이용섭 : 중소기업과 소상공인은 생산 · 고용 등의 측면에서 볼 때 우리 경제의 근간이나 그간 대기업의 불공정행위로 인해 경쟁력을 갖추고 성장하기 어려운 상황에 처해 있었던 것이 사실이다. 이제는 대기업과 중소기업 간 협상력의 격차를 해소하고 대기업의 불공정행위를 근절하여 중소기업과 소상공인에게 공정한 경쟁기회를 보장하는 것이 중요하다.

가장 먼저 생각해 볼 과제는 중소기업이 대기업에 대한 납품단가를 제대로 받도록 하는 것이다. 소위 대기업의 납품단가 후려치기가 근절되어야 한다. 정부는 우선 최저임금 인상 등 노무비의 변동이 생길 경우 납품단가 조정을 신청할 수 있도록 허용할 방침이다. 현재는 원재료의 가격 변동이 발생할 경우에만 단가조정 신청이 가능하다. 또한 공사기간이 연장되어 발주자가 원사업자의 계약금액을 조정할 경우 하도급계약금액도 이에 연동되어 조정되도록 의무화하는 방안을 추진하고 있다. 수급사업자에게 정당한 사유 없이 원사업자가 지정하는 사업자와 거래하도록 강요하는 행위도 전면 금지될 것이다. 물론 이러한 제도적인 개선방안은 국회의 입법으로 뒷받침되어야 시행이 가능하다는 점에서 국회의 전향적인 협조가 필요하다.

하도급뿐 아니라 대기업의 갑질이 빈번한 곳이 가맹 · 유통 · 대리점 분야다. 가맹점주 · 대리점주 등 경제적 약자들은 종속적 · 계속적 거래관계로 인해 단가 등 거래조건 협상에 있어 제 목소리를 내기 힘든 여건이다. 프랜차이즈 업계의 갑질 행태는 너무 빈번하게 언론을 통해 보도되는 바람에 그 불합리함을 망각할 정도다. 새 정부는 이러한 부분을 엄중히 인식하고 지속적으로 바로잡아 갈 것이다. 먼저 거래의 공정성과 투명성을 제고해야 한다. 가맹본부는 가맹점주에게 해당 브랜드의 통일성을 유지하기 위한 필수품목을 공급하는데 필수품목의 마진율이 지나치게 높거나 가맹사업과 전혀 관련이 없는 사무용품 등까지도 가맹본부에서 직접 공급하는 폐해가 있어 왔다. 앞으로는 가맹본부가 공급하는 필수품목의 상세내역과 마진규모 등을 공개해서 필수품목의 마진율 인하와 가맹점주에 대한 인건비 지원 등 상생노력을 유도할 것이다. 또한 납품업체의 수수료율을 비교할 수 있도록 판매수수료 공개대상을 현행 백화점과 TV 홈쇼핑에서 대형마트·온라인 쇼핑몰까지 확대한다.

가맹점주와 납품업체의 피해를 방지하고 이미 피해가 발생한 경우에는 이를 충분하게 구제해 주는 제도적 장치도 확충된다. 우선 가맹본부 또는 임원의 위법하거나 부도덕한 행위로 가맹점주가 손해를 입을 경우에 대한 배상책임을 계약서에 기재하도록 의무화하여 '갑질' 행태를 근절할 계획이다. 대형유통업체의 고질적이거나 악의적인 불공정행위와 가맹본부의 보복행위에 대해서는 3배의 징벌적 손해배상제도를 도입하여 불공정행위의 유인을 철저하게 차단할 것이다. 최저임금 인상, 종업원 파견 등에 따른 비용부담을 완화하기 위하여 가맹점주·납품업체가 최저임금 인상 등 비용 상승시 가맹금·납품가격 조정을 요구할 수 있도록 표준계약서에 근거를 마련할 것이다.

마지막으로 중소기업·소상공인의 거래조건 등에 대한 협상력을 강화할 필요가 있다. 이를 위해 대리점사업자들의 단체구성권을 법률에 명문화할 필요가 있다. 가맹본부가 판촉행사시 임의로 비용을 가맹점주에게 전가하지 못하도록 가맹점주 또는 가맹점단체의 사전동의를 의무화하는 방안도 필요하다. 중기조합 공동사업이나 중소업체들이 거래조건 합리화를 위해 행하는 일정한 공동행위에 대해서는 담합금지 규정 적용이 배제되어야 할 것이다.

윤태호 : **공정경제만을 지나치게 강조하면 시장의 기능이 축소되고 경쟁에 따른 효율성이 약화되는 것 아닌가?**

이용섭 : 동의한다. 다만, 공정경제의 개념에는 앞서 언급한 대기업의 경제력 집중 억제, 대・중소기업 상생 외에도 '혁신경쟁 촉진'이라는 또 다른 축이 자리 잡고 있다는 점을 강조하고 싶다. J노믹스는 대기업과 중소기업, 부자와 서민이 동반성장하고 상생하는 경제생태계를 만들자는 것이다. 시장을 맹목적으로 불신하는 것이 아니다. 시장이 할 일은 시장이 하고, 정부가 할 일은 정부가 하자는 것이다. 따라서 시장이 제대로 기능하도록 정책적 지원을 할 것이다. 특히 독과점사업자의 경쟁제한 행위와 불공정 시장구조를 개선하고 신산업 분야의 혁신경쟁이 가속화되도록 제도적 뒷받침이 필요하다.

따라서 새 정부는 지식재산권 등 시장지배력 남용 방지 및 담합행위 근절, 독과점 시장구조 개선 등을 추진하고 있다. 3가지 방안 중 시장지배력 남용 방지를 위해 차세대 반도체・무선통신 등 기술표준이 확산된 분야에서 혁신기업의 성장을 가로막는 특허권 남용행위 등에 대한 상시 감시체계를 구축할 것이다. 제약・바이오 분야에서 특허권을 매개로 한 시장진입 제한 등 부당한 특허권 행사에 대해서 실태점검도 실시한다. 모바일 분야의 시장 동향, 해외 법집행 사례 등을 검토・분석하여 빅데이터 기반 플랫폼 사업자의 독점력 남용행위에 대한 대응도 강화할 것이다.

다음으로 혁신을 통한 기업 간 경쟁을 저해하고 소비자 부담을 초래하는 담합행위 감시를 강화할 것이다. 특히 온라인 음원 유통 등 문화 콘텐츠 분야에서 중소기업의 자유로운 시장진입 또는 사업활동을 방해하는 행위와 수입의존도가 높은 전자·자동차 부품 분야 등에서 국제카르텔 행위 및 아파트 보수·관리, 폐차고철 매입, 교복 등 민생부담을 초래하는 행위 등이 해당된다. 담합 피해에 대한 집단소송제 도입을 추진할 것이다.

국민생활과 밀접한 분야의 규제개선·시장구조개선 노력을 지속하여 먹을거리·레저 분야 규제개선을 지속적으로 추진할 것이다. ICT·헬스케어 등 4차 산업혁명 기반산업 분야의 규제 개선을 추진하고 시장 독과점을 초래할 수 있는 경쟁제한적 M&A에 대해서는 적극적으로 대응할 필요가 있다. 한편 4차 산업혁명 분야의 M&A 과정에서 나타날 수 있는 데이터 독점과 R&D 경쟁봉쇄 등 신유형의 경쟁제한 행위에 대해서도 면밀히 심사할 것이다.

윤태호 : 이런 사전적 조치만으로 공정경제가 실현될 수 있는가? 재정의 역할이 중요하지 않는가?

이용섭 : 그렇다. 시장경제 내에서 경제민주화를 통한 이런 사전적 조치만으로는 불평등과 불공정이 바람직한 수준으로 시정될 수 없다. 따라서 2차적으로 재정의 소득 재분배 기능을 강화하여 공정경제를 실현해야 한다.

자본주의 국가에서 정의를 실현할 수 있는 가장 강력한 수단이 재정이다. 많이 가진 계층으로부터 세금을 걷어서 없는 사람들을 위해 써주어야 한다. 특히 4차 산업혁명 시대에는 핵심기술을 가진 경제주체에 부가 집중될 것이므로 사회적 대타협을 통해 조세부담률을 적정 수준으로 올려 재정의 역할을 강화해야 한다. 지하경제를 더욱 양성화하고 비과세 감면을 줄이며 고소득자, 대기업, 고액 재산가들로부터 적정한 세금을 걷어 복지의 양을 늘리고 질을 높여야 한다. 증세 없는 복지는 허구다. 이명박 · 박근혜 정부가 부자감세로 인한 부족한 세금을 담뱃세 · 주민세 · 자동차세와 같은 서민증세로 메꾸려다 보니 조세저항이 발생한 것이다.

이제 '저부담 저복지' 국가에서 '적정 부담 적정 복지'(중부담 중복지)로 나아가야 한다. 한국의 복지수준은 OECD 국가 중 최하위 수준이다. GDP 대비 사회복지 지출비중(2014년 기준)이 OECD의 경우 21.6%이나 우리나라는 절반 수준도 안 되는 10.4%이다.

다른 나라 국민보다 높은 복지혜택을 제공하지 못할망정 지금의 복지지출이 많다고 얘기하는 것은 나라를 위해 헌신해 온 국민에 대한 도리가 아니다. 오늘의 한국 경제는 1960년대~1970년대의 파독 광부와 간호사, 월남전 참전용사와 열사의 땅 중동에서 땀 흘려 일한 근로자 등 국민들의 눈물과 헌신으로 이루어진 것이다. 일부 고복지 국가들이 복지 지출을 줄인다고 우리도 줄이자는 것은 비만인 사람이 체중을 줄인다고 저체중인 사람에게 다이어트를 권하는 것처럼 잘못된 것이다. 다만, 재정 여건을 감안해 증가 속도를 조정하고 낭비되고 있는 복지지출의 구조조정은 필요하다.

혁신성장 5

윤태호 : **혁신성장은 어떤 내용이고 왜 필요한 것인가?**

이용섭 : 혁신성장은 중소기업을 육성하고 신성장산업과 벤처창업을 활성화하여 성장동력을 확보하고 일자리도 만드는 한편 4차 산업혁명에도 효율적으로 대응하기 위한 것이다. 이는 경제 전체의 파이를 키운다는 점에서 기존 성장론과 흡사하지만 대기업·수출 대신 창업·중소·벤처기업을 성장동력으로 삼는다는 데에서 차이점이 있다.

과거 한국의 고도성장은 선진국들의 앞선 기술을 빠르게 모방하여 상품화하는 추격자Fast Follower 전략이 유효했다. 그러나 더 이상 통하지 않는다. 중국 등 신흥공업국들이 우리보다 인건비나 원자재 등에서 훨씬 유리한 환경이기 때문이다. 한국이 4차 산업혁명 시대에 지속적으로 성장해 나가기 위해서는 한국 경제를 이끌어 나갈 창조력과 상상력에 기반한 새로운 성장동력을 키워 내는 선도자First Mover 및 혁신자Innovative Mover 전략이 필요하다.

한국 경제가 세계 최빈국에서 세계 10대 경제 대국으로 발돋움하는 과정에서 조선·자동차·석유화학·철강 등 전통 산업과 대기업은 고도성장을 선두에서 이끈 강력한 엔진이었다. 하지만 최근 그 엔진이 멈춰가고 있다. 한국 경제가 지금 '저(低)성장'과 '고용절벽'이라는 늪에 빠져 있는 것은 이들이 제대로 힘을 못 쓰고 있기 때문이다. 성장과 고용을 모두 대기업에만 의존하다간 과거 일본과 같은 위기를 맞을 수 있다. 이제는 대기업과 더불어 한국 경제를 이끌어 나갈 새로운 성장동력을 찾아야 한다.

미국·유럽·중국·일본 등은 이미 기존 기업 중심의 성장 전략에 한계를 느끼고 4차 산업혁명을 선도할 새로운 성장산업을 발굴하여 육성하는가 하면 창업을 새로운 성장동력으로 지목하고 적극적으로 창업 지원에 나서고 있다. 이들이 서로 글로벌 인재와 자본을 먼저 끌어오기 위해 치열한 경쟁을 펼치면서 국경 없는 '글로벌 창업 전쟁'이 벌어지고 있는 형국이다. 그러나 우리나라는 4차 산업혁명 준비에 있어 선진국에 비해 한참 뒤떨어져 있다. 새 정부는 지금부터라도 우리의 강점인 IT산업의 우위를 바탕으로 4차 산업혁명의 주역이 될 사물인터넷, 로봇, 인공지능, 빅데이터, 자율주행, 친환경 스마트카, 신재생 에너지, 제약·바이오산업 등 미래 핵심 기술분야에 집중투자하고 신성장산업의 걸림돌이 되는 규제를 혁파해 빠르게 대비해 나간다는 전략이다.

윤태호 : 혁신성장의 첫 번째 대책으로 2017년 11월 2일 경제부총리 주재 경제관계장관회의에서 '혁신창업 생태계 조성방안'을 발표했는데 어떤 점에 중점을 두었는가?

이용섭 : 혁신성장의 첫 단추는 '혁신창업'을 활성화하는 것이다. 이를 뒷받침하기 위해 문재인 정부는 중소기업청을 장관급인 중소벤처기업부로 격상하였다.

2000년대 초반 전국적인 벤처붐을 기억할 것이다. IMF 외환위기 직후 우리 경제에 역동성과 활력을 다시 불어 넣어 준 것은 다름 아닌 모험과 도전정신으로 무장한 창업가들이었다. 외환위기로 대기업의 고용이 불안정해지면서 기술인력이 대거 벤처기업으로 유입되었고 이에 따라 1998년에 2천개에 불과하던 벤처기업은 3년 만인 2001년에 5배 이상 급증한 1만 1천개 이상으로 증가하였다.

벤처붐은 당시 세계적인 IT 혁명의 열풍 속에서 한국 경제의 새로운 패러다임 전환을 가져왔다. 그러나 벤처 버블을 우려하는 시각 속에서 건전화 정책이 등장하면서 벤처 생태계는 정체되고 활력을 잃어 갔다. 창업에 절대적으로 필요한 초기 엔젤투자는 2000년 5천억 원 규모에서 2010년에는 300억 원대 규모로 대폭 축소되었다. 다행히 최근 다시 2천억 원 수준으로 회복되고 있는 추세이나 또 다른 산업혁명 시대를 대비하기에는 부족한 수준이다.

제2의 벤처붐을 불러일으키기 위한 이번 대책의 방향은 크게 세 가지이다. 우선 우수한 핵심인력들이 창업에 도전할 수 있도록 정책지원을 강화하는 것이다. 대기업과 중견기업에서 쌓은 경험을 바탕으로 새로운 창업 아이템을 가진 인력이 적극적으로 혁신창업에 나설 수 있도록 사내벤처와 분사창업을 지원할 것이다. 또한 다분히 공급자 위주로 운영되고 있는 현재의 벤처기업 확인제도도 개편할 필요성이 있다. 대출이나 보증 실적에 기반한 벤처기업 지정은 재무적 기준에 중점을 두고 있으므로 진정한 혁신성과 성장성을 판단하기 어려운 것이다. 따라서 앞서간 민간 벤처 전문가 등으로 벤처확인위원회를 구성하여 앞으로 성장할 가능성이 있는 벤처기업을 선정하는 것이 중요하다. 창업에 대한 부담을 줄여주는 정책도 지속할 것이다. 기업을 설립할 때 발생하는 각종 부담금을 면제하고 재산세와 취득세 등 조세감면 방안도 마련한다. 한편 창업기업이 창업 후 3년~7년 기간에 마주치는 소위 데스밸리death valley라는 성장통을 효과적으로 극복하도록 지원하기 위해 그 기간 동안 판로·마케팅·자금 지원을 집중할 계획이다.

두 번째 방향은, 이러한 핵심인력들의 창업을 뒷받침하기 위해 모험자본을 충분히 확충하는 것이다. 대표적으로 향후 3년간 약 10조 원 규모의 혁신모험펀드를 신규 조성할 것이다. 창업기업의 성장단계에 따라 투자대상을 차별화하는 방안도 병행하여 추진한다. 펀드뿐 아니라 기존의 정책자금 대출프로그램도 혁신한다. 신보와 기보 등 정책금융기관과 민간자금이 함께 혁신모험펀드 투자기업 등에 20조 원 규모의 자금공급을 추진한다. 모험자본 투자에 대한 규제 개혁과 세제혜택도 확충한다. 크라우드펀딩 대상 업종을 확대하고 발행한도도 확대하여 자금력이 부족한 초기 기업이 다수의 대중으로부터 투자금액을 모집할 수 있도록 지원한다. 또한 엔젤투자 소득공제 혜택을 대폭 확대하고 스톡옵션에 대한 비과세를 10년 만에 재도입하여 핵심인재의 혁신기업 유입을 촉진할 것이다. 창업자와 근로자의 동반성장을 지원하기 위해 근로자의 우리사주 출자 소득공제를 현행 400만 원에서 1,500만 원으로 대폭 확대한다.

마지막으로는, 창업과 투자의 선순환 체계를 구축하는 데 중점을 두었다. 우선 코스닥 등 회수시장의 기능을 회복하는 것이 중요하다. 그래야 민간자금이 창업·벤처기업에 모일 수 있기 때문이다. 코스닥위원회의 독립성을 강화하는 한편 각종 진입규제를 재정비한다. 중소기업 전용시장인 코넥스시장의 소액공모 한도도 10억 원에서 20억 원으로 확대할 계획이다. 회수시장의 또 다른 축인 M&A를 활성화하기 위해 대기업 등의 기술탈취 행위에 대해서는 선제적으로 직권조사를 실시하고 징벌적 손해배상의 적용범위를 확대할 것이다. 혁신기업을 인수하는 대기업에 대해서는 피인수 벤처·중소기업의 중소기업 지위유지 기간을 3년에서 7년으로 연장하고, 세액공제 요건을 완화하는 등 인센티브를 확충할 것이다. 한편 실패 경험도 미래성공을 위한 자산으로 축적될 수 있도록 연대보증을 폐지할 것이다. 구체적으로는 정책금융기관은 2018년 상반기까지 연대보증을 전면 폐지하고, 민간금융기관은 단계적으로 폐지를 확산해 나갈 것이다.

윤태호 : 문재인 정부에서 추진하는 '혁신성장'이 과거 정부의 '창조경제', '녹색성장'과 차이가 없다는 비판이 존재하는데?

이용섭 : 혁신을 통해 경제를 성장시켜 나가겠다는 정책의 방향성에 있어서는 기존의 성장 정책과 크게 다르지 않다. 다만, 혁신의 대상·내용·방법이 다르다. 과거 성장정책은 수출 대기업 중심으로 혁신을 강조했고 정책 추진 과정에서 주체가 민간이 아니라 정부였다. 일반 국민과 기업이 객체가 되는 상황에서 국정농단으로 정책이 흐지부지되어 실행력이 저하되면서 정책의 효과가 발생하지 못하였다.

새 정부에서는 '기술진보 활동'이라는 기존의 혁신 개념을 뛰어넘어 '삶의 질을 개선하기 위한 활동'까지로 혁신의 의미를 확대하고 창조경제와 달리 인적·사회자본 투자 제고를 통한 실효성 있는 '착한 성장'을 강조하고 있다. 즉, 성장률 목표에 집착하기보다는 진정한 '국민행복시대'를 목표로 추진하는 것이다.

과거 정부에서 중요시한 양적성장 대신 교육, 문화, 제도의 역량 강화를 통해 질적 성장을 아우르는 확장된 혁신성장을 제시하는 점에서도 차이가 존재한다. 구체적으로 정책을 추진하기 위해 혁신 생태계 조성, 혁신 거점 구축, 규제 재설계, 혁신 인프라 강화 등 분야별 추진 전략을 수립하고 가시적 성과가 발생할 수 있는 세부 계획을 제시하고 있다.

윤태호 : 혁신성장에 있어 정부의 역할은 무엇인가?

이용섭 : 우리경제의 성장잠재력 확충을 위해서는 혁신성장이 가속화되어야 한다. 그리고 그 주인공은 정부가 아니라 민간이다. 지속가능한 민간주도의 성장이 이루어지기 위해서는 중산층과 서민을 지원하고 중소기업을 육성하여 경제를 살리는 상향식Bottom-up 방식의 혁신성장이 이뤄져야 하며, 정부는 이를 제도적으로 뒷받침하는 역할을 해야 한다. 따라서 정부가 혁신창업이 이뤄질 수 있는 친화적 환경 조성을 지원하고, 재정·정책금융을 마중물로 벤처투자자금 공급을 증대시켜 창업·투자 선순환 체계를 구축하는 기반을 조성하는 것이 중요하다.

이를 위해 창업에 걸림돌이 되는 규제와 애로 사항을 해소하여 창업부담을 경감시키고, 기술 개발의 사업화 단계에 어려움을 겪는 죽음의 계곡death valley을 극복하고 성장scale-up 지원을 강화하기 위한 벤처투자 재원 뒷받침이 필요하다. 대규모 모험자본을 조성하고 세제를 지원하여 창업과 투자의 선순환 체계 구축을 위한 정부 역할의 강화가 요구되고 있다.

윤태호 : 창조경제혁신센터 · 판교밸리도 과거 정부의 유산이라고 매도할 것이 아니라 혁신성장을 위해 필요하다면 살려 나가야 한다고 보는데?

이용섭 : 당연한 지적이다. 과거 정부에서 시작한 사업이라고 하더라도 국민의 삶의 질을 높이고 저성장을 극복하는 데 기여할 수 있다면 계속해서 보완 · 발전시켜 나갈 필요가 있다.

창조경제혁신센터의 경우 전국에 17개 센터를 구축하여 창업 · 중소기업지원 · 지역특화산업 육성 등에 일부 성과를 창출했다. 그러나 기존의 미래창조과학부 소관 비영리 재단법인으로 운영되면서 창업 · 벤처 정책과 연계성이 미흡하다는 점 외에도 운영비를 대부분 재정지원에 의존하여 자생적 운영 메커니즘이 미약하다는 점이 문제로 지적되어 왔다. 보다 근본적인 한계는 태생적인 것으로서 전담 대기업의 자발적인 참여로 만들어진 것으로 보기 어렵다는 점이다.

새 정부는 과거 창조경제혁신센터의 성과와 문제점을 면밀하게 분석한 후 지역의 창업생태계 및 일자리 허브로 개편하는 방안을 검토하고 있다. 보다 구체적으로는 지역의 창업기업을 대상으로 보육과 투자를 병행하는 엑셀러레이터 기능을 강화하고, 지역 간 협력을 통해 센터별 강점을 다른 지역의 창업기업 지원에 연계할 계획이다. 예를 들어, 강원도에 소재하는 창업기업이 전남지역 혁신센터가 구축한 물류 유통망을 활용하여 판로를 확보할 수 있도록 하자는 것이다. 이렇게 된다면 지역별로 분절된 창업지원 기능이 더 단단한 네트워크를 통해 시너지 효과를 낼 수 있을 것이다. 또한 그간 부진했던 자치단체의 적극적 참여를 유도하고 대기업 외에도 지역기업과 대학 등 다양한 지역의 혁신 주체들이 주도적으로 참여할 수 있는 방안을 강구할 것이다. 센터별로 차등화된 가용자원과 특색을 감안하여 특정 분야에 특화하는 방안도 지속적으로 추진해 나갈 필요가 있다.

판교창조경제밸리는 2015년 마스터 플랜을 수립한 후 2017년에 기업지원허브를 준공하는 등 시설구축 사업이 진행 중에 있다. 그러나 실제로 혁신적인 창업자들이 자신들의 아이디어를 사업화하기 위한 혁신에 집중할 수 있는 공간과 지원프로그램이 부족하고 창업자들 간 경험을 공유하고 교류할 수 있는 열린 업무공간도 없는 상황이다. 판교밸리를 실리콘밸리와 같은 해외 창업거점과 경쟁할 수 있는 혁신성장 거점으로 조성하기 위해서는 창업·벤처기업 지원 프로그램을 대폭 확충하고 언제든지 소통·교류할 수 있는 자생적 생태계 공간으로 만들어야 한다.

새 정부는 이를 위해 지난 2017년 12월 판교창조경제밸리 활성화 방안을 마련하여 발표하였다. 창업지원을 위해 11개의 전문지원센터를 입주시키고, 소통·교류를 위해 오픈 스페이스를 조성하는 게 주요 골자이다. 이 외에도 스마트시티, 자율주행차 등 신산업을 실증할 수 있는 공간을 제공하고, 교통·문화·주거 등 정주여건을 개선하는 방안도 마련되었다.

윤태호 : 정부의 혁신창업 활성화 정책과 관련하여 과거와 같은 벤처버블 붕괴나 재정 확대에 따른 민간 벤처시장 구축과 같은 부작용도 우려되는데?

이용섭 : 정부는 전반적인 벤처시장 수준이 성숙되어 과거와 같은 무분별한 투자거품이 발생하지는 않을 것으로 보고 있으나, 과거 벤처붐 당시 시장 과열 사례 등을 참고하여 부작용이 재발하지 않도록 관계부처들이 함께 모니터링을 강화하고 보완책을 검토하여 미리 대비해 나가고 있다.

현재의 풍부한 시장유동성을 감안할 때 정부 투자로 인한 민간의 구축효과crowding-out effect 발생 우려는 크지 않을 것이다. 또한 우리나라는 GDP 대비 신규 벤처투자 비중이 2015년 기준 0.13%로 미국(0.33%), 중국(0.24%), 이스라엘(0.38%) 등 주요국에 비해 낮은 수준이므로 오히려 현 시점에서는 재정 · 정책금융 등을 마중물로 하여 시중의 유동자금을 생산적인 투자처로 끌어들이는 노력을 강화해 나가야 한다.

윤태호 : 대통령께서 지난 2017년 11월 28일 혁신성장 전략회의를 주재하셨는데 향후 혁신성장 정책의 방향은?

이용섭 : 전략회의 때 대통령께서 말씀하신 내용을 보면 혁신성장의 방향성과 주요 내용을 알 수 있다. 말씀 요지를 요약하면 다음과 같다.

> "그동안 4차산업혁명위원회를 신설하고, 추경과 내년 예산에 혁신성장 예산을 대폭 반영하고, 혁신창업 대책을 발표를 했습니다. 그럼에도 불구하고 아직까지는 혁신성장의 구체적인 사업이

잘 보이지 않으니 혁신성장의 속도감이 느껴지지 않습니다.

혁신성장은 산업의 혁신을 통해 부가가치를 높이고, 혁신창업을 통해 신성장동력을 찾는 것이므로 소득주도 성장의 기반이 됩니다. 그리고 소득주도 성장은 사람 중심 성장 전략이고, 공정한 경제 생태계를 만드는 것이므로 역시 혁신성장의 기반이 됩니다. 이렇게 혁신성장과 소득주도 성장은 서로 친화적이고 시너지 효과를 낼 수 있는 성장 전략이라고 생각합니다.

4차 산업혁명의 급속한 기술변화에 맞추어 세계 주요 국가들은 모두 혁신 중심의 경제 구조로 전환을 서두르고 있습니다. 우리도 그에 앞서 가거나 적어도 발맞추어 나가지 못하면 새로운 성장 동력을 얻을 수 있는 기회를 잃게 될 것입니다.

미국의 신혁신전략, 독일의 인더스트리 4.0, 일본의 초스마트화 전략처럼 우리도 혁신성장에 대해 분명한 비전과 속도감을 보여 주어야 할 것입니다.

혁신성장에 관해 몇 가지 당부 드리겠습니다.

첫째로, 혁신성장에 대해 강조하고 싶은 것은 민간과 정부의 역할 분담입니다. 혁신성장의 주역은 민간이고 중소기업입니다. 정부는 민간의 혁신 역량이 실현될 수 있도록 산업 생태계 기반을 조성하고, 기술개발 자금 지원, 규제 혁신 등 정책적 지원을 담당하는 서포트 타워support tower 역할을 다해 주길 바랍니다.

혁신성장을 위해서는 경제사회 전반의 혁신노력이 필요하고, 따라서 경제 부처만의 일이 아니라 범정부 차원의 추진이 필요합니다. 경제부총리가 사령탑이 되어서 각 부처와 4차산업혁명위원회, 노사정위원회 등 각 정부 위원회가 고유한 역할을 분명히 하면서 함께 협업하는 체계를 갖춰 주길 바랍니다.

혁신성장을 체감할 수 있는 선도사업을 속도감 있게 추진해서 가시적인 성과를 보여 주는 것이 매우 중요합니다. 혁신성장의 개념은 어차피 추상적일 수밖에 없으므로 개념 정리보다 더 중요한 것은 구체적인 사업을 통해 알 수 있게 해 주는 것이라고 생각합니다.
이런 의미에서 오늘 선정하는 혁신성장의 선도사업들은 혁신성장이 무엇인지 국민들께 보여 주고, 또 방향성을 제시한다는 측면에서 매우 중요합니다. 특히 스마트시티, 자율주행차, 스마트공장을 통한 제조업 혁신과 드론 산업 등은 세계적인 경쟁에서 앞서갈 수 있도록 속도를 내 주길 바랍니다.
앞으로 적절한 시기에 점검회의를 열어서 오늘 전략회의에서 논의되는 선도사업들이 어떻게 진도를 내고 있는지 확인하겠습니다.
현장에 기반한 신속한 규제 혁신이 필요합니다. 혁신성장을 위해서는 신산업, 신기술에 대한 규제 혁신이 필수입니다. 민간의 상상력을 낡은 규제와 관행이 발목을 잡아서는 안 될 것입니다.
규제 혁신은 속도와 타이밍이 중요합니다. 이를 위해 무엇보다 민간의 지혜와 현장의 목소리에 항상 귀 기울여야 할 것입니다.
민간위원이 주축이 된 4차 산업혁명위원회도 민관 협력을 통해 규제혁신 과제를 적극 발굴해 주길 바랍니다.
규제 혁신을 속도감 있게 해내갈 수 있는 설계가 필요하다고 생각합니다. 정부의 결단만으로 가능한 규제 혁신은 빠르게 결정해 나가고, 다양한 이해관계자들의 사회적 대화와 타협이 필요한 규제 혁신은 사회적 대화와 타협의 방안을 설계해 주길 바랍니다.
마지막으로 강조하고 싶은 것은 사람에 대한 투자입니다. 혁신성장의 주체는 국민이고, 그 성과도 국민에게 돌아가야 합니다.
혁신성장 전략의 양대 축인 과학기술 혁신과 산업경제 혁신을 추진하는 과정에서도 창의적 인재를 양성하고, 인적 자본에 보다 많은 투자가 이뤄질 수 있는 방향으로 정책을 추진해 주길 바랍니다."

3부

일자리 경제

일자리는 국민의 권리이고 국가의 의무이다. 좋은 일자리 창출이 행복한 삶의 출발이고 우리 아이들의 밝은 미래이다. 또한 질 좋은 성장을 담보하는 것이며 명실상부한 예방적 복지다.

산업사회에서는 성장정책이 곧 일자리정책이었다. 그러나 탈산업사회에서는 고용 없는 성장과 낙수효과의 약화로 시장 중심의 고용정책으로는 한계가 있다. 일하기를 원하는 사람에게 일자리를 제공하지 못하는 것은 시장의 실패이고 불평등의 원천이다.

따라서 일자리는 시장에만 맡길 문제가 아니고 정부와 민간부문이 합심하여 일자리 혁명에 적극 나서야 한다. 일자리는 성장과 분배를 연결하는 고리이다. 일자리-분배-성장이 선순환되는 사람 중심의 일자리 경제를 만들어 한국 경제가 직면하고 있는 저성장과 양극화를 해결해 나가야 한다.

새 정부가 시대적 요구인 양질의 일자리 창출을 국정운영의 최우선 과제로 선정하고 내 삶을 바꾸는 '일자리 정부'를 지향하고 있는 이유가 여기에 있다.

일자리 경제

일자리의 중요성 및 상황 진단[54] 1

윤태호 : 문재인 대통령이 일자리를 강조하면서 일자리 문제가 요즘 화두다. 일자리의 중요성에 대해?

이용섭 : 일자리는 아무리 강조해도 지나칠 바 없을 정도로 개인과 국가 모두에게 매우 중요하다.

첫째, 양질의 일자리는 국가 경제성장의 원동력이다. 좋은 일자리는 개인의 인적자본 축적과 생산성 향상을 통해 개인의 소득을 높이고 국가의 경제성장 역량을 제고하는 최고의 성장정책이다. 일자리가 있어야 소득이 생기고 소비가 늘어나서 기업과 경제도 살아난다.

둘째, 일자리 창출은 우리 경제가 직면한 저성장 · 양극화 · 저출산 등 구조적 문제 해결의 핵심이다. 고용기반 확대는 일을 통한 복지로 재정건전성을 높이고 범죄율 하락과 세대 간 갈등완화 등 사회 안정성을 제고한다.

54) "일자리정책 5년 로드맵", 일자리위원회 · 관계부처 합동(2017. 10.)

셋째, 좋은 일자리는 최고의 복지이며 행복한 삶의 출발점이며 우리 아이들의 밝은 미래이다.

이런 이유 때문에 새 정부는 시대적 요구인 양질의 일자리 창출을 국정운영의 최우선 과제로 설정하고 내 삶을 바꾸는 '일자리 정부'를 지향하고 있다.

윤태호: **일자리 상황이 개선되지 않고 있다. 현재와 향후 일자리 여건에 대해 설명 부탁한다.**

이용섭: 현재의 일자리 상황을 한마디로 얘기하면 매우 어렵다.

우선 일자리 창출 여건을 보면 저성장의 고착화와 고용 없는 성장으로 일자리 창출 기반이 계속 약화되고 있다. 1997년 외환위기 이후 제조업 부진 및 서비스업 생산성 정체 등으로 성장률이 빠르게 둔화되는 가운데 양질의 일자리가 부족한 실정이다. 수출주력업종과 대기업 및 제조업 분야는 취업유발계수가 계속 하락하면서 지속 가능한 양질의 일자리 창출에 어려움이 가중되고 있다. 일자리의 대부분을 차지하는 중소기업은 수익성이 제약되면서 추가적인 양질의 일자리 창출이 어려운 상황이다.

일자리 질 여건을 보면 노동시장의 이중구조와 근로환경이 악화되면서 고용의 질이 저하되고 있다. 대기업과 중소기업 간, 제조업과 서비스업 간 격차가 확대되는 과정에서 고용의 큰 비중을 차지하는 중소기업과 서비스업의 저임금이 고착화되고 있다. 비용절감과 고용유연성을 위한 비정규직 사용 유인도 계속되고 있다. 특히 저임금 서비스업과 고용안정성이 낮은 일용직 건설업, 영세자영업자 등이 일자리 창출을 견인하고 있다.

취업계층별로 보면 청년, 여성, 신중년의 고용 여건도 개선되지 못하고 있다. 청년의 경우 높은 실업률이 지속되는 가운데 중소기업 취업기피 등 일자리 미스매치가 심화되고 있다. 여성의 경우 출산과 육아 부담 등으로 경제활동 참여가 매우 저조하다. 신중년의 경우 조기퇴직 압력에도 사회안전망과 재취업지원은 미흡하여 준비 없는 창업과 질 낮은 일자리로 유입되고 있다.

향후 저출산·고령화와 양극화의 심화로 인해 인적자본 증가가 둔화되면서 성장잠재력은 추가적으로 약화될 가능성이 크다. 1991년부터 1996년 사이에 태어난 에코붐 세대들이 25~29세에 진입하면서 청년고용 여건은 더욱 어려워질 것으로 예상된다. 또한 4차 산업혁명으로 기존 일자리 감소가 빠르게 진행되고 경쟁의 틀이 크게 바뀌면서 취약계층의 고용 안정성이 더욱 악화될 가능성이 높다. 따라서 공정경제를 바탕으로 일자리 중심의 소득주도성장과 혁신성장을 가속화하여 '일자리-분배-성장'의 선순환을 복원할 필요가 크다. 이런 점에서 보면 문재인 정부가 일자리정책을 국정운영의 최우선 과제로 추진하는 것은 시대정신이나 대한민국의 현안 과제들을 감안할 때 매우 시의적절한 것이다.

윤태호 : **문재인 대통령은 지난 1월 25일 열린 청년 일자리점검회의에서 일자리는 시장에 맡겨야 한다는 식의 고정관념이 정부 각 부처에 여전히 많이 남아 있는 것으로 보인다고 지적했다. 이 부위원장도 정부가 '일자리 혁명'에 앞장서야 한다고 주장하시는데 이유와 방향은?**

이용섭 : 민주주의 국가에서 사회 통합의 핵심은 결국 노동의 문제다. 사회갈등의 가장 큰 요인으로 계층갈등과 노사갈등이 최우선적으로 꼽히는 것도 최근의 위기와 불안이 노동의 위기에서 비롯된 것임을 보여 주는 것이다. 해결책은 일자리 혁명이다. 일자리 자체가

민생을 해결하는 것이고 성장을 담보하는 것이며, 명실상부한 예방적 복지다. 정부, 공공기관, 대기업, 중소기업 가리지 않고 모두 일자리를 먼저 생각하는 정책과 경영을 펼쳐야 한다.

산업사회에서는 경제가 성장하면 자동으로 일자리가 창출되었다. 성장정책이 곧 일자리정책이었다. 일자리 창출과 노동자 생계는 시장의 책임이었다. 그러나 탈산업사회에서는 달라져야 한다. 정부가 일자리 창출에 직접 나서야 한다. 지금은 시장경제의 내재적 결함은 물론 고용 없는 성장 및 낙수효과 약화 등 경제구조상의 문제로 인해 과거처럼 기업 지원을 통해 간접적으로 일자리를 창출하는 시장 중심적 고용확대 정책으로는 한계가 있다.

이제 '고용 촉진'에서 '고용 보장'으로 정책 방향을 전환해 정부가 좋은 일자리 창출에 적극적으로 참여해야 한다. 일할 의사와 능력이 있는 모든 비자발적 실업자에게 일자리를 제공한다는 목표를 통해 국민들의 일할 권리를 보장하고 고용을 통한 성장의 새로운 발전 경로를 만들어 가야 한다. 정부 주도의 적극적 고용정책은 곧 총수요 부족을 메움으로써 기업들의 투자를 유발하고 복지지출을 줄여 재정부담을 덜어 주며 결국 경제를 활성화하는 데에 기여할 것이다.

일자리 혁명을 통해 고용률을 70%대로 올리고 비정규직 규모는 현재의 절반 수준으로 줄이는 등 일자리의 양과 질을 선진국 수준으로 향상시켜야 한다. 일자리－복지－성장이 선순환하는 사회 통합적 일자리 경제, 소위 사람 중심 경제 구축은 사회적 대화와 국민적 합의를 통해야만 가능하다.

궁극적으로는 기업들이 좋은 일자리를 많이 만들어야 한다. 민간 부문에서 좋은 일자리를 많이 창출할 수 있도록 기업에 대한 각종 지원도 고용창출효과와 연동시켜야 한다. 통화금융 정책이나 공정거래 정책도 비생산 부문에 대한 신용창조나 자금흐름을 억제하고 생산 부문으로 전환시켜 나가는 노력을 해야 한다. 더불어 대기업, 수출산업, 제조업에 편중된 조세지원 등을 고용창출효과가 높은 중소기업, 내수산업, 서비스업으로 전환해 나가야 한다. 또한 서비스 산업의 선진화, 노동시장의 유연성 제고, 각종 제도의 고용친화적 개편 등 일자리 확대를 위한 구조개선 노력을 해야 한다. 스마트워크를 통한 업무혁명으로 미래형 새로운 일자리를 창출하여 저출산·고령화와 장애인 고용문제를 해소해 나가야 한다.

1만 5천여 개에도 크게 미치지 못하는 우리나라 '직업의 수'를 선진국 수준인 2~3만 개 수준으로 확대하여 소질과 적성에 따른 직업선택권을 강화해 나가야 한다. 직종을 다양화하여 국민 각자가 자신의 능력을 최대한 발휘할 수 있어야 국가경쟁력도 높아진다. 근로시간을 단축하여 일자리 수도 늘리고 국민의 삶의 질도 높여 나가야 한다. 이렇게 하여 일자리가 성장을 이끄는 한국 경제의 새로운 패러다임을 창출해 고용을 보장하고 재정 부담을 줄여 가야 한다. 또한 적극적인 직업훈련과 교육을 통해 수요 변화에 부응하는 지식과 기술을 습득하게 해야 한다.

특히 연애와 결혼, 출산을 포기한다는 이른바 '3포세대'의 일자리 창출을 위해 정부가 적극 나서야 한다. 인력양성 체계를 개선하고 청년들이 선호하는 IT와 서비스 분야 등 신산업을 육성해야 한다. 청년 취업 문제가 어느 정도 정상화될 때까지 한시적으로 청년 고용 특별조치를 법제화하고 청년 취업준비금 제도와 청년 창업지원책도 적극 강구해야 한다. 또한 근로 형태 다양화, 일과 가정 양립 문화 확산 등을 통해 여성의 경력 단절을 완화하고 취업을 촉진하는 방안도 시급히 마련해야 한다.

윤태호 : 문재인 대통령은 일자리 대통령이 되시겠다고 말씀하셨는데 일자리에 대한 대통령의 생각을 얘기해 준다면?

이용섭 : 우리 일자리위원회 홈페이지에 올린 대통령 인사말을 보면 일자리에 대한 대통령의 간절한 뜻을 미루어 짐작할 수 있을 것이다.

"안녕하십니까?
국가일자리위원회 위원장입니다.
일자리가 성장이고 복지입니다.
일자리는 국민의 권리입니다.

존경하는 국민여러분
일자리가 성장이며 복지입니다. 일을 하면서 행복해야 합니다. 소득을 올리고 소비하면서 또 행복해야 합니다. 일자리야말로 행복한 삶의 시작입니다.
얼마 전 청와대 제 집무실에 일자리 상황판을 설치했습니다. 일자리 상황판을 볼 때마다 일자리 현장에서 만난 노동자들과 창업자들이 생각납니다.
장시간 노동에 시달리는 용산우체국의 집배원님들, 예비공직자를 꿈꾸는 노량진의 공시생들, 4차 산업혁명 시대를 준비하는 팹랩의 청년들, 그분들 모두의 절박한 바람은 마음 놓고 일하는 것이었습니다.
그런데 지금 대한민국 전체가 일자리 부족으로 청년백수, 명퇴가장, 빈손노인으로 고생하고 있습니다. 청년실업과 비정규직 문제를 해결해야 저출산, 고령화와 양극화의 벽도 넘을 수 있습니다. 민간과 기업에게만 일자리를 맡겨 놓지 말고 정부가 직접 나서야할 심각한 상황입니다.
저는 일자리 대통령이 되겠다는 약속 이행을 위해 '국가일자리위원회'를 만들었습니다. 일자리정책의 컨트롤타워입니다. 정부가 일자리를 위한 최대 고용주가 되어야 한다는 생각으로 제가 직접 위원장을 맡았습니다.

이제 청와대는 일자리 인큐베이터가 될 것입니다. 단 1원의 국가예산이라도 반드시 일자리 만드는 것으로 이어지도록 하겠습니다. 좋은 일자리를 늘리고, 노동시간과 비정규직은 줄이며, 고용의 질은 높이는 '늘리고, 줄이고, 높이고' 정책으로 일자리 문제를 해결하겠습니다. 일자리를 늘리고 복지와 노동법을 준수하는 기업에게는 많은 혜택이 가도록 하겠습니다.

청년이 내일의 꿈을 설계하고 장년이 안정적 생활과 노년이 아름다운 황혼을 누리는 일자리 복지강국 대한민국을 반드시 실현하겠습니다. 이를 위해 국민과 현장의 목소리에 귀 기울이겠습니다.

함께 해주시길 바랍니다.

감사합니다."

윤태호 : 지난해 연간 고용동향에 대해 설명 부탁드린다.

이용섭 : 지난해 연간 취업자 수는 2,655만 2천 명으로 전년 대비 31만 7천 명이 증가하여 2016년보다 개선되었으나 하반기에 증가폭이 둔화되었다. 취업자 현황을 보면 운수업, 금융보험업, 제조업 등에서 감소했고 숙박 및 음식점업의 증가폭이 축소되기는 했지만, 도매 및 소매업의 증가 전환, 건설업의 증가폭 확대, 보건업 및 사회복지서비스업의 증가세 지속으로 31만 7천 명이 증가된 것으로 나타났다.

일자리 상황을 나타내는 대표적 지표인 고용률과 실업률을 보면 고용률은 조금씩이라도 개선되는 모습을 보이고 있는데 실업률은 악화되고 있다. 15~64세 고용률(OECD 비교기준)은 66.6%로 전년 대비 0.5%포인트 상승했다. 청년층(15~29세) 고용률 역시 42.5%로 전년 대비 0.2%포인트 상승했다.

[표 3-1] 취업자 및 고용률 추이

구 분	2013년	2014년	2015년	2016년	2017년
취업자(전년 대비 증감, 만 명)	38.6	53.3	33.7	29.9	**31.7**
• 비농림어업	39.4	60.1	44.4	35.8	**30.9**
• 비공공행정	37.1	54.1	35.8	24.2	**26.5**
15~64세 고용률(%, OECD 비교기준)	64.4	65.3	65.7	66.1	**66.6**
• 15~29세(청년층) 고용률	39.7	40.7	41.5	42.3	**42.5**
• 15세 이상 고용률	59.5	60.2	60.3	60.4	**60.7**

※ 출처 : 통계청

종사자 지위별로는 임금근로자 중 상용근로자가 36만 1천 명(2.8%), 일용근로자는 3만 명(2.1%) 증가했고, 임시근로자는 13만 1천 명(−2.6%) 감소했다. 전체 취업자 중 상용근로자 비중은 50.2%로 전년 대비 0.7%포인트 상승했다. 비임금근로자 중 자영업자는 7만 2천 명(1.3%) 증가했고, 무급가족종사자는 1만 5천 명(−1.4%) 감소했다.

[표 3-2] 종사상 지위별 취업자 추이 (단위 : 전년 대비 증감, 만 명)

구 분	2013년	2014년	2015년	2016년	2017년
<취업자 전체>	38.6	53.3	33.7	29.9	**31.7**
임금근로자	48.3	54.8	48.7	31.7	**26.0**
• 상 용	61.5	44.3	43.2	38.6	**36.1**
• 임 시	-9.6	14.0	5.4	1.8	**-13.1**
• 일 용	-3.7	-3.5	0.1	-8.8	**3.0**
비임금근로자	-9.7	-1.5	-15.1	-1.8	**5.7**
• 자영업자	-6.7	0.1	-8.9	0.7	**7.2**
• 무급가족종사자	-3.0	-1.6	-6.1	-2.5	**-1.5**

※ 출처 : 통계청

실업률은 3.7%다. 20~24세, 50대 등에서 하락하였으나 25~29세, 60세 이상, 30대에서 상승하여 전년과 동일하다. 청년층(15~29세) 실업률은 전년 대비 0.1%포인트 상승했다. 실업자는 20~24세, 50대 등에서 감소하였으나, 60세 이상, 25~29세, 30대에서 증가하여 전년 대비 1만 6천 명 증가했다.

[표 3-3] 실업자 및 실업률 추이

구 분	2013년	2014년	2015년	2016년	2017년
실업자(만 명)	80.7	93.7	97.6	101.2	102.8
• 전년 대비증감(만 명)	(-1.3)	(13.0)	(4.0)	(3.6)	(1.6)
실업률(%)	3.1	3.5	3.6	3.7	3.7
• 15~29세(청년층)	(8.0)	(9.0)	(9.2)	(9.8)	(9.9)
• 25~29세	(7.1)	(8.3)	(8.1)	(9.2)	(9.5)
체감실업률(%)	-	-	11.2	10.7	**11.1**
• 15~29세(청년층)	-	-	(22.0)	(22.0)	(22.7)

※ 출처 : 통계청(체감실업률은 고용보조지표3으로 2015년부터 조사)

올해에도 청년 취업 애로가 지속되는 가운데, 1/4분기 졸업·채용시즌 등으로 청년 고용 여건이 악화될 우려가 있다. 따라서 일자리사업 조기집행, 일자리 안정자금 지원을 차질 없이 추진하고 규제혁신 등을 통해 청년 고용창출 기반을 강화해 나가야 할 것이다.

윤태호 : **지난해 취업자가 연간 31만 7천 명이 증가했으나 12월에는 25만 명 증가에 그쳤다는데?**

이용섭 : 지난해 12월 취업자를 보면 제조업·건설업의 고용은 개선되었으나,[55] 서비스업의 고용 부진으로 11월과 동일한 25만 3천 명 증가에 그쳤다. 제조업의 경우 수출 확대에 따른 반도체 공장·설비 증설 등으로 취업자 증가폭이 확대(11월 +4.6만 명 → 12월 +8.8만 명)되었다.[56] 그러나 서비스업의 경우 공공행정(+8.1만 명)을 제외하고 전반적으로 둔화되었다.[57] 숙박음식업은 관광객 감소 영향 등으로 6월 이후 감소세가 지속됐고, 기저효과 등이 겹치며 감소폭이 확대되었다.[58]

교육·보건복지업의 경우 기간제 계약 종료, 정부 일자리 사업 종료 영향 등으로 고용이 둔화되었다.[59] 도소매업의 경우 고용원

---

55) 취업자 증감(전년동기비, 만명) : (2017년 상반기)36.3 (3/4분기)27.9 (10월)27.9 (11월)25.3 (12월)25.3
건설업 취업자(전년동기비, 만명) : (2017년 상반기)14.4 (3/4분기)8.1 (10월)11.8 (11월)6.8 (12월)8.0

56) 12월 초 SK하이닉스(이천) 생산라인 증설 완료, 반도체 장비 수입 증가

57) 서비스업 취업자(전년동기비, 만명) :
(2017년 상반기)29.7 (3/4분기)14.2 (10월)10.8 (11월)12.9 (12월)2.0

58) 숙박음식업 취업자(전년비, 만명) : (2016년 11월)7.4 (12월)11.3 (2017년 상반기)3.3 (7~11월)－2.4 (12월)－4.9
중국인 관광객 수(전년동기비, %) : (2017년 8월)－61 (9월)－56 (10월)－49 (11월)－42 (12월p)－37

59) 취업자(전년동월비, 만명, 2017년 11월 → 12월) :
(교육서비스)－0.1 → －2.5 (보건복지)7.5 → 2.3

없는 자영업자(−4.9만 명), 무급가족종사자(−3.1만 명) 등 비임금 근로자가 크게 감소하였다.[60)]

경제활동참가율(62.3%)은 0.2%포인트 상승하였고 고용률(15~64세, 66.5%)도 상승세가 지속(+0.2%포인트, 2016년 12월 66.3%)되었다. 실업률(3.3%)도 소폭 상승(+0.1%포인트)하였으며, 부산 등 일부 구조조정 영향 지역의 실업률은 지속 상승하고 있다.[61)]

청년(15~29세)의 경우 인구감소(−9.3만 명), 서비스업 고용 위축 등으로 취업자 감소(−6.2만 명), 고용률 하락(42%, −0.3%포인트) 현상을 보이고 있다.[62)] 청년 실업률은 지방직 공무원 시험실시(12월 16일)에 따른 취업준비생의 실업자 유입, 고용 위축 등으로 상승(+0.8%포인트)하였다. 취업준비생은 비경제활동상태이나 취업원서를 접수하거나 시험에 응시할 경우 경제활동인구(실업자)로 집계된다.

그간 큰 폭으로 증가하던 취업준비생은 11월과 12월 두 달 연속 감소(−2.5만 명)하면서 청년 고용보조지표3(21.6%)의 상승폭도 둔화(+0.1%포인트, 1~11월 +0.7%포인트)되었다.[63)]

---

60) 도소매업 취업자(전년동기비, 만명) :
(2017년 상반기)5.9 (3/4분기)2.2 (10월)4.8 (11월)5.0 (12월)−0.2

61) 구조조정 관련지역 12월 실업률(%) : (부산)4.2 (경남)3.0 (전북)2.3 (전남)2.7
변동(전년동월비, %p) : +0.6 +0.5 −0.2 +0.1

62) 청년지표(2016년 12월 → 2017년 12월, %) :
(경활률)46.2 → 46.3 (고용률)42.3 → 42.0 (실업률)8.4 → 9.2

63) 취업준비생 증감(전년동기비, 만명) :
(2017년 상반기)5.8 (3/4분기)8.5 (10월)3.0 (11월)−3.1 (12월)−2.5

일자리 인프라 구축 2

(1) 일자리위원회

윤태호 : **대통령은 지난해 5월 10일 취임 후 첫 번째 서면 업무지시로 '일자리위원회'를 만들고, 집무실에 일자리 상황판을 설치하도록 지시했다. 당시 후속 조치는 바로 이루어졌나?**

이용섭 : 지시 6일 만인 5월 16일 국무회의에서 새 정부 「일자리위원회의 설치 및 운영에 관한 규정안」이 의결되어 일자리위원회가 발족되었다. 그리고 5월 24일에는 일자리 상황을 한눈에 볼 수 있는 일자리 상황판이 대통령집무실에 설치되었다. 인수위도 없이 출범하였지만 대통령 취임 이후 보름도 지나지 않아 두 개의 대선공약이 이행된 것이다.

윤태호 : 새 정부는 인수위 과정 없이 출범하다 보니까 내각 구성에 많은 시간이 소요되었는데 이 부위원장은 바로 임명되었다. 경제부총리보다도 더 빨리 임명된 것 같은데?

이용섭 : 그렇다. 일자리위원회 설치 발표일인 5월 16일에 바로 임명 발표가 있었다.

윤태호 : 누구로부터 발령 연락받았나?

이용섭 : 임종석 비서실장으로부터 발표 당일 아침에 전화로 연락받았다.

윤태호 : 짐작했나? 이유가 뭐라고 생각하나?

이용섭 : 솔직히 전혀 예측하지 못했다. 대통령께서 부위원장으로 발탁한 깊은 뜻을 저로서는 알 수가 없다. 다만, 청와대 대변인은 발표문에서 다양한 경험과 역량을 발탁 이유로 밝히고 있다.

> "이용섭 전 장관은 관세청장과 국세청장을 역임하고, 행정자치부 장관과 건설교통부 장관 등 정부 내 주요 요직을 거치면서 행정조직 및 실물경제를 두루 경험함으로써, 새 정부의 핵심 과제인 일자리와 경제문제 해결에 적합한 경험과 역량을 갖추었음. 이용섭 전 장관의 일자리위원회 부위원장 임명은 새 정부의 중점적 국정과제인 '일자리 창출을 통한 경제성장'에 가장 부합하는 인사임."
>
> —2017년 5월 16일 청와대 대변인 발표문 일부

같은 날 김수현 청와대 사회수석은 발탁이유로 "장관과 청장을,

각각 두 개 부처를 역임해 국정 경험이 풍부하고 이(부위원장) 업무가 여러 부처에 산재한 일자리 관련 정책을 체계적으로 조율 · 조정하는 내용을 포함하고 있어 중진 내지는 무게감 있는 인사가 필요하다는 취지"라고 설명하였다.

윤태호 : **그동안 두 번의 청장, 두 번의 장관, 두 번의 국회의원을 거쳤다. 그래서 정부출범과 함께 총리, 부총리, 청와대 정책실장 등 무수한 하마평에 오른 바 있다. 일자리위 부위원장은 몸에 맞는 옷인가? 다소 실망했을 법도 한데 기분은 어땠나?**

이용섭 : 제게 중요한 것은 자리보다 역할이다. 일에 대한 욕심은 있지만 자리에 대한 욕심은 없다. 진심이다. 좋은 일자리 창출은 쉽지 않은 일이지만 시대정신이고 우리 사회의 화두다. 유능한 뱃사공은 거친 파도를 보면 가슴이 뛴다고 한다. 내정 소식을 들었을 때 가슴이 뛰었다. 공직자가 나라 발전을 위해 중요한 일을 할 수 있는 것은 축복이라는 것이 평소 생각이다.

지난 40여 년간 공직에서 과분하게 중요한 일들을 많이 해왔다. 그동안 쌓은 국정 경험과 전문성을 온통 다 쏟아 '일자리 걱정 없는 나라'를 만들어서 보답하고 싶었다. 그러나 워낙 이해관계가 상충되는 난제라서 어깨는 무거웠다. 다른 사람이 하는 것보다는 더 잘 해내겠다는 각오로 그간 하루하루를 불광불급(不狂不及, 미치지 않으면 이루지 못한다)의 자세로 일자리만 생각하면서 열정을 쏟았다. 한 때는 꿈도 일자리 만드는 꿈을 꾼 적이 많았다.

대통령께서 일자리위원회 부위원장으로 임명한 깊은 뜻에 부응하려고 최선을 다했던 소중한 기간이었다.

윤태호 : **문 대통령이 첫 번째 업무지시로 일자리위원회를 설치하고 직접일자리 위원장을 맡은 것은 그만큼 일자리 문제를 중요하게 보고 있다는 의미라고 생각되는데?**

이용섭 : 그렇다. 문재인 대통령은 직접 일자리위원회의 위원장이 되어 일자리정책을 총괄 지휘하고 계신다. 선거 당시부터 강조해 왔던 "일자리 대통령"을 실천하겠다는 의지의 표명이다.

이토록 대통령께서 일자리를 중시하는 것은 국가위기와 사회불안의 뿌리가 좋은 일자리 부족에서 비롯된다고 생각하기 때문이다. 실제로 일자리 문제가 해결되면 경제적 불평등, 젊은이들의 좌절과 고뇌, 중년가장의 불안, 높은 자살률과 저출산 등 우리 사회의 많은 문제가 해결될 것이다. 대통령께서 일자리정책이 최고의 성장정책이고 양극화 해소 정책이며 복지정책이라고 여러 차례 얘기한 것도 이런 이유 때문이다. 이렇게 일자리가 중요하기 때문에 대통령께서 일자리 대통령, 일자리 정부가 되겠다고 공약하셨고, 업무지시 1호로 일자리위원회를 구성한 것은 이 약속을 지키기 위한 첫 걸음이라고 생각한다.

윤태호 : **일자리위원회는 노사 어느 한쪽에 치우치지 않고 중심을 잡아야 하는데 어떤 입장이신지?**

이용섭 : 어렸을 때 여름밤의 풍경이 생각난다. 어린 아들은 덥다고 문을 열라고 성화를 부리고, 사춘기 딸은 모기 들어온다고 문을 닫으라고 보챈다. 그러면 어머니는 모기장을 치고 문을 열어 아들과 딸을 모두 만족시키는 지혜를 발휘한다.

모기장을 치고 문을 여는 것이 정부와 정치권의 역할이다. 그러나 노사문제는 워낙 이해관계가 상충되는 난제라서 모기장과 같은 해법을 찾기가 어렵다. 그래서 노사정 대타협이 필요하다.

윤태호 : 일자리위원회의 설치 목적과 역할은?

이용섭 : 일자리위원회는 일자리 창출과 일자리 질 개선을 통해 국민의 삶의 질을 향상시키고 국민경제의 발전에 기여하기 위해 설치되었다.

일자리위원회는 크게 '3C' 역할을 통해 각 부처와 기관들이 좋은 일자리를 많이 창출하도록 지원하고 있다. ① 일자리정책을 총괄적으로 발굴하고 기획하고 심의하는 컨트롤 타워control tower 역할, ② 정부 부처 간 또는 지자체와 일자리정책이 서로 상충되지 않고 빈틈이 발생하지 않도록 조정하는 코디네이터coordinator 역할, ③ 일자리정책이 각 기관과 현장에서 제대로 시행되고 있는지 점검하고 평가하는 확인자confirmor 역할을 하고 있다.

윤태호 : 일자리위원회는 어떻게 구성되어 있는가?

이용섭 : 일자리위원회는 지난해 5월 16일 국무회의에서 「일자리위원회 설치 및 운영에 관한 규정」이 통과되어 발족되었다. 일자리위원회는 위원장을 대통령으로 하고 당연직 위원 15명과 위촉직 위원 15명, 총 30명으로 구성되어 있다.

당연직 위원은 관련부처 장관급 11명, 한국개발연구원 등 국책연구기관 3명, 일자리수석비서관이다. 위촉직 위원은 한국노총·민주노총·비정규직 단체 대표 등 근로자대표 3인과 중소기업중앙회·경영자총협회·상공회의소 등 사용자대표 3인, 그리고 일자리정책에 관한 학식과 경험이 풍부한 민간전문가 9명으로 구성되어 있다. 노인, 청년, 여성, 장애인, 농어민, 벤처, 지자체 등 우리 사회 각계를 대표하는 분들이 참여한다. 이는 일자리정책이 워낙 이해관계가 다양하여 어느 한 쪽에 치우치지 않고 국민들의 의견을 폭넓게 수렴해 균형 잡힌 정책을 만들어 내기 위한 것이다.

청와대 일자리 수석은 위원 겸 위원회의 간사를 겸임한다. 실무적인 뒷받침을 하는 일자리기획단장은 청와대 일자리 기획비서관이 겸임한다. 청와대와 일자리위원회의 연결고리가 매우 강하다.

[그림 3-1] 일자리위원회 조직도

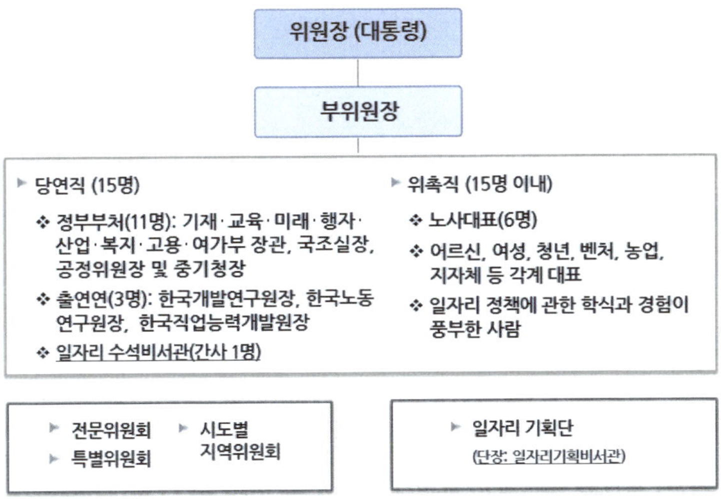

윤태호 : 노사정위원회와는 어떤 관계가 유지되는가?

이용섭 : 노사정위원회와 일자리위원회는 중복되는 부분이 있는 것도 사실이지만 근거법령도 다르고 역할이나 구성도 다르다. 일자리위원회는 범정부 차원의 컨트롤 타워로서 일자리정책을 기획·심의·조정하는 실행 기구다. 노사정위원회는 근로자와 사용자 그리

고 정부가 참여해서 노동·복지 등의 장기 과제에 대해 논의하는 대화와 타협 기구다. 노사정위원회가 정상화되면 일자리와 관련되는 의제에 대해 서로 연계하고 협력하는 관계로 운영될 것이다. 일자리 관련 정책 전반은 일자리위원회 중심으로 속도감 있게 추진하고, 노사정 간 심도 있는 논의가 필요한 과제는 노사정위원회 논의 결과를 토대로 일자리위원회에서 정책으로 구체화해 나가겠다. 다만, 일자리위원회에는 노사정 대표뿐만 아니라 어르신, 청년, 여성, 장애인, 농어민, 벤처, 자치단체 등 경제, 사회 각계를 대표하는 위원들이 고루 참석하고 있어 일자리 창출과 관련해서는 사회적 타협과 합의를 이루어내는 데도 어느 정도 역할을 해오고 있다.

[표 3-4] 일자리위원회 및 노사정위원회 비교

구 분	일자리위원회	노사정위원회
소속·근 거	• 대통령 소속 • 위원장은 대통령 • 「일자리위원회 설치 및 운영에 관한 규정」(대통령령)에 근거	• 대통령 소속 • 위원장은 대통령이 위촉 • 노사정위원회법에 근거
기 능	• 일자리정책 전반을 심의·조정·평가	• 고용노동 문제에 대해 노사정이 대화·타협
의 제	• 일자리와 관련된 광범위한 정책 논의	• 고용, 노동의제 중심(경제, 사회, 복지 의제 논의는 상대적으로 미약)
구 성	• 30명 이내 • 위원장(대통령), 부위원장(대통령이 위촉) • 노사단체 대표(6명) • 관계부처 장관 등(12명) • 국책연구기관장(3명) • 민간전문가 등(9명)	• 총 10명 내외 • 위원장 및 상임위원(대통령이 위촉) • 중앙단위 노사단체(4명) • 기재부, 고용부, 산업부(3명) • 공익위원(2명) • 의제·업종별 위원회→상무위원회→본 위원회의 3단계 구조
논의·의 결	• 위원회 의결(1단계 구조) ※ 필요시 전문·특별위원회, 지역위원회를 설치하여 특정사안 논의, 의견수렴	

윤태호 : 일자리위원회 내부에 전문위원회, 특별위원회 등을 둘 수 있다. 이들 실무위원회 운영 현황은?

이용섭 : 일자리위원회 내부에 위원회의 업무를 전문적으로 수행하기 위한 분야별 전문위원회, 근로시간 단축 등 특정한 현안사항을 논의하기 위한 특별위원회, 그리고 지역단위의 일자리 상황과 정책 등에 관한 다양한 의견을 수렴하기 위하여 광역시 ・도에 지역위원회를 설치할 수 있다. 전문위원회와 특별위원회는 사회적경제위원회 등이 구성되어 운영 중인 위원회도 있고 현재 구성 중인 위원회도 있다. 다만, 지역위원회는 지방선거 이후에 구성될 것이다. 본 위원회가 각계각층의 대표로 구성되어 있어 전문적이고 이론적인 뒷받침은 이들 실무위원회가 주로 수행할 것이다.

윤태호 : 일자리 상황판이 지난해 5월 24일에 대통령 집무실에 설치되었는데 취지는?

이용섭 : 일자리 상황판 설치는 두 가지 의미가 있다. 하나는 대선공약을 지켰다는 의미와 다른 하나는 일자리 문제 해결에 대한 대통령의 강한 의지를 나타내는 것이다. 문재인 대통령께서는 후보시절에 "대통령에 당선되면 대통령 직속으로 국가일자리위원회를 설치하고 집무실에 일자리 상황판을 두고 매일매일 점검하겠다"는 공약을 하셨다. 취임 보름도 되지 않아 두 공약을 이행한 것이다. 또한 대통령이 매일매일 집무실에서 일자리 상황을 실시간으로 점검하기 때문에 실효성 있는 일자리 대책을 적기에 수립할 수 있는 여건이 조성되었다.

윤태호 : 일자리 상황판은 일자리 양과 질에 대한 현 상황을 한눈에 볼 수 있도록 만들었다는 건데 구성에 대해 설명 부탁한다. 일반 국민도 볼 수 있는지?

이용섭 : 일자리 상황판은 2개의 화면으로 구성된다. 주 화면에서는 18개의 일자리지표(고용률, 실업률, 취업자수, 비정규직, 임금격차, 경제성장률 등)에 대해 현재의 상황, 장기적 추이, 국제비교 등을 볼 수 있고, 분야별 · 지역별 · 연령별 · 성별 상황을 파악할 수 있도록 하였다.

보조 화면에서는 18개 지표의 최근 2년간 추이를 담았는데 5초 간격으로 바뀌도록 하였다. 물론 정지 기능도 있다. 일반 국민도 청와대 홈페이지나 일자리위원회 홈페이지를 방문하면 볼 수 있다.

윤태호 : 지난해 5월 24일 상황판을 시현하는 자리에서 문 대통령이 일자리 창출 관련 속도전을 주문했는데 그 의미는?

이용섭 : 대통령께서는 "일자리위원회를 설치하기로 국무회의에서 의결된 게 불과 일주일인데 그 사이에 수고를 많이 했다. 그런데 할 수 없다. 고달프더라도 바쁘게 해야 한다"고 당부하셨다. 일자리 상황이 너무 어렵기 때문에 빨리 좋은 일자리를 만들어서 청년들과 서민들의 아픔을 덜어주고 싶은 절실한 마음의 표현이라고 생각한다. 또 한편에서는 일자리 부족이 사회불안의 중심에 있다고 판단하신 것이다.

윤태호 : 문재인 대통령의 업무지시 1호로 만들어진 일자리위원회가 출범한 지 어느덧 8개월을 넘어서고 있다. 그간의 성과와 앞으로 운영 방향을 말씀해 달라.

이용섭 : 새 정부는 인수위 기간 없이 대선 다음 날 바로 출범하다 보니 내각을 구성하는 데 상당한 시간이 걸렸다.[64] 자칫 국정 최우선 과제인 일자리정책 추진에 공백이 있을 수도 있었는데 일자리위원회가 일자리정책의 컨트롤 타워로서 일자리 100일 계획 수립 및 집행을 총괄하고 국정운영 체계도 일자리 중심으로 개편하는 역할을 선도했다.

짧은 한시에도 기승전결이 있듯이 정부 정책에도 선후가 있어야 한다. 또한 무슨 일이든 초반에 기반을 확실하게 구축하는 것이 중요하다. 지난해까지는 정부 출범 초기라서 1단계로 좋은 일자리를 많이 창출할 수 있는 인프라 구축에 주력했다.

우선 일자리정책을 효율적이고 체계적으로 추진할 수 있도록 행정체계를 확립했다. 또한 대규모 재정사업을 시행하거나 중요한 법령이나 정책을 추진할 때에는 사전에 고용영향 평가를 받도록 하였다. 예산, 세제, 금융, 공공조달 등 정부의 각종 지원이 좋은 일자리를 많이 창출하는 분야와 기업에 집중되도록 하였다. 정부업무평가와 공공기관평가 그리고 지자체 평가에 있어 좋은 일자리 창출을 핵심지표로 추가하였다. 아울러 좋은 일자리를 많이 만든 기업과 기업인에 대해 고용탑과 함께 각종 혜택을 주고 국민들로부터 존경과 칭송받는 문화를 만들어 가고 있다.

또한 지난해 10월 18일에는 대통령 주재 3차 일자리위원회에서 앞으로 5년 동안 추진할 일자리정책 5년 로드맵도 완성해서 발표

64) 발령일자 : 경제부총리(2017. 6. 9.), 고용노동부 장관(2017. 8. 14.), 중소벤처기업부 장관(2017. 11. 21.)

했다. 2018년부터는 2단계로 이러한 인프라를 바탕으로 민간부문과 지역에서 많은 일자리가 창출될 수 있도록 분야별 대책을 세우고 현장 활동을 강화하는 데 주력하고 있다. 또한 일자리 창출 성공사례들을 발굴해서 포상도 하고 이를 전국으로 확산시켜 나갈 것이다.

윤태호 : '좋은 일자리'란 어떤 것이고 종사자들은 어떤 자세로 일해야 한다고 생각하는가?

이용섭 : 근무기간의 안정성, 처우의 적정성, 업무의 만족도를 보장해주는 일자리일 것이다. 공공부문, 민간부문을 가리지 않고 우리 근로자들이 3가지 자세를 가졌으면 좋겠다. 자기 업무를 사랑하고, 자기 업무가 매우 중요하다는 긍지를 가지며 이러한 애정과 긍지를 바탕으로 열정을 쏟아야 한다.

(2) 일자리 중심 국정운영 체계 구축

윤태호 : 과거 정부에서도 일자리 창출을 위해 노력했는데 성과는 크지 않았다는 평가들이다. 문재인 정부는 어떤 점에서 다른가?

이용섭 : 과거 정부와 다른 점은 크게 네 가지다.

첫째는, 일자리문제 해결에 대한 대통령의 강한 의지다. 한정된 인적 물적 자원을 가지고 있는 나라에서 대통령이 어떤 생각을 가지고 있는가는 자원배분에 있어서 매우 중요한 의미를 갖는다.

둘째는, 일자리정책을 효율적으로 추진하기 위한 행정체계가 확립되었다. 대통령은 집무실에 설치되어 있는 일자리 상황판을 통해 실시간으로 일자리 상황을 점검한다. 대통령 직속으로 일자리위원회가 만들어졌고 청와대에 일자리 수석이 신설됐다. 정부 각 부처와 17개 광역자치단체에 일자리 전담부서가 만들어졌다. 민간부문에서도 이곳저곳에서 일자리위원회가 자생적으로 만들어지고 있다. 일자리정책을 전국 방방곡곡에서 일사분란하게 추진할 수 있는 체계가 확립된 것이다. 또한 일자리신문고를 통해 국민들의 일자리 고충이나 건의들을 수렴하고 있다.

셋째는, 국정운영 체계를 일자리 중심으로 개편하였다. 경제정책 기조가 물질중심의 신자유주의에서 사람 중심의 포용적 경제로, 성장률 수치 중심의 부채주도 성장에서 일자리 중심의 소득주도 성장으로 바뀌었다.

넷째는, 공공부문이 마중물 역할을 하고 있다.

윤태호 : 국정운영 체계를 일자리 중심으로 전면 개편하는 것은 과거 정부의 색깔을 지우기 위한 것인가?

이용섭 : 아니다. 정부가 우리 경제 패러다임과 국정운영 시스템을 일자리 중심으로 전면 개편하고 있는 것은 과거 패러다임이나 시스템으로는 민간부문에서 질 좋은 일자리를 많이 창출하는 데에 한계가 있기 때문이다. 경제구조와 환경이 크게 바뀌었기 때문에 '경기가 좋아지고 성장률이 올라가면 일자리도 자연히 늘어날 것이다'는 안일한 경제운용 방식에서 벗어나지 못하면 국민이 체감하는 수준의 일자리를 창출하기 어렵다는 것이 새 정부의 판단이다.

윤태호 : 국정운영 체계를 일자리 중심으로 개편했다고 말씀하셨는데 구체적인 내용은?

이용섭 : 대규모 재정사업을 시행하거나 중요한 법령이나 정책을 추진할 때에는 사전에 고용영향 평가를 받도록 하였다. 예산, 세제, 금융, 공공조달 등 정부의 각종 지원이 좋은 일자리 창출에 집중되도록 하였다. 정부업무 평가와 공공기관평가 그리고 지자체 평가에 있어 좋은 일자리 창출을 핵심지표로 추가하였다.

아울러 좋은 일자리를 많이 만든 기업[65]에 대해 (가칭) 고용탑과 함께 각종 혜택을 주고 국민들로부터 존경과 칭송받는 문화를 만들어 가고 있다.

윤태호 : 경제정책 기조나 접근방법이 어떻게 바뀌는가?

이용섭 : 일자리의 양을 늘리고 질을 높이는 것은 말처럼 그렇게 쉬운 일이 아니다. 과거 정부와는 다른 접근방법이 필요하다. 우선 경제운용방식이 바뀌어야 한다. 양극화를 심화시키고 고용창출에 기여하지 못하는 성장률 수치 중심의 신자유주의 경제운용 방식에서 벗어나 일자리 중심의 포용적 경제로 전환해야 한다. 또한 과거 정부처럼 일자리문제를 경제이론이나 효율성 차원으로만 접근해서는 성과를 내기 어렵다. 일자리는 국가와 청년들의 미래 문제이고, 사회적 존재로서 인간의 존재 가치를 실현하는 과정이라는 인문학적인 가치를 바탕으로 해야 경제주체 간, 세대 간 사회적 합의를 이끌어 낼 수 있다.

---

65) 우리나라 단일 기업으로 가장 많은 고용을 창출하고 있는 5대기업(2017년 3/4분기 기준)은 삼성전자(약 10만 명), 현대자동차(6.8만 명), 엘지전자(3.8만 명), 기아차(3.5만 명), 엘지디스플레이(3.3만 명)다.

대통령께서 좋은 일자리 창출에 대한 강한 의지와 절실함을 가지고 있기 때문에 추진 동력은 확보되었다. 이를 바탕으로 정부와 민간, 중앙정부와 지자체가 서로 협력하고, 많이 가진 쪽이 더 많은 것을 배려하는 틀 속에서 사용자와 노동자가 조금씩 양보하면서 일자리 현안에 대한 사회적 대타협을 이끌어 내면 성과를 낼 수 있다.

윤태호 : 고용영향 평가를 대폭 강화한다고 했는데? '고용영향 평가제'는 예전에도 있던 제도가 아닌지?

이용섭 : 고용영향 평가는 2009년 법적 근거가 마련돼 2011년부터 평가를 실시해 왔다. 하지만 평가대상도 한정되어 있었고 평가결과가 나오더라도 각 부처에게 자발적 개선을 권고하는 데 그쳐 실효성이 없었고 유명무실했다.

그러나 앞으로는 평가대상이 확대되고 환경영향 평가처럼 의무적으로 평가 결과를 따라야 한다. 예산사업에 대한 고용영향 평가는 2017년 249개에서 1,000여 개 사업으로 확대되고 예산 편성과의 연계가 강화되었다. 정부의 모든 재정지원 일자리사업(185개)과 연간 100억 원 이상의 연구개발(R&D), 사회간접자본(SOC), 공공조달 등의 사업(800여 개)이 고용영향 평가의 대상이 된다. 아울러 주요 정책과 법령에 대해서도 고용영향 평가 제도를 신규로 도입한다. 일자리에 부정적인 영향이 큰 법령은 제동이 걸릴 것이다. 또한 평가자 실명제를 도입해 평가의 객관성을 높일 방침이다. 그간 고용효과를 담당부처에서 자체 산출하던 것을 한국노동연구원의 고용영향 평가센터에서 전담해 산출토록 할 방침이다.

(3) 일자리정책 5년 로드맵

윤태호 : 지난해 10월 18일 대통령이 주재한 3차 일자리위원회에서는 새 정부 5년 동안의 일자리 로드맵을 의결하고 발표했었다. 어떤 기조 하에서 로드맵을 수립했나?

이용섭 : 5년 로드맵을 발표하게 된 것은 국민들께 5년간의 일자리정책 실천계획과 추진일정을 제시해서 예측 가능성을 높이고 일관성 있게 추진하기 위함이다. 바꾸어 말하면 5년 로드맵은 일자리 중심 경제의 구체적 실천계획이며 양질의 일자리를 창출하겠다는 국민과의 약속으로서 앞으로 5년 동안 일자리정책의 나침반 역할을 할 것이다.

윤태호 : 5년 로드맵이 청사진이 될 수 있겠지만 족쇄도 될 수 있다. 비판이 걱정되지는 않는지?

이용섭 : 5년 로드맵을 미리 발표하면 유연성이 떨어지는 그런 부작용도 있을 것이다. 그러나 정부가 국민들에게 일자리정책의 큰 방향을 제시하고 일관되게 추진해 나가는 것이 도리일 뿐만 아니라 불확실성과 혼란을 제거할 수 있고 예측성과 투명성을 높일 수 있다고 생각한다. 발표된 일자리 로드맵은 앞으로 격변하는 환경 변화에 탄력적으로 대응할 수 있도록 여건이 바뀌거나 부족한 부분이 발견되면 수시로 보완, 발전시켜나갈 것이다.

윤태호 : 5년 로드맵에는 주로 어떤 내용들이 포함되었는가?

이용섭 : 로드맵에는 일자리 양은 늘리고 질은 높여 임기 중에 일자리－분배－성장의 선순환구조를 정착시키기 위해 5대 분야, 10대 중점과제별로 100대 세부추진과제를 선정하고 연도별 추진방안과 계획을 제시했다.

5대 분야는 일자리 인프라 구축, 공공 일자리 창출, 민간 일자리 창출, 일자리 질 개선, 청년 · 여성 · 신중년 맞춤형 지원이다.

[표 3-5] 5년 로드맵 구성

5대 분야	10대 중점 과제	100개 세부 추진 과제
일자리 인프라 구축	① 일자리 중심 국정운영 시스템 구축	12개
	② 일자리 안전망 강화 및 혁신형 인적자원 개발	10개
공공일자리 창출	③ 공공일자리 81만 명 확충	7개
민간일자리 창출	④ 혁신형 창업 촉진	6개
	⑤ 산업경쟁력 제고 및 신산업 · 서비스업 육성	19개
	⑥ 사회적경제 활성화	6개
	⑦ 지역일자리 창출	10개
일자리 질 개선	⑧ 비정규직 남용 방지 및 차별 없는 일터 조성	5개
	⑨ 근로여건 개선	9개
맞춤형 일자리 지원	⑩ 청년 · 여성 · 신중년 등 맞춤형 일자리 지원	16개

※ 출처 : 「일자리정책 5년 로드맵」(2017. 10. 18.)

윤태호 : **일자리정책 5년 로드맵이 제대로 시행되어야 할 텐데 점검 등 시행을 위한 구체적 복안이 있는가?**

이용섭 : 「5년 로드맵」이 각 기관 및 현장에서 제대로 시행되는지 점검·평가하기 위해 2017년 12월 26일 로드맵 '현장점검단'이 발족식을 갖고 업무를 시작하였다. 현장점검단은 관계부처, 국책연구기관, 민간전문가 등 민관 합동으로 구성되었다. 총괄점검단 및 5대 분야별 점검단으로 구성했는데, 총괄 점검단은 일자리위원회 기획단장(청와대 일자리기획비서관)을 단장으로, 분야별 점검단은 관계부처 1급을 단장으로 하였다.

특히, 분야별로 민간전문가 비중이 50% 이상 되도록 구성하여 전문적이고 객관적인 현장점검이 이루어지도록 하였다. 현장점검단은 본격적으로 100대 실천과제에 대한 점검을 하고 있는데, 분기별로 부진하거나 지연 중인 과제를 선정하여 심층적인 현장점검을 실시하게 된다. 점검은 국민과 정책 수요자에 대한 설문조사, 전문가 심층면담, 현장실사 등을 통해 실시하며, 소관 과제에 대한 전반적인 평가와 보완방안을 마련하게 된다. 특히, 현장실사 시에는 점검 주제별로 정책 수요자도 포함하여 실시하도록 하였다. 현장점검단의 점검 결과는 분야별 전문·특별위원회 검토를 거쳐 일자리위원회 본회의에 상정할 계획이다. 또한 정부기관 평가, 지자체 평가와 공공기관평가에도 활용할 계획이다. 앞으로 점검 결과를 바탕으로 로드맵을 현실 여건에 맞게 계속 보완·발전시켜 나갈 것이다.

공공일자리 창출 3

윤태호 : 문재인 대통령의 핵심 일자리 공약이 임기 내 81만 개 공공부문 일자리 창출이다. 민간기업이 고용을 늘리도록 공공부문에서 마중물 역할을 하자는 것인데 한 편에선 비판의 목소리도 있다. 그런데도 5년 로드맵에 그대로 반영한 이유는?

이용섭 : 일자리 창출의 주역은 민간부문이라는 것을 잘 알고 있다. 그런데도 81만 개의 공공부문 일자리 창출을 주요 공약으로 내걸고 또 공약대로 로드맵에 반영한 것은 충분한 이유가 있다.

첫째는, 우리나라 공공부문 일자리가 선진국과 비교해 턱없이 낮은 수준이기 때문이다. 2015년 기준 OECD 국가들은 전체 일자리의 21.3%가 공공부문에서 나오는데 우리는 8.9%밖에 안 된다.[66)]

66) 공공부문 고용비율에 대해 논란이 있는 영역이 있다. 정부 지원을 받고 있는 사립학교 교원, 민간 의료기관 종사자, 의무복무 중인 병사 등이다. 국가별로 공공서비스를 제공하는 방식이 다양한 데서 비롯된 문제이다. 분명한 것은 이들 중 일부를 공공부문 통계에 포함시키더라도 우리나라의 공공부문 고용비율이 OECD 평균에 비해 크게 낮다는 사실에는 변함이 없다.

그리고 인구 1천 명당 공무원 숫자도 OECD 국가들은 평균 83.1명인데 우리는 절반도 안 되는 32.9명이다(2016년 기준). 이러다 보니 국가(정부)가 국민의 생명과 재산을 지키는 안전 분야, 또 국민의 삶의 질을 높이는 복지, 요양, 보건, 의료, 교육 등의 분야에서 국민들을 제대로 모시지 못하고 있다

정부가 일찍이 공공부문의 인력을 적정 수준으로 유지하면서 제대로 안전시스템을 갖추어 대응했다면 과거 메르스 사태나 세월호 참사 등을 예방할 수도 있었다는 지적도 있다. 그래서 새 정부 임기 5년 동안에 공공부문의 꼭 필요한 인력을 충원해 선진국들의 절반수준으로라도 늘려 국민들에게 양질의 서비스를 제공하자는 것이다.

또한 공무원은 무조건 적을수록 좋다는 편견을 버려야 한다. 너무 많은 것은 분명히 문제지만 너무 적은 것도 문제다. 사람 몸에 비유하면 비만도 문제지만 저체중도 문제다. 우리나라는 지나치게 공공부문 저체중 국가다. 공공부문 인력 증가로 인해 늘어나는 사회적 부담보다 국민들이 받는 혜택이 훨씬 큰 수준 정도로 공공부문의 일자리를 적정화하자는 것이다. 바꾸어 말씀드리면 공공부문에서 일자리를 81만 개 확충하는 것은 단순히 일자리를 만들자는 차원을 뛰어넘어서 국가가 국민들을 제대로 모시자는 데 더 중요한 의미가 있다.

둘째는, 일자리 창출에 관한 시장의 역할에 대한 문제이다. 일자리는 시장에게 맡기자고 얘기한다. 그러나 지금까지 시장에 맡겨왔지만 일하고 싶은 사람들이 많은데도 시장이나 기업이 일자리를 충분히 제공하지 못해 청년 실업률이 사상 최고다. 이렇게 시장이 제 기능을 하지 못하는 시장 실패의 경우에는 정부가 일정한 역할을 해주어야 한다. 정부가 최대 고용주로서 양질의 일자리 창출에

솔선수범해야 한다. 다른 나라의 경우에도 높은 실업 시기에는 정부가 중요한 역할을 한다.

[표 3-6] 현장 민생 공무원 연도별 충원 계획 (단위 : 만 명)

<table>
<tr><th colspan="2" rowspan="2">구 분</th><th colspan="4">연도별 충원계획</th><th rowspan="2">내 용</th></tr>
<tr><th>합계</th><th>2017</th><th>2018</th><th>2019~2022</th></tr>
<tr><td colspan="2">합 계</td><td>17.4</td><td>1.27</td><td>2.97</td><td>13.16</td><td></td></tr>
<tr><td rowspan="5">국가직</td><td>소 계</td><td>10.05</td><td>0.82</td><td>1.8</td><td>7.43</td><td></td></tr>
<tr><td>경 찰</td><td>2.3</td><td>0.2</td><td>0.35</td><td>1.75</td><td>• 의무경찰 대체인력
• 취약계층 범죄예방 및 수사인력 등</td></tr>
<tr><td>軍부사관</td><td>2.64</td><td>0.07</td><td>0.39</td><td>2.18</td><td>• 신형 무기체계 도입에 따른 전문기술군 인력</td></tr>
<tr><td>교 원</td><td>2.0</td><td>0.3</td><td>0.35</td><td>1.35</td><td>• 국·공립유치원 확충에 필요한 유치원교사
• 특수·비교과 교사 법정기준 부족 인력 등</td></tr>
<tr><td>생활안전 등</td><td>3.11</td><td>0.25</td><td>0.71</td><td>2.15</td><td>• 근로감독관, 집배원, 감염병 대응 인력 등</td></tr>
<tr><td rowspan="4">지방직</td><td>소 계</td><td>7.35</td><td>0.45</td><td>1.17</td><td>5.73</td><td></td></tr>
<tr><td>소 방</td><td>2.0</td><td>0.15</td><td>0.36</td><td>1.49</td><td>• 법정기준 부족 인력
• 119구급대 인력 등</td></tr>
<tr><td>사회복지</td><td>1.9</td><td>0.15</td><td>0.15</td><td>1.6</td><td>• 일선 사회복지 인력
• 빙문건깅관리 인력 등</td></tr>
<tr><td>생활안전 등</td><td>3.45</td><td>0.15</td><td>0.66</td><td>2.64</td><td>• 지역 생활안전 행정수요 인력
• 가축 전염병 등 대응 인력 등</td></tr>
</table>

※ 출처 : 「일자리정책 5년 로드맵」(2017. 10. 18.)

윤태호 : 공공일자리가 민간일자리로 연결되는 마중물 역할을 할 수 있을까?

이용섭 : 펌프질을 할 때 물을 끌어올리기 위해 붓는 물을 마중물이라고 하는데 공공부문이 그런 역할을 할 수 있을 것이다. 공공부문에서 81만 개의 일자리가 창출되면 노동자들의 소득과 소비가 증가하여 중소기업의 투자가 늘어나고 양극화도 완화시켜 질 좋은 성장과 민간부문 일자리 창출을 견인하는 마중물 역할을 할 것이다.

또한 정부가 공공부문의 질 좋은 일자리정책을 강조하면서 민간부문에서 이에 화답하고 있다. 이것도 일종의 마중물이라고 생각한다. 양대 노조에서는 좋은 일자리를 만들어 나가기 위해 기득권에 연연하지 않고 모든 방안을 열어두고 대화로 협의하고 협조하고 있다. 재계에서도 많은 기업들이 신규 추가고용과 비정규직의 정규직 전환을 발표하고 있다. 특히 중소기업 중앙회는 중소기업 일자리위원회를 만들고 청년 10만 명 정규직 채용 캠페인, 성과공유제 참여기업 10만 개 확산 운동과 중소기업 전 업종을 아우르는 공동채용박람회를 개최하였다. 노사가 이처럼 조금씩 양보하고 배려해야 한국 경제가 지속적으로 발전할 수 있고 노동존중의 사회도 만들 수 있다는 점에서 바람직한 현상이다.

윤태호 : 공공기관 비정규직의 정규직 전환은 노사 간 협의해서 결정하도록 했는데?

이용섭 : 공공기관마다 업무 특성이 다르고, 전환방식마다 각각의 장단점을 지니고 있어 정부가 획일적으로 어느 하나의 방식을 제시하는 것은 바람직하지 않다. 혼란을 방지하기 위해 큰 틀에서 가이드라인은 제시하고 자율에 맡겼다. 공공기관장이 정규직전환심의

위원회와 같은 기구를 통해 노조(근로자 대표)와 협의하여 해당 기관 업무처리의 효율성, 근로자들의 처우 등을 종합적으로 감안하여 결정토록 하고 있다.

윤태호 : 문재인 대통령이 취임 후 이틀만인 지난해 5월 12일 인천공항공사를 찾아 "임기 내 공공부문 비정규직 제로(0) 시대를 열겠다"고 선언한 이후 공공부문 비정규직의 정규직화가 급물살을 타고 있다. 정말 공공부문은 비정규직 제로화가 목표인가?

이용섭 : 대통령께서는 공공부문의 업무 중 상시 지속적인 업무와 국민의 생명과 안전에 관한 업무에 종사하는 직원의 경우에는 정규직으로 전환하겠다는 방향성을 제시한 것이다. 나아가 비정규직을 줄여 가겠다는 대통령 강력한 의지의 표현이다. 따라서 공공부문의 업무 중에도 비정규직이 필요한 업무는 앞으로도 비정규직을 사용하면 된다.

윤태호 : 공공기관의 비정규직을 정규직으로 전환하는 유형이나 방식은 ① 직접고용 모델, ② 자회사 모델, ③ 사회적기업 모델, ④ 협동조합 모델이 있는 것으로 알고 있다. 각각의 장단점에 대해 설명해 달라

이용섭 : 직접고용 모델은 소속외 근로자(용역·파견 등)와 사용자가 직접적인 고용관계를 맺는 방식이다[사례 : 국회 청소노동자(2016년 12월), 광주광역시(2015년 2월) 등]. 자회사 모델은 소속외 근로자를 직접 고용하는 자회사를 설립하여 활용하는 방식이다[사례 : 서울메트로의 자회사인 서울메트로환경(2013년 5월) 등]. 사회적기업 모델은 소속외 근로자 고용을 위한 사회적 기업을 설립하여 활용하는 방식이다[사례 : 성공회대학교의 푸른환경코리아(2003년) 등]. 협동조합 모

델은 소속외 근로자들이 협동조합을 설립 · 운영하는 방식[사례 : 광주광역시 광산구 클린광산협동조합(2012년~)]이다.

각 방식에는 장단점이 있다.

① 고용안정 : 직접고용 모델은 원청과 직접적인 고용관계를 맺어 강력한 고용안정이 가능한 반면, 자회사 · 사회적기업 · 협동조합 모델은 공공기관과 장기 · 지속적 계약 가능성에 따라 고용안정에 차이(자회사 > 사회적기업 · 협동조합)가 있다.

② 처우개선 : 모든 방식에서 근로자 처우개선이 가능할 것으로 예상되나, 자회사 · 사회적기업 모델은 모회사 및 사회적기업 운영자의 의지가 부족할 경우 처우개선 효과가 미미할 우려가 있다.

③ 거래비용 : 직접고용 · 자회사 모델은 용역업체에 지급하는 추가경비(이윤, 일반관리비, 부가세[67]) 등 거래비용 절감이 가능하다. 사회적기업 · 협동조합 모델은 기존 용역업체 형태와 같이 이윤, 일반관리비, 부가세 등 거래비용이 발생한다.

④ 관리비용 : 직접고용 모델의 경우 용역 · 파견 근로자의 직접 관리에 따른 인사관리비용이 발생하는 반면 자회사 · 사회적기업 · 협동조합 모델은 원청기관에는 관리비용이 발생하지 않는다.

67) 자회사 모델의 경우에는 부가세가 발생한다.

[표 3-7] 정규직 전환방식의 장단점 비교

구 분	장 점	단 점
직접고용 모델	• 사용자와 직접 고용관계를 맺는 방식으로 강력한 고용안정 가능 • 용역업체에 제공되는 추가경비 절감으로 예산절감 가능 → 절감재원으로 근로자 처우개선 가능	• 인력 운영의 탄력성 상실 및 직접관리에 따른 관리비용 증대
자회사 모델	• 정규직으로 채용됨에 따라 고용안정 가능 • 기존 용역업체에 비해 처우개선 가능(모회사 의지 중요) • 직종별 인사관리체계 설계가 가능, 기존 근로자들과의 형평성 문제 미발생	• 임금, 정년 등 근로조건 관련 기존 정규직과 勞-勞 갈등 발생 우려 • 일부 거래비용 발생(부가세) • 장기계약에 대한 우려(다만, 원청 자본출자에 기초하므로 타 모델에 비해 가능성 높음) • 모회사 의지 부족 시 처우개선 미미
사회적기업 모델	• 정규직으로 채용됨에 따라 고용안정 가능 • 기존 용역업체에 비해 처우개선 가능(기업 운영자 의지 중요) • 사업 확장 가능성	• 기존 용역업체 형태와 동일한 거래비용 발생 • 장기적 계약에 대한 공개경쟁입찰 원칙에 따라 장기적 계약관계 보장 곤란 • 사회적기업에 대한 인식 부족
협동조합 모델	• 정규직으로 채용됨에 따라 고용안정 가능 • 기존 용역업체의 이윤 · 일반관리비 등 활용하여 조합원 처우개선 • 사업 확장 가능성	• 기존 용역업체 형태와 동일한 거래비용 발생 • 장기적 계약에 대한 공개경쟁입찰 원칙에 따라 장기적 계약관계 보장 곤란 • 협동조합에 대한 인식 부족

윤태호 : **일자리 창출의 마중물 역할을 할 공무원 충원 예산이 2017년 말 국회에서 일부 삭감됐는데 공공부문 일자리를 늘리는 계획에 차질은 없는가?**

이용섭 : 지난해 12월 예산 국회에서 내년도 국가직 공무원 채용 증원이 1만 2천 명(정부안)에서 9천 475명으로 줄었다. 아쉬움이 있지만

당초 계획에는 차질이 없다. 그러나 매년 야당이 반대하면 공공부문 일자리 확대에 지장이 있을 수 있으므로 충원 필요성을 정치권에 잘 설명해서 도움을 받아야 한다. 일부에서 공공부문 확충에 따른 재정건전성 훼손을 걱정하는데 우리 재정이 감내할 수 있는 수준이다. 정부 방침대로 공무원 수를 늘려가도 전체 예산에서 차지하는 공무원 인건비 비율은 매년 8% 수준에서 유지된다. 선진국들은 공공부문 인원이 우리보다 평균 2~3배 많지만 재정에 문제가 없고 높은 수준의 공공 서비스를 국민들에게 제공하고 있다.

윤태호 : **공기업들 중에는 만성적인 적자 상태인 기업들도 있는데 정규직 전환에 따른 부담을 감당하기 어려울 것이다. 지원계획은 있는가?**

이용섭 : 정규직 전환으로 반드시 기관의 부담이 크게 늘어나는 것은 아니다. 파견이나 용역근로자가 정규직으로 전환되면 용역업체 이윤, 일반관리비, 부가가치세가 절약되는데 전체 비용의 15~20%를 차지한다. 이를 정규직화 재원으로 활용한다면 추가적인 부담 없이 임금인상 등 처우개선이 가능하다. 국회에서 청소근로자들의 정규직 전환 이후 예산 증액 없이 임금이 5%(약 15만 원) 인상된 바 있다.

다만, 기관 내부에 있는 비정규직을 전환하는 경우에는 처우개선으로 부담이 증가할 것이다. 또한 일부 공공기관들은 수익성보다는 공공성 확보를 위해 '착한 적자'를 감수해야 하는 경우도 있다. 앞으로 실태 조사를 통해 정부가 지원해야 할 대상기관이 있는지와 지원수준을 결정할 것이다.

민간일자리 창출 4

(1) 일자리 전반

윤태호 : 기업들에게 일자리 창출을 너무 강요하면 오히려 기업활동이 위축되어 일자리가 줄어들 수 있다는 지적이 있다. 동의하나?

이용섭 : 동의한다. 기업들을 강요하여 고용을 늘리는 것은 바람직하지도 않고 가능하지도 않다. 정부는 민간기업의 자율성, 창의성, 혁신성이 좋은 일자리 확충으로 이어질 수 있도록 법과 제도를 개선하고 지원하는 역할을 해야 한다. 또한 좋은 일자리를 많이 만드는 기업이 최고의 애국자로서, 이들이 존경받고 칭송받는 환경을 만들어가야 한다. 민간기업의 일자리 창출은 페널티보다는 세제, 예산, 포상 등 각종 인센티브를 통해 독려해야 할 것이다.

윤태호 : 민간기업들이 일자리 창출에 나서 주어야 하는데 정부는 민간부문 일자리 창출을 위해 어떤 노력을 하고 있나?

이용섭 : 공공부문은 민간 일자리 창출의 마중물 역할을 하자는 것이고, 역시 일자리 창출은 민간 부문이 주역이고 여기에서 많은 일자리를 창출해 줘야 한다. 지금은 그동안 구축된 인프라와 공공부문의 마중물을 바탕으로 민간일자리 창출에 주력하고 있다. 방식은 민간의 자율성 창의성 혁신성이 일자리로 이어질 수 있도록 법과 제도 면에서 뒷받침하고 있다.

제일 중요한 것은 우리 경제 · 사회 시스템과 성장 틀을 고용 친화적 구조로 바꾸는 것이다. 경제정책 운용의 무게를 제조업, 대기업, 수출 위주에서 일자리가 많이 창출되는 서비스업, 중소기업, 내수로 바꾸어 나가고 있다. 각종 지원정책도 일자리 중심으로 개편하고 있다.

두 번째는, 규제를 혁신하여 신성장산업과 중소기업 육성 그리고 벤처 · 창업 활성화 등을 통해 민간일자리를 만들어 가야 한다. 스타트업들이 스케일업으로 커 나가도록 국가가 적극 지원하는 방안도 마련하였다(2017년 11월 2일, '혁신창업 생태계 조성방안'). 최소 자율규제를 원칙으로 하면서 4차 산업혁명 시대를 이끌어갈 신산업 분야에 대해서는 금지된 것을 제외하고는 다할 수 있는 네거티브 규제 시스템 구축을 추진하고 있다. 데이터 규제도 완화할 계획이다. 공공 빅데이터 센터를 설립하고 공공데이터를 개방하여 청년들이 마음껏 창업할 수 있는 여건을 조성할 것이다.

셋째는 투자 활성화에 노력하고 있다. 2005년부터 2015년, 그러니까 10년 사이에 우리 제조업이 외국에 나가서 만든 일자리가 무려 110만 개나 된다. 그런데 그 기간 동안에 외국인들이 우리나라에 와서 만든 일자리는 7만 개밖에 되지 않는다. 따라서 우리 기업들이 외국에 나가지 않고 국내에 투자하도록 하고, 외국인 투자를 많이 유치하며, 그리고 해외에 나가 있는 기업들을 유턴시키기 위해 투자지원제도를 개선하고 있다. 우리 일자리위원회는 외국인투자환경을 조성하기 위해 지난해 주한 미국상공회의소(AMCHAM) 그리고 주한 유럽상공회의소와 '일자리 창출 및 투자 활성화를 위한 양해각서'도 체결하였다.

넷째, 우리의 주력산업인 자동차 · 조선 · 반도체 등 제조업에 새로운 기술을 접목시키고 고도화해서 질 좋은 일자리를 만들어 가야 한다. 또한 4차 산업혁명 시대가 본격화하면 지금 있는 일자리가 많이 없어질 것이다. 우리의 강점인 ICT 우위를 기반으로 4차 산업혁명의 핵심 기술인 인공지능 · 드론 · 사물인터넷 · 재생에너지 · 친환경자동차 · 제약바이오 등에 집중적으로 투자해서 양질의 일자리를 만들어 내는 데 최선을 다할 것이다.

마지막으로 실효성 있는 고용영향 평가제 시행, 노동시간 단축을 통한 일자리 나누기, 중소기업 육성과 벤처창업 활성화 지원, 일자리 창출 기업에 대한 재정 · 세제 지원 등을 추진할 것이다.

윤태호 : **대통령을 너무 의식한 나머지 무리하게 밀어붙인다는 지적도 나온다. 속도를 높이다 보면 이해당사자들의 의견을 충분하게 반영하기 어려운 측면이 있는데?**

이용섭 : 대통령께서 취임 첫날부터 일자리를 강조하고 새 정부가 일자리정책을 강도 높게 추진하다 보니 '너무 속도 내지 마라, 밀어붙이지 말라'는 얘기들을 한다. 그러나 일자리가 없어 고통받고 있는 청년들을 생각하면 느긋하게 추진할 수 없다. 지금의 위급한 일자

리 상황을 조속히 해결하기 위해서는 우리 사회 전반에 일정량의 긴장감이 필요한 것도 사실이다. 속도는 내되 조급하게 서두르지 않을 것이며, 빨리하되 부실하게 추진하지 않을 것이다. 일자리정책의 경중, 선후, 완급을 잘 조절해 부작용을 최소화해 나가고 있다.

윤태호 : **최근 대통령비서실 임기제 공무원 6명을 블라인드 채용 방식으로 뽑았는데, 합격자 전원이 모두 여성이었다. 블라인드 채용이 여성들의 사회 진출에도 긍정적인 역할을 할 수 있다고 보는데?**

이용섭 : 지난해 6월, 정부에서는 공공부문에서 블라인드 채용을 의무화하겠다고 발표했다. 그동안 우리 사회의 고질적 병폐였던 스펙 중심의 채용을 바로 잡고 직무와 관련성이 높은 인성과 능력 중심으로 채용하자는 것이다. 블라인드 방식은 작게는 채용의 문제이지만 크게는 기회균등이라는 중요한 가치를 담고 있다. △성별 차별 문제를 해소 △대학진학률을 낮추는 효과 △연고주의에 의한 청탁 채용 배제 등 많은 긍정적 효과가 있다. 청와대에서 대통령비서실 전문임기제 공무원 6명을 신규 채용했는데 합격자가 모두 여성이고 출신 학교도 다양한 것은 블라인드 채용이 갖는 장점이라고 생각한다. 일부 기업에서는 '고성과자 예측검사 시스템'을 개발해서 블라인드 채용에 활용하고 있는데 놀라운 것은 유명대학 졸업생들이 떨어지고 고졸 출신들이 합격하는 경우도 적지 않다는 점이다.

윤태호 : 지난해 12월에 열린 4차 일자리위원회에서 건설산업 관련 일자리에 대해서도 논의가 이루어졌다는데, 흔히 건설산업 일자리는 '질 낮은 일자리'라는 인식이 강하다. 최근 건설현장에서 타워크레인이 무너져 참사가 일어나는 경우도 있었는데 건설 분야에서 좋은 일자리를 창출하기 위한 구체적인 방안은?

이용섭 : 건설업에 185만 명이 취업하고 있다. 전체 취업자의 7%로서 단일업종으로는 가장 많이 취업하고 있는 대표적인 일자리 산업이다. 그런데 3D 업종이라고 해서 구직자들이 기피하고 있다. 청년들이 선호하는 일자리로 만들기 위해 일자리 질을 높이는 방안을 마련했다.

크게 3가지만 말씀드리면 첫째, 건설근로자의 생계를 위협하는 고질적 병폐인 임금체불을 막기 위해 앞으로는 발주하는 공공기관이 임금을 근로자 계좌에 직접 송금하는 전자 대금지급시스템을 전면적으로 확대 실시할 것이다. 둘째, 건설사가 부도 파산할 경우 임금을 받지 못하는 문제를 시정하기 위해 임금지급보증제를 도입할 것이다. 보증수수료는 공사원가에 반영하여 발주자가 부담하고 1천만 원까지 건설공제조합 등이 지급하도록 추진할 것이다. 셋째, 건설근로자는 오랜 기간 종사하여 숙련도가 향상되어도 직위상승이나 임금상승이 이뤄지지 못하여 사기가 크게 저하되어 있다. 앞으로 기능인 등급제를 도입하여 숙련도에 상응하는 혜택이 부여되도록 할 것이다.

윤태호 : **결국 국회에서 법인세 인상 조치(최고세율 22% → 25%)가 이루어졌다. 법인세 인상은 일자리 창출과 직접적인 연관성을 맺고 있는 부분이지 않나. 일각에서 법인세 인상이 일자리 감소로 이어질 수 있다는 우려의 목소리도 있는데 어떻게 생각하는지?**

이용섭 : 우리나라 조세부담률은 GDP의 19% 내외로서 OECD국가의 평균 25%에 비해 턱없이 낮다. 세계에서 유일한 분단국가이며 복지재정 수요가 급증하고 있는 나라에서 이렇게 낮은 조세부담률을 유지하는 것은 정부가 재정의 역할을 포기하는 것이나 다름없다. 따라서 사회적 합의를 거쳐 조세부담률을 적정화하는 데에는 이론이 있을 수 없다.

조세부담률을 올리는 방안의 하나로 최고 법인세율을 올리는 문제는 양론이 있을 수 있지만, 문재인 정부는 이명박 정부의 감세이전 수준인 25%로 환원한 것이다.

법인세가 늘어나면 기업의 투자재원이 감소해서 일자리가 줄어들 것이라는 논리인데 평생 재정분야에서 일한 저로서는 억지 논리로 보인다. 현재는 과세표준 200억 원 초과분에 대해서 일괄적으로 22%를 적용하지만, 앞으로는 3천억 원 초과 구간을 신설하여 3천억 원 초과분에 대해서는 25%를 적용하도록 세법 개정안이 국회를 통과했다. 최고세율이 이명박 정부에서 감세하기 이전의 세율로 돌아간 것이다. 이렇더라도 이명박 정부 이전에는 과세소득 1억 원 초과분에 대해 25%가 적용된 것에 비하면 슈퍼 대기업의 세금부담은 많이 낮은 수준이다. 3천억 원 초과분에 25% 세율이 적용되는 기업은 77개에 불과한데 이런 대기업들은 수백억 원 내지 수천억 원을 유보하고 있어 투자 여력이 충분하다. 법인세로 이익이 좀 줄어들었다고 투자를 못하거나 투자 규모가 줄어들 것이라는 논리는 타당하지 않다.

(2) 청년 일자리

윤태호 : **문 대통령은 1월 25일 '청년 일자리 점검회의'에서 청년 실업 문제가 '국가재난' 수준이라고까지 표현했다. 그만큼 청년 일자리 문제가 심각하단 얘긴데, 현재 청년 일자리 상황을 어떻게 파악하고 계신지?**

이용섭 : 청년 일자리 여건이 매우 어려운 상황이다. 청년 실업률은 2000년 이후 약 8% 수준을 유지하다가 2013년부터 급속히 상승해 현재는 10% 안팎을 형성하고 있다. 청년들에게는 외환위기 직후 수준의 최악의 고용 한파가 몰려온 것이다.

일자리 상황을 한눈에 나타내 주는 지표가 고용률과 실업률이다. 지난해 고용률(15~64세 기준)은 66.6%로, 2016년보다 0.5%포인트 증가해 역대 최고치를 기록했다. 고용률의 의미는 15~64세 인구의 66.6%가 일하고 있다는 의미다. 15~29세의 지난해 고용률은 그림에서 보여 주는 것처럼 42.5%로 2016년에 비해 소폭 개선되었다. 그러나 25~29세 고용률은 에코붐 세대 등의 고용시장 대거 진입으로 68.7%로 2016년에 비해 소폭 하락했다.

[그림 3-2]

전체(15~64세) 및 청년(15~29세) 고용률 25~29세 고용률

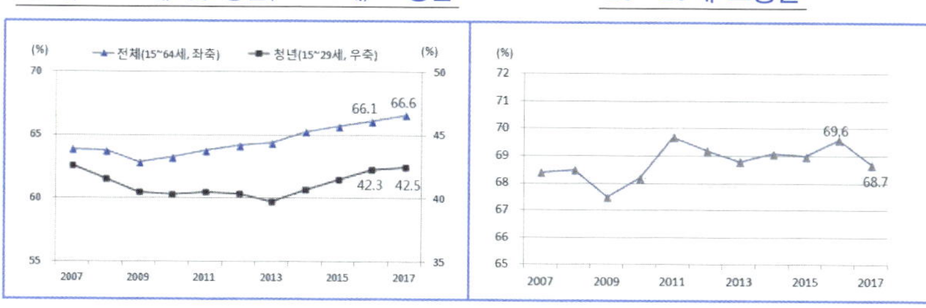

청년들의 일자리고통을 나타내 주는 실업률을 보면 지난해 9.9%다. 전체 실업률 3.7%보다 2.7배 높은 수준으로 2016년에 비해서도 소폭 상승했다. 취업준비생과 주당 근로시간 36시간 미만인 청년, 구직활동을 하지 않았지만 취업을 원하는 청년들을 포함한 사실상 실업자를 나타내 주는 청년 체감실업률(고용보조지표3)은 지난해 22.7%로 2016년에 비해 조금 높아졌다. 청년 10명 중에 약 2명이 실업자라는 얘기다. 체감 청년실업자 수가 1,141천 명에 이른다.

[그림 3-3]

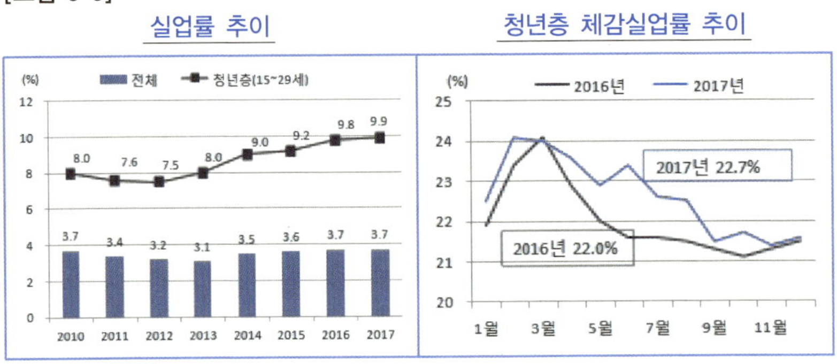

※ 자료 : 통계청

청년 고용률이 올라가면 청년 실업률은 떨어지는 것이 타당해 보인다. 그런데도 고용률과 실업률이 동시에 상승한 것은 새 정부의 일자리정책과 공공부문 채용확대 정책에 대한 기대감으로 청년층 등의 경제활동참가율이 증가(46.9% → 47.1%)한 데 주로 기인한다.

윤태호 : **청년 일자리 사정이 이렇게 어려운 이유는?**

이용섭 : 청년고용 여건이 어려운 이유는 다양한 요인들이 중층적으로 작용하고 있다. 대기업 위주 경제정책으로 인한 고용 없는 성장과 우리 경제의 일자리 창출 역량 감소, 기업들의 노동절약적인 구조개혁 지속, 고학력의 청년들이 갈만한 일자리가 줄어든 미스매치, 기술혁신으로 전문직 일자리 감소 등이 중요한 원인이다. 특히 최근 청년 고용시장이 어려운 이유로는 인구 구조적인 요인이 꼽힌다. 1991~1996년 사이에 태어난 에코붐 세대들이 2017년부터 2021년 사이에 약 39만 명이 추가로 고용시장에 진입한다. 2017년에도 25~29세 인구가 전년보다 8만 7천 명이 증가했고 금년에도 11만 명이나 늘어나 구직 경쟁은 더욱 치열해질 것으로 전망되고 있다. 이렇게 늘어나는 청년 인구만큼 괜찮은 일자리가 부족한 '공급과잉' 현상이 청년실업을 더욱 부채질하고 있다.

올해에는 1인당 국민총소득(GNI) 3만 달러 돌파, 2년 연속 3% 성장 등 훈풍이 부는 경제상황이지만 청년 일자리 상황은 그렇게 밝지 않다. 경기회복이 고용창출 효과가 낮은 수출 중심[68]으로 이뤄지고 있다는 점도 청년 일자리 전망을 어둡게 하고 있다. 조선업 구조조정의 여파가 올해도 이어지고 있다.

그래서 지금이 청년 일자리정책의 골든타임이다. 지금 제대로 된 청년 일자리정책을 강구하지 않으면 호미로 막을 일을 가래로도 막지 못하는 청년 실업대란이 일어날 수도 있다.

68) 2017년 연간 수출액이 사상 최대인 5,739억 달러를 기록했다.

[그림 3-4] 20대 후반 인구 증감 추이

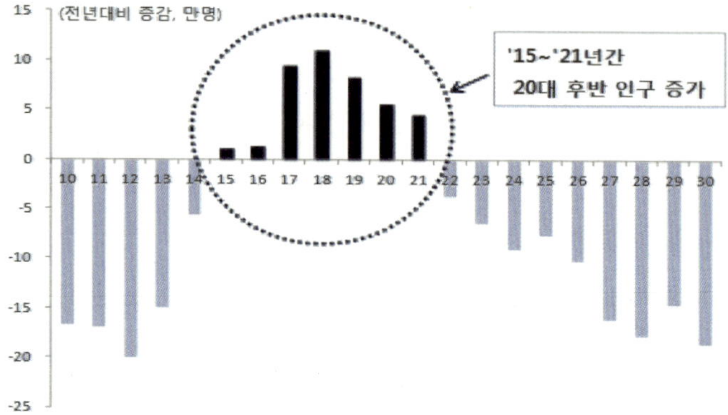

※ 출처 : 통계청, 장래인구추계 통계

윤태호 : 문 대통령이 신년사에서 "청년 일자리 문제를 국가적인 과제로 삼아 앞으로도 직접 챙기겠다"고 했다. 실제로 1월 25일 청와대에서 대통령 주재 '청년 일자리 점검회의'도 열었다. 문 대통령은 "에코붐 세대의 등장으로 노동시장 진입 인구가 대폭 늘어나는 향후 3~4년 동안 한시적으로라도 특단의 청년 일자리 대책이 필요하다"고 강조했는데, 그중 대통령이 특별히 중점을 둔 사항이 있다면?

이용섭 : 지난 1월 청년 일자리 점검회의는 대통령이 요청해서 열렸다. 대통령님의 말씀을 그대로 빌리자면 아직 일자리정책의 성과를 평가하기에는 좀 이르긴 하지만 많은 청년들이 일자리문제로 고통받고 있는 중대성과 시급성을 감안해 이 시점에서 청년 일자리 대책이 적정한지 보완할 점은 무엇인지 점검해 볼 필요가 있다고 판단을 하신 것이다.

대통령께서는 과거 정부에서 10여 년 동안 21차례의 고용대책(이명박 정부 8회, 박근혜 정부 13회)을 발표했음에도 청년층 고용애로가 지속되고 있는 것은 일자리 대책에 문제가 있다고 판단하면서 발상을 전환하여 특단의 대책을 마련하도로 지시하였다.

윤태호 : **일자리 점검회의에서 대통령은 주로 어떤 점을 지적하였는가?**

이용섭 : 대통령은 지금의 일자리 상황을 매우 시급한 상황이라고 진단했다. 대통령께서는 청년 일자리문제는 단시간 내에 해결하기 어렵다는 것을 잘 알지만 정부가 최선을 다하고 있는 모습을 보여줘 청년들에게 희망을 주어야 한다는 절실함에서 각 부처 장관과 기관들이 더 긴장감을 갖도록 당부하였다. 특히 일자리는 시장에 맡겨야 된다는 고정관념에서 벗어나 비장한 각오로 근본적인 청년고용 종합대책을 마련해 정책의 최우선 과제로 추진하도록 지시하였다. 특히 이 자리에서 현장 중심의 실효성 있는 정책 추진, 민간의 적극적인 참여와 역할 유도, 청년들의 해외진출 촉진 등 3가지 방향을 제시하였다.

윤태호 : **문재인 대통령의 업무지시 1호로 만들어진 일자리위원회가 출범한 지 8개월이 지났다. 그동안 시행한 청년 일자리정책들을 소개한다면 어떤 것들이 있는지?**

이용섭 : 지난해에는 정부 출범 초기라서 일자리정책의 1단계라고 할 수 있는 일자리 기반(인프라)을 구축하는 데에 중점을 두었다. 이 중 무엇보다 큰 성과는 일자리 중심으로 국정운영 체계를 개편하고 5년 로드맵을 완성해서 발표한 것이다

이 과정에서 당장의 일자리 불안을 해소하기 위해 우선 11조 원 규모의 일자리 추경을 편성해서 집행했다. 청년추가고용장려금제도(2 + 1)를 도입해서 시행했고, 청년내일채움공제도 확대(1,200만

원 → 1,600만 원)했다. 소방·경찰 등 현장민생공무원을 2,162명 채용하면서 공공일자리 81만 개 사업도 시작했다.

일자리 질 제고를 위해 공공부문 비정규직 6만 9천 명을 정규직으로 전환토록 결정했다. 2022년까지 공공부문에서 20만 5천 명을 정규직으로 전환할 계획이다. 33개의 모든 공공기관에 대해 블라인드 채용을 시행토록 했고 공공기관 채용 비리를 근절하기 위해 제도 개선도 추진했다.

윤태호: 청년 일자리 종합대책의 방향과 향후 대책에는 어떤 내용들이 포함되는가?

이용섭: 과거 정책과는 다른 새로운 시각에서 청년 일자리 문제를 근본적으로 해결할 수 있는 특단의 대책을 마련할 것이다. 청년 일자리 대책의 체감도와 현실성을 제고하기 위해 정책 수요자인 청년과 함께 기획재정부·고용노동부 등 관계부처 합동으로 정책 방안을 마련 중에 있다.

우선 현재 시행 중인 구직－채용－근속단계별 지원제도를 강화할 것이다

구직 단계에서는 자기주도적 구직활동에 대해 3개월간 월 30만 원을 지급하는 구직촉진수당을 6개월간 월 50만 원으로 개선하고 임기 중에 한국형 실업부조제도로 발전시키는 방향을 검토하고 있다.

채용단계에서는 중소기업이 청년 3명을 정규직으로 채용할 경우 한 명분의 임금을 연간 2천만 원 한도로 3년간 지원하는 '중소기업 추가고용(2 + 1) 장려금'[69]의 대상 업종을 현행 233개 성장유망

69) 중소기업이 청년 3명을 정규직으로 채용 시 세 번째 근로자의 임금을 정부가 연간 2,000만 원 한도로 지원한다.

업종에서 499개 업종으로 확대하고 소규모 기업은 첫 1명 고용시부터 인건비의 1/3을 지원토록 개선할 것이다. 공공기관의 청년고용 의무비율을 현행 3%에서 한시적으로 5%로 확대하는 「청년고용촉진 특별법」 개정을 추진하고 있다.[70] 공공기관 신규채용도 전체의 53%를 상반기에 채용할 방침이다.

근속단계에서는 청년들이 중소기업에서 장기근속하도록 '청년내일채움공제' 제도(수령액을 2년간 1,200만 원에서 1,600만 원으로 이미 확대)를 실효성이 강화되도록 보완해 나갈 것이다.[71]

또한 정부는 조기에 효과가 나타나도록 올해 19조 2천억 원(2017년 17조 1천억 원 대비 12.7% 상승)에 달하는 사상 최대 규모의 일자리 예산을 1분기에 역대 최고 수준인 34.5%(2017년 33.5%), 상반기에 63.5% 집행하기로 했다. 이 중 청년 일자리 지원사업 예산이 3조 125억 원으로 전년(2조 5,934억 원)보다 4,191억 원 증가했다.

하지만 예산 투입은 청년실업 완화 대책이지 근본적이고 장기적인 대책은 아니다. 결국 일자리는 민간에서 창출되기 때문에 민간고용시장을 활성화시킬 수 있는 장기적이고 본질적인 정책을 강구해 나가야 한다. 우리 경제 · 사회 시스템을 고용 친화적 구조로 바

70) 공공기관(공공기관 + 지방공기업) 청년고용 의무제 현황 : 2014년 청년고용의무제 시행 이후 2년간 의무이행률이 70% 초반에 머무르다, 2016년에 처음으로 80%대를 달성하였다. 2013년까지는 15～29세의 청년을 대상으로 청년 고용 '노력' 의무 규정이었으나 2014년부터 청년고용 대상을 15～34세로 올리면서 의무화하였다. 이 규정에 대해 헌법재판소는 타 연령층 권리 및 평등권 침해가능성을 이유로 5 : 4로 위헌의견이 다수이었으나 재판관 6인 이상의 찬성을 얻지 못하여 위헌판결에 이르지는 못하였다.

청년고용의무 이행추이	2009	2010	2011	2012	2013	2014	2015	2016
청년신규고용비율(%)	2.5	→ 2.6	→ 3.0	→ 3.3	→ 3.5	→ 4.8	→ 4.8	→ 5.9
의무이행기관비율(%)	33.2	→ 32.0	→ 42.3	→ 48.1	→ 51.3	→ 72.1	→ 70.1	→ 80.0

71) 2018년 청년내일채움공제 예산은 2017년에 비해 1,992억원 증액되었다.

꾸어가고 근로시간 단축을 통한 일자리 나누기가 실현될 수 있도록 국회와 협조해 갈 것이다. 또한 일자리 미스매치 해소를 위한 노력도 강화할 것이다. 아울러 청년들의 해외 진출을 적극 지원할 것이다. 역량 있는 젊은이들이 국제기구, 해외 진출해 있는 우리 기업 그리고 외국 유수기업으로 진출하는 것은 일자리 창출뿐만 아니라 국가의 자산이 된다. 월드잡 플러스를 해외진출 허브로 확대 개편해서 해외취업관리를 일원화할 것이다.

윤태호 : **일각에서는 청년 일자리 문제의 핵심이 기업과 구직자 사이의 미스매치에서 비롯되고 있다고 지적한다. 즉, 기업이 필요로 하는 사람은 잘 오지 않고 또 구직자 입장에서는 주로 대기업만 관심이 있고 이런 게 근본적인 문제라는 것인데 여기에 대한 해법도 있을까?**

이용섭 : 일자리 문제를 해결하기 위해서는 새로운 좋은 일자리를 만드는 것과 함께 일자리의 수요와 공급의 불일치, 즉 취업난과 구인난의 미스매치를 해소하는 것이 매우 중요하다. 2017년에 실업자 수가 96만 명, 청년실업자 수가 42만 명(잠재적 실업자를 포함한 사실상 청년실업자 수는 114만 명)이었다. 그런데 우리 국민들이 취업을 기피해서 외국인들이 일하고 있는 일자리가 83만 개다. 또 기업들의 적극적인 구인 노력에도 불구하고 채용하지 못한 일자리가 약 9만 개에 달한다(미충원율 12.7%). 미스매치 문제가 해소되면 실업 문제가 상당 부분 해소된다는 의미이다.

미스매치는 보상의 미스매치, 숙련의 미스매치, 정보의 미스매치에서 비롯되고 있다. 이 중 가장 본질적인 원인은 보상의 미스매치다. 다른 나라에 비해 턱없이 높은 고학력인 데 비해 중소기업의 임금이 대기업의 53% 수준에 불과해 청년들이 중소기업 취업을 기피하는 데서 비롯되고 있다. 정부는 중소기업을 성장동력으로 육성해 대기업과 중소기업 간 격차를 해소해 나갈 것이다. 그리고 블라인드 채용을 대폭 확대해 그동안 우리 사회의 고질적 병폐였던 학력과 같은 스펙 중심의 채용을 바로잡고 직무와 관련성이 높은 인성과 능력 중심의 채용을 확대해 가고 있다. 선취업 후학습의 경로를 확산시켜 나갈 것이다. 일부 기업들의 블라인드 채용 결과를 보면 유명대학 졸업생들이 떨어지고 고졸 출신들이 합격하는 경우도 발생하고 있다. 이는 과도하게 높은 고학력을 낮추는 효과도 가져올 것으로 기대된다.

둘째, 숙련의 미스매치는 중소기업들이 직원을 채용하려고 해도 산업현장에서 필요한 기술을 가진 직원을 구하기 어려운데서 비롯된다. 대학이 원하는 교육이 아니라 시대, 산업, 기업이 원하는 교육이 이루어 질수 있도록 교육과 훈련체계를 완전히 개편해 해결해 나갈 것이다. 특히 직업계 고등학교(특성화고・마이스터고)의 교육・훈련 과정을 현장 중심으로 개편할 것이다. 대학은 학생 선발부터 교육, 채용 등에 이르기까지 산업체와 협력하여 기업현장에서 필요로 하는 인재들을 육성해 나가도록 유도할 것이다.

마지막으로, 정보의 미스매치는 구직자와 기업들로부터 취득한 다양한 정보를 빅데이터화해서 인공지능이 구직자와 기업을 온라인상에서 매칭시켜 주는 '구인−구직 온라인 매칭시스템'을 확산시켜 나가고 있다. 이 시스템이 확산되면 정보의 미스매치에 따른 일자리 부족 문제는 획기적으로 개선될 것으로 기대하고 있다.

윤태호 : 청년 일자리 문제가 갈수록 심각해지고 있다. 공공뿐만 아니라 민간 대기업도 '청년고용할당제'가 적용되도록 하겠다는 대선공약을 내걸었는데 현재 공약 추진이 어떻게 이뤄지고 있나?

이용섭 : 심각한 청년실업 문제로 고통받고 있는 청년들에게 양질의 일자리를 제공하기 위해 공공부문부터 청년고용할당제를 선도적으로 시행하고 있다. 2020년까지 향후 3년간 한시적으로 청년고용의무할당제를 3%에서 5%로 확대하는 대선공약을 지키기 위해 「청년고용촉진 특별법」 개정을 추진하고 있다. 인구구조상 에코붐 세대가 노동시장에 진입하는 2021년까지 청년 고용 여건이 매우 어려울 것으로 예상되므로 한시적으로 대기업에까지 청년고용을 의무화하자는 요구가 있다. 그러나 민간기업에 대한 청년고용의무제는 민간의 자율성 침해, 기업활동 위축, 청년들의 대기업 쏠림 부추김, 광업 등 일부업종의 경우 청년들 기피로 획일적 적용 시 문제야기 등의 부작용이 있을 수 있으므로 신중한 검토가 필요하다.

윤태호 : 전체 근로자 중 상당수가 중소기업에 근무하고 있다. 청년들을 중소기업으로 유인하는 방안은?

이용섭 : 통계청의 전국 사업체조사에 따르면 2016년 기준 중소기업 근로자의 비중은 85.7%로 파악된다. 더욱이 2014년부터 2016년 사이 신규 근로자의 90%가 중소기업에서 창출될 만큼 중소기업은 일자리의 원천이자 보고이다.

청년들이 중소기업을 선호하지 않는 것은 대·중소기업의 격차가 너무 심하기 때문이다. 원청과 하청 근로자가 엇비슷한 일을 하는 데도 임금은 두세 배 차이가 나는 것이 단적인 예이다. 2016년 기준 대기업 정규직 임금수준을 100으로 볼 때 대기업 비정규직은

63, 중소기업 정규직은 53, 중소기업 비정규직은 37에 불과하다. 이는 정규직과 비정규직 격차보다도 대기업과 중소기업의 격차가 더욱 심각하다는 것을 보여 준다.[72)]

이처럼 대기업과 중소기업의 격차가 심화된 것은 우리가 오랫동안 대기업 위주의 정책을 펴온 부작용이다. 따라서 경제민주화를 통해 대기업과 중소기업이 동반성장하는 상생의 경제생태계를 만들어야 하며 이를 위한 중소기업별 맞춤형 해법이 필요하다.

대기업과 거래하는 중소기업(전체의 약 45%)의 경우에는 대기업의 납품단가 후려치기, 일감몰아주기, 기술 및 인력탈취, 담합 등 대기업의 불공정행위를 시정하여 '공정거래질서'를 확립하여야 한다. 또한 원청 대기업들이 하청업체의 적정이윤을 보장해 주는 사회적 책임과 배려가 있어야 한다.

대기업과 거래하지 않고 독자적으로 사업하는 중소기업(전체의 약 55%)의 경우에는 중소기업의 영역이 확보되어야 하므로 대기업의 경제력 집중과 문어발식 확장 규제, 중소기업과 소상공인 적합업종 지정, 매출 증대를 위한 대형마트와 SSM 규제와 판로 및 수출 지원, 경쟁력 제고를 위한 기술 및 제품개발과 인력양성 지원, 중소기업에 대한 자금지원을 위한 금융시스템 개선 등에 주력해야 한다.

새 정부는 대·중소기업의 동반성장과 강한 중소기업 육성 등을 통해 중소기업에서 양질의 일자리를 창출하기 위해 중소기업청을 중소벤처기업부로 확대 개편했고 2017년 11월 2일에는 '혁신창업

---

72) 일본 후생노동성 임금격차 조사 결과에 따르면, 일본 중기업(상근근로자 100~999명)의 임금 수준은 최근 15년간 대기업(1,000명 이상)의 83%, 소기업(10~99명)은 75% 수준이고, 특히 대졸 초임은 연 2,000만~3,000만 원 수준으로 거의 차이가 없다.

생태계 조성 종합대책'을 발표하기도 했다. 또한 대기업 위주의 하향식 낙수경제보다는 중소기업과 중산서민을 지원하여 보다 많은 일자리가 만들어지는 상향식 분수경제를 만들어 가고 있다.

또한 중소기업에 청년들이 취업하여 장기근속할 수 있도록 '청년내일채움공제' 확대, 청년 추가고용 장려금제도를 시행 중이다. 경영성과급을 지급하는 중소기업이 전체의 24.7%에 불과한데, 중소기업의 성과공유 문화를 확산시켜 임금격차를 추가로 완화하는 방안도 함께 검토 중이다.

윤태호 : **중소기업, 벤처기업이 일자리 창출의 보고라고 하지만 청년층 기피현상이 여전한데 어떤 식으로 이런 문제를 해소할 수 있다고 보는지?**

이용섭 : 새 정부의 국정과제 1호인 일자리정책의 성공 여부는 중소기업을 한국 경제의 성장동력으로 육성하고 벤처창업을 활성화하는 데에 달려있다고 해도 과언이 아니다. 그러나 일자리의 보물단지라고 할 수 있는 중소기업의 사업환경과 벤처창업 여건이 매우 척박하다. 대기업의 과도한 경제력 집중과 문어발식 확장 그리고 불공정 거래를 시정하는 경제민주화를 통해 중소기업을 성장동력으로 키워나갈 것이다.

우리나라에서는 유능한 젊은 인재들이 창업을 기피하고 편하고 안정적인 직업만 추구한다. 이래가지고는 미래가 없다. 이는 창업하다 실패하면 미국 등 서구에서는 재도전의 기회가 부여되는데 한국에서는 신용불량자가 되고 패가망신하기 때문이다. 실리콘밸리의 성공한 창업가들의 평균 창업 횟수는 2.8회다. 두 번 망하고 세 번째 도전해서야 성공한다는 얘기이다. 젊은이들이 도전정신과 모험심을 발휘할 수 있도록 창업과 실패 그리고 재도전이 원활히 이루어질 수 있도록 국가차원에서 재도전의 사다리를 만들어 줄 것이다. 교육도 암기 위주의 교육에서 벗어나 상상력과 창의력을 키우는 교육으로 혁신하고 창업에 대한 도전이 활성화될 수 있도록 사회인식도 바꾸어 갈 것이다.

윤태호 : **전역하는 청년 장병들을 위해 일자리를 연결시켜 주는 역할도 하겠다고 말씀하셨는데?**

이용섭 : 매년 전역하는 청년장병 29만 명[73] 중 복학, 재취업 등을 제외하고 전역 후 진로가 정해지지 않은 청년이 약 6만 9천 명으로 추산된다. 이들은 군 내에서 체계적인 취업지원[74]을 받기 어렵고, 일반 청년취업지원 프로그램 참여도 구조적으로 어려운 실정이다. 따라서 제대 후 진로문제에 대해 매우 걱정들을 많이 하고 있다. 국방부의 군인복지실태조사(2017년)에서도 군 장병의 70.1%가 진로를 고민하고 있으며, 75.3%가 복무 중 진로지원을 희망하는 것으로 나타나고 있다.

청년장병들이 전역 후 미래와 진로를 고민하지 않고 꿈과 희망을 가지고 국토방위에만 전념할 수 있는 복무환경을 만들어 드리기 위해 제대군인 진로 및 취업 지원대책을 검토하고 있다.

참고로 지난해 12월부터 중소기업 중앙회와 육군이 공동으로 2개 부대를 선정해서 '제대군인 진로취업 도움사업'을 시범적으로

73) 2016년 전역 단기복무(5년 이하) 청년장병 : 장교 6.5천 명, 부사관 7.6천 명, 현역병 277천 명

74) 현행 제대군인 지원 법령은 5년 이상 중장기 전역자를 대상으로 하여 단기복무자 제외

시행하고 있다. 지난해 연말에 시범사업 부대 중 한곳인 모 사단을 방문해서 격려도 하고 장병들의 의견을 수렴한 바 있다. 이곳의 전역예정 장병들은 지난해 12월부터 6개월간 직접 부대에 찾아온 전문 민간 취업컨설턴트로부터 진로교육 및 3차에 걸친 취업 컨설팅을 제공받는다. 전국 16개 중소기업진흥공단 지역본부에 설치된 기업인력애로센터의 구인기업 네트워크를 활용해서 적합한 중소벤처기업과 취업연계 절차를 밟아 전역 후에는 적합한 중소벤처기업에 취업되도록 지원한다.

이번 시범사업의 결과를 바탕으로 보완된 '제대군인 진로 및 취업지원 사업'이 육해공 전군으로 확대되도록 하고, 전문 진로상담가를 군에 배치하고 구직장병과 구인기업들을 직접 연결시켜 주는 등 취업지원 서비스도 크게 강화할 것이다. 참여하는 기업들도 대폭 확대할 것이다.

윤태호 : 일본의 넘치는 일자리가 충격이다. 전공불문, 경력불문하고 사람을 구한다는 문구가 참 인상적이다. 지금 일본이 이렇게 구인난을 겪게 되기까지 정부 역할이 중요했다고 생각되는데?

이용섭 : 일본이 구인난을 겪고 있는 것은 크게 두 가지 이유 때문이다. 하나는 경기회복이고, 둘째는 경제활동인구 감소이다.

아베노믹스가 일부 우려와는 달리 경기가 회복되고 실업률은 감소[75)]하는 성과를 내고 있다. 일부 기업들은 일할 사람을 구하지 못하고 있다. 아베 총리는 2012년 12월 취임 당시 3개의 화살 정책을 동시에 실시하겠다고 밝혔다. △대담한 금융 완화 △정부의 재정

75) 일본 실업률 :
(2002년)5.5% → (2013년)3.9% → (2015년)3.5% → (2017년 11월)2.7%

지출 확대 △규제 개혁을 통한 공격적인 성장 전략이다.

[표 3-8] 아베노믹스 3개의 화살 정책

구분	금융 완화(제1화살)	재정 확대(제2화살)	규제 개혁(제3화살)
정책 목표	2% 물가상승률 달성을 위한 과감한 금융 완화	대규모 공공투자를 통한 경기부양	규제 개혁 등 시장환경 정비로 민간투자 유도
정책안	• 1차 금융 완화(2013. 4.) • 2차 금융 완화(2014. 10.)	일본경제 재생을 위한 긴급 경제 대책(2013. 1.)	• 일본재흥전략(2013. 6.) • 일본재흥전략 개정안 (2014. 6.)
세부 내용	• 본원통화 연간 60조~70조 엔 확대 • 일본은행 장기국채 잔고 연간 50조엔 증액 • 공적연금 주식투자 확대	• 지역경제 활성화 대책 등 향후 10년 동안 공공사업에 100조~200조 엔 재정 지출 • 두 차례 추경 편성	• 법인세 단계적 인하 (35→20%) • 노동시장 유연화 • 국가전략특구 조성 • 환태평양경제동반자협정 가입

이러한 정책적 요인 외에도 저출산·고령화에 따른 경제활동인구 감소가 고용지표 개선에 영향을 준 측면이 있다.[76)]

76) 일본 생산가능인구 추이 : (1995년)8,716만 명 → (2017년)7,579만 명(1,137만 명 감소)

총인구 추이 : (2008년)12,808만 명 → (2017년)12,659만 명(149만 명 감소)

인구구조(2017년) : (25~29세)625만 명 (65~69세)979만 명

(3) 4차 산업혁명과 일자리의 미래

윤태호 : **먼저 4차 산업혁명이 무엇인지부터 설명해 달라.**

이용섭 : 2016년 1월 개최된 다보스 세계경제포럼(WEF)에서 4차 산업혁명이 의제로 채택된 이후 미래사회의 변화에 대한 기대와 우려가 다양하게 나타나고 있다. 우리나라에서는 2016년 3월 인공지능 프로그램인 알파고와 이세돌의 대국 장면이 TV로 생중계되면서 4차 산업혁명이 먼 얘기가 아니라 눈앞의 현실이라는 것을 깨닫게 됐다.

일반적으로 산업혁명은 기술혁신과 이에 수반하여 나타나는 경제·사회 구조의 대변혁을 의미한다. 1차 산업혁명은 증기기관을 이용한 기계화, 2차 산업혁명은 전기에너지 기반의 대량생산, 그리고 3차 산업혁명은 컴퓨터와 인터넷 기반의 디지털 혁명이었다. 이제 우리가 맞이할 4차 산업혁명은 지능과 정보가 결합하여 인간과 같은 지적능력을 기계에 부여하는 '지능화 혁명'이 될 것이다.

로봇, 사물인터넷(IoT), 자율주행자동차, 3D프린팅, 빅데이터 등 정보통신기술(ICT) 혁명이 주도하는 4차 산업혁명이 매우 빠른 속도로 전 산업분야에 파괴적 변화를 가져오고 있다. 나아가 경제, 사회, 문화 등 우리 삶의 전반에 걸쳐 큰 변화를 예고하고 있다. 이는 인류가 전혀 경험하지 못한 속도와 방향으로 빠르게 진화하고 있어 세계 각국은 앞 다퉈 4차 산업혁명이 가져올 미래사회에서 선두주자가 되기 위해 치열한 경쟁을 펼치고 있다. 이에 따라 일자리나 직업도 지금까지와는 비교할 수 없을 정도의 급격한 혁신이 이루어지고 있다.

윤태호 : **4차 산업혁명이 일자리 양에 미치는 영향은?**

이용섭 : 4차 산업혁명이 일자리의 양에 미치는 영향에 대해서는 상반되는 견해가 있다. 세계경제포럼에서는 '직업의 미래'라는 보고서(2016년 1월)를 통해 현재 초등학교에 입학하는 학생의 65%가 지금은 존재하지 않는 직업에 종사하게 될 것이며, 미국 · 중국 등 15개국에서 4차 산업혁명으로 200만 개의 일자리가 새로 생기는 반면 710만 개의 일자리가 사라져 약 510만 개의 일자리가 줄어들 것으로 예측하였다. 4차 산업혁명이 본격화되면 우리 사회는 ICT를 기반으로 사물과 사물이 서로 통신하고, 사람과 사물이 연결되며 더 나아가 교통수단까지 결합되는 초연결 사회로 빠르게 진입할 것이다. 드론이 물건을 배달하고, 자율주행차가 도시를 활보하며, 3D 프린터가 기존 공장을 대체하는 세상이 되면 실제로 많은 현재의 일자리가 사라질 것이다. 산업계 입장에서는 인공지능과 로봇은 인간관계에 따른 갈등과 분열도 없고, 강성노조도 없는 매우 매력적인 변화이기 때문에 앞으로 노동절약적 구조조정은 더욱 가속화될 것이다.

반면 맥킨지앤컴퍼니는 '없어지는 일자리와 생겨나는 일자리' 보고서(2017년 11월)에서 2030년까지 한국 일자리의 25~26%가 자동화로 사라지지만 경제 구조가 변화하면서 없어지는 일자리를 채우고도 남을 만한 새로운 일자리가 생겨날 것으로 예상했다. 자본주의 250년의 역사를 보면 3번의 산업혁명 때마다 일자리 감소를 걱정했지만 일자리는 줄어들지 않고 늘었다. 생산성이 낮은 일자리에서 높은 일자리로 진화했다. 19세기에 80%에 달한 농업 일자리가 이제 2% 미만으로 축소되고 제조업, 정보통신, 서비스업, 플랫폼 일자리로 전환되었다. 또한 기술혁명으로 늘어난 부와 편리함은 사람들에게 새로운 욕구를 갖도록 끊임없이 자극하고 이를 충족시키기 위해 현재로서는 전혀 예측이 안 되는 새로운 일자리가 계속해서 생겨날 것이다.

결론적으로는 우리가 선제적으로 준비만 잘하면 사라지는 일자리보다 더 많은 일자리를 만드는 것이 가능할 것이다. 문제는 우리나라가 4차 산업혁명 준비에 있어 선진국에 비해 한참 뒤떨어져 있다는 점이다. 세계가 인공지능 시대로 달려가고 있는 동안 손을 놓고 있었기 때문이다

윤태호 : **우리나라가 4차산업혁명 준비에 있어 한참 뒤처져 있다는 얘기인데 새 정부는 4차 산업혁명의 일자리 위기에 어떻게 대비하고 있는가?**

이용섭 : 문재인 정부가 일자리 창출을 국정의 최우선 과제로 추진하는 것은 현재 한국 경제가 직면하고 있는 저성장과 양극화를 동시에 해소하기 위한 당장의 필요성과 함께 4차 산업혁명이 가져올 미래 일자리 위기에 선제적으로 대비하기 위한 뜻도 담겨 있다.

문제는 우리가 4차 산업혁명 준비에 있어 많이 뒤처져 있다는 점이다. 새 정부는 문제의 심각성을 절감하고 지난해 5월 출범하자마자 중소벤처기업부를 신설하고 4차 산업혁명위원회를 발족하는 등 4차 산업혁명 준비에 박차를 가하면서 종합적인 국가전략을 수립하고 있다. 정부는 우리의 강점인 IT산업의 우위를 바탕으로 인공지능, 사물인터넷, 로봇, 데이터분석, 친환경 스마트카, 신재생 에너지, 제약·바이오산업 등 미래형 신산업을 적극 발굴·육성하고 신성장산업의 걸림돌이 되는 규제를 혁파해 나가겠다고 천명했다.

윤태호 : **4차 산업혁명에 따라 소멸되는 일자리는 물론, 창출될 일자리도 고용형태 다변화의 문제점을 지니고 있는데 플랫폼 노동 등 새로운 고용형태의 등장과 노동권 보장에 어떻게 대비할 것인가?**

이용섭 : 미래 노동시장은 직장과 정규직 중심full-time jobs에서 과업이나 프로젝트 중심의 독립자영자independent workers 또는 프리랜서 형태로 변화할 것으로 보인다. 이에 대한 대비책도 강구하고 있다.

보험설계사 · 골프장 캐디 · 택배기사 · 학습지 교사 등 전통적 '특수형태근로종사자'에 더하여 최근 IT 기술의 발전으로 온라인 플랫폼을 활용한 새로운 특수형태근로종사자가 서비스 직종 등[77]에서 급속하게 확산 중이다.

'특수형태근로종사자'는 근로기준법을 적용받지 못하고 개별법 차원(공정거래법, 산재보험법[78] 등)에서 보호 노력을 지속해 왔으나, 보호에 한계가 있어 업무여건 및 처우가 열악한 상황이다. 이들의 노동이 존중되고 노동기본권이 보장될 수 있도록 노동권 보장에 대해서는 '중소 · 영세 미조직 노동자의 권리보장(대선공약)' 차원에서 우선, 다양한 직종 · 형태로 진화 · 확산되고 있는 노동시장 내 현황을 면밀히 파악 · 분석하고, 노 · 사 관계자, 민간 전문가 등의 의견수렴을 거쳐 구체적인 법 · 제도적 개선방안을 마련할 계획이다.

그러나 4차 산업혁명 진행에 따라 생겨나는 다양한 고용형태를 노동법으로 모두 보호하기에는 한계가 있으므로 노동법의 사각지대에 놓인 새로운 형태의 근로종사자 보호를 위한 사회안전망 보

77) 플랫폼 노동 : 배달대행앱(음식배달의 경우 배달의 민족, 배달통), 대리운전앱(카카오드라이버), 가사노동 중개앱 등 디지털 플랫폼을 기반으로 거래되는 노동(주로 업체와 '근로계약' 대신 '위탁계약' 등을 통해 행해지므로 근로기준법상 노동자의 지위를 향유하지 못함)

78) (2008년)보험설계사, 골프장 캐디, 학습지 교사, 레미콘 기사 → (2012년)택배기사, 전속 퀵서비스 기사 → (2016년)대출모집인, 카드모집인, 전속 대리운전기사

강이 필수적이다.

윤태호 : **일자리를 만들기 위해서는 규제 완화가 가장 중요하다. 특히 4차 산업혁명시대에는 벤처창업을 활성화하고 신성장산업을 육성하기 위해 규제철폐가 중요한데 별 진전이 없는 것 같다.**

이용섭 : 일거리가 있어야 일자리가 만들어진다. 일거리는 늘어나지 않는데 일자리만 늘리면 지속 가능성도 없고 좋지 않은 일자리만 늘어난다. 따라서 정부가 가장 긴장감을 갖고 시급히 해야 할 일은 일거리를 만드는 데 걸림돌이 되는 규제를 혁파하는 것이다.[79)]

혁신성장 성공의 필요조건은 규제개혁이다. 규제로 인해 '되는 것이 없는 나라'에서 '안 되는 것이 없는 나라'로 만들어야 혁신성장이 가능하다.

기존 사업은 발전하거나 규모가 커지더라도 일자리는 별로 늘어나지 않는다. 특히 4차 산업혁명은 현재의 기술과 사업형태를 파괴하고 새로운 기술과 비즈니스 모델을 창조하는 것이다. 따라서 현재 있는 것만 허용되고 현재 없는 것을 새롭게 하려면 금지하거나 엄격히 규제하는 현재의 규제방식을 전면적으로 바꾸지 않으면 일자리를 창출하는 산업과 기술과 사업이 생겨날 수 없다.

그동안 각종 규제가 4차 산업혁명 관련 기술 개발과 사업화를 곳곳에서 막고 있다. 따라서 규제가 신산업 성장의 발목을 잡지 않도록 최소 및 자율규제 원칙으로 전환해 나갈 것이다. 신산업분야는 금지된 것 빼고는 다 할 수 있는 네거티브 규제를 도입할 것이

79) 최근 미국에서 근로자 임금이 뛰고 구인난까지 생기고 있다. 이는 경기 회복세에 규제 완화 효과와 감세 등이 더해지면서 기업 투자 증가가 실업률 감소와 임금 상승의 선순환 사이클로 이어지고 있는 것이다. 도널드 트럼프 행정부 출범 이후 규제는 67개나 없어진 반면 새로 생긴 규제는 3개에 불과하다고 한다.

다. 또한 어린이들이 자유롭게 뛰노는 모래 놀이터처럼 규제가 없는 환경을 주고 그 속에서 다양한 아이디어를 마음껏 펼칠 수 있도록 규제 샌드박스도 추진할 것이다. 이를 위해 「정보통신 진흥 및 융합 활성화 등에 관한 특별법」 및 「산업융합촉진법」 개정 등을 추진하고 있다.

그러나 규제 완화는 말처럼 쉽지가 않다. 그래서 이명박 정부에서도 전봇대 뽑기로 상징되는 규제 개혁을 추진했고, 박근혜 정부도 '손톱 밑 가시'에 해당하는 규제 개혁을 추진했으나 큰 성과가 없었다. 더구나 지금은 4차 산업혁명이 이미 진행되고 있어 그때보다 규제 개혁이 훨씬 시급하고 절실하다. 그러나 현재와 같은 인식이 계속된다면 규제 개혁에 큰 성과를 기대하기 어렵고 그 결과 경제발전도 일자리 창출도 기대에 부응하기 어렵다. 더구나 지금의 정부와 여당은 대기업과 성장률에만 도움이 되면 무엇이든지 할 수 있는 보수정권보다 지키려고 하는 가치가 훨씬 많기 때문에 규제 완화에 어려움이 더 클 수도 있다.

또한 지금 있는 규제는 다 필요해서 들어간 것이기 때문에 없애려고 하면 반드시 강력한 저항이나 피해를 보는 계층이 생길 수밖에 없다. 국민의 생명과 안전에 문제가 되는 것 외에는 모두 푼다는 범정부 차원의 공감대와 각오가 형성되지 않으면 실효를 거두기 어렵다. 규제 완화로 인한 기득권자들의 피해는 각종 지원과 재정의 소득재분배 기능을 강화해서 해결해야 한다. 어차피 4차 산업혁명 시대에는 인공지능 등 핵심기술을 가진 경제주체에 부가 집중될 것이므로 재정의 소득재분배 기능이 훨씬 중요해진다.

윤태호 : **4차 산업혁명 시대에는 빅데이터가 중요하지 않나?**

이용섭 : 미래사회에서는 데이터에 상상력과 창의력이 결합되면 일자리가 만들어진다. 노동력에 의존한 직업은 점차 사라지고 데이터에 의존한 직업이 새로 생길 것이다. 정부는 창의력과 상상력이 뛰어난 경제주체들이 빅데이터를 자유롭게 활용하여 혁신적인 창업이 활성화될 수 있도록 공공 빅데이터 센터를 설립하고 공공데이터를 개방할 것이다.

사물 · 동물 · 사람, 그야말로 모든 것이 언제 어디서나 서로 소통하고 연결되는 과정에서 생성되는 수많은 데이터가 클라우드 서버에 저장되고 인공지능(AI)은 빅데이터 분석을 통해 최적의 의사결정을 도와줄 것이다.

윤태호 : **4차 산업혁명이 본격화되면 노동시장에도 큰 변화가 예상되는데, 비정규직을 일괄적으로 정규직화 하는 것은 유연성이 강조되는 4차 산업혁명 시대에 부합하지 않다는 지적이 있는데?**

이용섭 : 4차 산업혁명이 본격화되면 노동시장은 정규직 중심에서 일감이나 프로젝트 중심의 프리랜서 형태로 바뀌어 갈 것이다. 세계경제포럼 보고서에 의하면 현재 18세의 학생이 40세가 됐을 때는 평균적으로 10~14개의 직업을 거쳐 가게 될 것이라는 전망도 있다. 노동의 중심이 직장에서 업무와 일감으로 이동하므로 노동시장의 유연화가 필수적이다. 정부는 이런 미래 노동시장 변화 추이까지 감안하면서 비정규직의 정규직 전환을 추진해 가고 있다.

기업이 해고를 쉽게 하거나 인건비를 줄일 목적으로 비정규직 사용을 남용하는 것은 철저하게 규제해 나가겠지만, 업무 특성상 필요한 비정규직은 기업들이 자율적으로 사용하면 된다. 예를 들면, 일시 휴직한 정규직을 대체하는 보충적 근로, 특정 계절 업무 등 일시 간헐적 업무, 60세 이상 고령자 채용, 일과 가정을 양립하기 위해 본인이 원하는 경우, 고도의 전문적 직무 등이다. 앞으로 실태조사와 노사단체 등과의 논의를 거쳐 비정규직 사용을 제한하는 사유를 법제화함으로써 부작용이 없도록 할 것이다

윤태호 : 일자리 문제는 크게 보면 교육문제와 인재양성과 맞물려 돌아가는 것 같다. 마이스터고와 같은 체계적인 직업훈련도 더 발전시켜 나가야 할 것 같다. 특히 4차 산업혁명 시대의 경쟁력은 사람에서 나온다. 인재 양성을 위한 계획은?

이용섭 : 새 정부는 4차 산업혁명 시대가 필요로 하는 창의력, 상상력, 도전성이 풍부한 개성 있는 창의·융합형 인재를 양성하기 위한 교육혁명을 추진하고 있다. 지난 1, 2, 3차 산업혁명이 인간의 손과 발 등 주로 육체노동을 기계가 대체해 온 과정이라면 AI로 대표되는 4차 산업혁명은 사람의 두뇌 자체를 대체하는 시대를 뜻한다. 4차 산업혁명이 과거와 다른 점은 원료를 집어넣어 물건을 생산하는 단계를 뛰어넘어 상상력을 집어넣어 거대한 혁신 성과를 창출한다는 점이다. 따라서 창의력, 상상력, 도전성을 높이는 교육으로 바뀌어야 한다.

4차 산업혁명은 교육 체계의 근본을 흔들고 있다. AI의 등장으로 교육자를 통한 전달식 교육과 학사·석사·박사 등의 구분이 무의미해지고 있다. 박사보다도 하루아침에 AI가 훨씬 더 높은 수준의 지식을 가질 수 있기 때문이다. 기술 발전으로 인해 고학력·숙련 기술자만 살아남을 수 있다는 기존 생각이 바뀌고 있다. 한발 더 나아가 고교 과정을 더 늘려 AI 경제에 알맞은 기술과 지식을

배우는 커리큘럼을 구축할 필요가 있다.

4차 산업혁명이 변화시킬 미래를 대비하기 위해서는 현재와 같은 입시 위주의 주입식, 암기식 교육으로는 경쟁력을 확보할 수 없으므로 창의성과 상상력, 소통과 협업 능력을 키우는 교육체계로 혁신해야 한다. 직업계고(특성화고 · 마이스터고)의 교육 · 훈련 과정을 현장 맞춤형 직업교육 · 훈련 프로그램으로 개편해야 한다. 변화하는 노동시장 수요에 대응할 수 있는 직업훈련 기회를 제공하여 근로자의 적응력을 높여 나가야 한다. 우리 아이들에게 4차 산업혁명 시대의 어떠한 변화에도 살아남을 수 있는 창의력이나 '배우는 방법'how to learn을 가르치는 교육을 하는 것이 현 시대에 주어진 과제이다. 따라서 암기 잘하고 스펙 좋은 범용성 있는 산업사회형 인재교육에서 벗어나 창의 · 융합형 인재를 키우는 교육개혁이 절실한 것이다.

이런 점에서 미래 일자리 문제는 교육문제와 연동되어 움직인다. 좋은 직업을 얻기 위해 좋은 대학을 가야하고, 좋은 대학을 가기 위해 초등학교 때부터 주입식 사교육과 선행학습을 받아야 하는 학습경로는 성실 근면하고 암기 잘하면서 좋은 스펙을 지닌 산업사회가 필요로 하는 표준화된 인력들을 공급하였다. 그러나 이러한 학습경로를 바로잡지 않고서는 미래 일자리가 창출될 수도 없고 디지털시대가 요구하는 창의력, 상상력, 도전성이 풍부한 개성 있는 창의 · 융합형 인재도 키울 수 없다.

또한 변화하는 노동시장 수요에 대응할 수 있는 직업훈련 기회를 제공하여 근로자의 적응력을 높여 나가야 한다. 학벌과 같은 스펙 중심의 채용에서 벗어나 직무와 관련된 자질과 능력과 실력이 중시될 수 있도록 공공부문부터 블라인드 채용을 의무화하는 등 채용 시스템도 개선해 나가고 있다.

윤태호 : 지난해 12월 12일 열린 4차 일자리위원회에 장병규 4차산업혁명 위원회 위원장도 참석하였는데 특별한 이유라도 있는가?

이용섭 : 당시 의결 안건이었던 과학기술과 정보통신 일자리 창출방안이 4차산업혁명위원회와 관련이 있기도 했지만 미래 일자리 혁명에 대응하기 위해서다. 4차 산업혁명이 본격화되면 기존 일자리가 없어지고 새로운 일자리가 생겨나는 과정에서 국민들의 일자리 불안이 커질 것이다. 두 위원회가 유기적인 협력을 통해 사전에 선제적으로 대응해서 일자리 위기에 대비하기 위한 것이다. 어떤 업종에서 얼마나 일자리가 줄어들고 새로운 산업에서 얼마나 새롭게 늘어나는지 분석해서 재취업을 위한 훈련 및 재취업 서비스 체계도 혁신하고, 실업이 두렵지 않은 소득안정 시스템도 구축해야 한다.

윤태호 : 기업들은 정부가 고용안정성만 강조하고 고용유연화에 대해서는 관심이 없다면서 이래서는 혁신 성장도 기업의 경쟁력도 확보할 수 없다는 주장인데?

이용섭 : 우리나라의 고용 유연성이 선진국에 비해 떨어지는 것은 사실이지만, 지금은 고용의 유연성보다 안정성을 확보하는 것이 보다 시급한 과제다. 현재 우리 경제의 고용 여건은 그간 누적된 불평등 · 불공정에 따라 비정규직이 크게 증가하였고, 일부 대기업 근로자 등을 제외하고는 고용의 안정성이 크게 훼손되어 기울어진 운동장의 형태다. 이를 바로잡기 위해 우선은 유연성보다 안정성에 정책기조의 무게를 둘 수밖에 없는 상황이다. 과도한 사회 양극화와 이로 인한 분열과 갈등을 극복하지 않고서는 한발자국도 앞으로 나아갈 수 없는 것이 우리의 현실이다. 근로자들의 일자리 안전망을 강화하고 최저임금을 적정 수준으로 올려야 소비가 살아나고

경제가 활력을 되찾는 선순환 경제를 만들 수 있다.

그러나 4차 산업혁명을 앞두고 고용의 안정성만을 강조하면 혁신성장이 촉진될 수 없고 일자리도 만들어질 수 없다. 또한 4차 산업혁명에 따라 근로형태가 다양화될 경우 노동시장의 유연성 제고가 중요해진다. 특히 4차 산업혁명이 본격화되면 기존 일자리가 사라지고 새로운 일자리가 생겨나는 과정에서 많은 실업과 고용 불안정이 불가피하다. 따라서 4차 산업혁명의 본격적인 도래에 대비하여 실업이 두렵지 않은 소득안정성, 혁신성장을 위한 고용유연성, 재취업을 위한 훈련 및 고용지원시스템이 유기적으로 연계되는 「일자리 안정유연모델」을 새 정부 임기 중에 반드시 확립해야 할 것이다. 물론 밀어붙이기 식이 아니라 사회적 대타협을 통해 이루어져야 한다.

그리하여 우리나라도 복지 선진국처럼 해고가 쉽게 이루어지더라도 튼튼한 사회안전망을 기초로 먹고 살 수 있는 적정소득이 보장되고 다시 일자리로 돌아갈 수 있는 적극적인 재교육과 고용지원 서비스가 갖추어지게 되면 고용유연성도 함께 현재보다 높여가야 한다.[80)]

윤태호 : 소득안정 시스템은 무엇을 뜻하고 이를 구축하기 위해 어떤 노력을 할 것인지?

이용섭 : 실업이 두렵지 않은 고용안전망이 있어야 노동자들이 구조조정을 수용할 수 있고 젊은이들의 창업을 촉진할 수 있다. 그러나 우리는 선진국과 비교할 때 고용안전망이 부실한 입장이다. 특히

80) 덴마크의 경우 직장을 잃어도 실업급여로 90% 수준의 봉급을 받을 수 있고 효율적인 훈련·교육체계로 실업자의 재취업도 용이하다.

우리나라의 소득 안정시스템이 다른 선진국에 비해 취약하다. 실업급여 수준도 낮고 최대 지급기간도 우리는 8개월인데 독일은 2년, 프랑스는 3년이다. 정부는 고용보험 보장성을 2022년까지 OECD 수준으로 개선하려고 하는데 그 첫 단계로 실업급여 지급수준을 단계적으로 인상(평균임금 50% → 평균보수의 60%)하고 실업급여 수급기간도 연장(90~250일 → 30일 이상 연장)할 계획이다. 또한 지금은 18개월 간 180일 이상 근로해야 고용보험 혜택을 받을 수 있으나 앞으로는 1주 15시간 미만으로 일하는 초단시간 근로자의 경우에는 24개월 간 180일 이상으로 실업급여 수급요건을 완화할 예정이다. 행복순위 1위 국가인 덴마크의 비결은 해고도 쉽고 재취업도 쉽다는 점이다. 실업급여, 직업훈련, 고용지원서비스 등 고용안전망이 뒷받침되어야 노동유연성도 제고될 수 있다.

또한 전통적 근로형태에 기반한 근로자(employee) 중심의 현행 안전망으로는 프로젝트형 고용 확대, 온라인 플랫폼을 활용한 특수형태근로종사자 확산 등 미래 근로형태 변화에 대응하는 데 한계가 크다. 앞으로 근로형태에 관계없이 모든 일하는 사람(worker)이 실업 시 생활을 유지하고 구직활동을 할 수 있는 소득안정 시스템이 필요하다.

정부에서는 소득안정 시스템 구축을 위해 고용·산재보험 사각지대를 해소하고 보호수준을 강화할 것이다. 단기적으로는 특수형태근로종사자, 자영업자 등 그동안 고용·산재보험의 적용을 받지 못했던 근로자들이 혜택을 받을 수 있도록 고용·산재보험 적용 및 가입 요건 등을 개선하여 고용안전망의 사각지대를 단계적으로 줄여 나갈 것이다.

그리고 청년구직촉진수당의 지원 금액과 대상을 확대하여 만 64세 이하 저소득계층(중위소득 60% 이하)까지 포괄하는 한국형 실업부조로 단계적으로 전환하여 실업에 대한 소득안전망을 보다 강화할 것이다.

중장기적으로는 현재 근로자 중심으로 짜여있는 4대 사회안전망의 체계를 개편하여 근로자가 아니더라도 기본적인 사회안전망의 혜택을 받을 수 있도록 개편해 나가야 한다.

윤태호 : 재취업을 위한 훈련 및 지원서비스 혁신은 어떻게 실현해 나갈 계획인지?

이용섭 : 4차 산업혁명에 따른 일자리 위기를 기회로 전환하기 위해서는 신산업을 육성하는 것과 더불어 기업의 수요와 미래 일자리 환경변화에 유연하게 대응할 수 있는 교육, 훈련 시스템을 갖추는 것이 중요하다.

우선적으로 현장이 원하는 인재, 4차 산업혁명 시대에 필요한 인재를 양성할 수 있는 교육 훈련 체계를 구축해야 한다. 특성화 고등학교를 대상으로 장학금 지원, 전문교육 등을 강화하고, 신기술 교육역량을 갖춘 4차 산업혁명 선도인력 양성기관[81)]을 선정할 계획이다.

그리고 전 생애에 걸쳐 고용현장이 원하는 직업능력개발이 이루어질 수 있도록 평생직업능력개발 지원 체제를 마련하고 직업능력개발의 물리적 · 경제적 사각지대를 해소해 나갈 것이다. 매 10년 생애전환기에 경력경로를 설계하고, 직업능력개발을 위한 진단, 상담, 교육 · 훈련이 가능한 평생 경력진단 시스템을 구축하는 한편, 원하는 시기에 특정 분야의 능력을 익힐 수 있도록 온라인 강좌와

81) 빅데이터, 사물인터넷 등 미래 핵심기술 분야 선도 훈련기관(대학교, 기업, 민간 훈련기관)을 공모를 통해 선정 후 고급훈련 실시

현장실습으로 구성된 단기교육과정(한국형 나노디그리Nano-degree)을 운영하고, 국내 유수 대학의 명품강좌 콘텐츠K-Mooc 강좌를 확대할 것이다.

특히 신중년에 대한 취·창업 역량을 강화하기 위해 '폴리텍 신중년 특화 캠퍼스'를 확대하고, 직무수행에 필요한 디지털 능력을 습득하는 기초 ICT 과정을 보급·확산할 것이다.

직업능력개발의 사각지대 해소를 위해 시간·장소와 관계없이 직무역량을 제고할 수 있는 스마트 직업훈련 플랫폼을 구축·운영함과 동시에 저소득층, 장애인 등 소외계층에 대한 평생교육비 지원 및 영세 자영업자·특수형태근로종사자 대상 직업능력개발계좌 신설을 통해 누구나 평생교육기회를 제공받을 수 있도록 하겠다.

평생직업능력개발과 함께 고용시장 구조조정이 상시화될 것을 대비하여 실업자의 노동시장 복귀를 지원하는 공공 고용서비스 인프라를 확충하고 고용서비스의 전문성을 제고할 것이다. 고용복지센터를 단계적으로 확대하고, 「구직 → 훈련 → 고용·산재보험 급여수급 → 재취업」 등 개인별 고용서비스 이력을 제공·관리하는 '국가 일자리정보 플랫폼'을 구축하는 한편, 고용복지+센터 담당인력의 분야별 전문성을 높여 양질의 취업서비스를 제공하겠다.

4차 산업혁명에 능동적으로 대응해 나가기 위해서는 미래인재를 체계적으로 육성하고 활용할 수 있는 인프라를 구축하는 것이 중요하다. 일자리·인력수급 예측 시스템을 고도화하고, 자격－학력－교육·훈련－일(경험)이 상호 연계될 수 있는 역량체계SQF, Sectoral Qualification Framework 등을 구축해 나갈 것이다.

윤태호 : **디지털 혁명 시대의 경쟁력은 사람이다. 디지털 인재 육성을 위해 어떤 생각을 가지고 있는가?**

이용섭 : 정부가 백만 디지털 혁신인재 양성 계획을 수립하고 하루빨리 추진해야 한다는 입장이다. 4차 산업혁명 시대에 국가와 기업의 경쟁력은 유능한 디지털 혁신인재를 얼마나 많이 빨리 확보하느냐에 달려 있다.[82] 디지털 혁신의 경쟁력이 국가 간 위상 변화를 가져올 것이기 때문에 세계는 지금 전방위적 디지털 혁신경쟁 시대에 들어섰다. 4차 산업혁명이라는 이 큰 변화의 두 축은 미국과 중국이다. 그 뒤를 독일과 일본 등이 뒤따르는 형국이다. 제조업 기반으로 압축 성장한 대한민국이 새로운 시대에 생존하고 번영하기 위해서는 세계 5위권 내의 디지털 혁신 경쟁력을 키워야 한다.

이러한 국가 디지털 경쟁력의 근원은 "풀뿌리 4차 산업혁명을 이끌 통섭형 디지털 혁신인재"이다. 통섭형 디지털 혁신인재는 제조, 금융, 유통, 의료, 미디어, 예술 등 각 분야의 전문 지식과 빅데이터, AI 기반 디지털 혁신 능력을 결합하여 새로운 디지털 시각으로 문제를 조명하고 도전적 실험정신과 새로운 도구로 문제를 푸는 인재를 말한다. 이런 인재가 없으면 아무리 많은 R&D 투자를 하더라도 세계 일류를 만들기 힘들다. 과거의 성공 유산인 '빠른 추종자'fast followers 패러다임의 한계를 넘어서기 위해서는 새로운 디지털 패러다임의 혁신인재가 모든 산업과 국방, 복지, 안전 등 공공 분야 혁신의 중심에 서야 한다.

4차 산업혁명으로 없어지는 일자리 문제에 대한 최선의 답은 글로벌 시장의 미래 일자리 선점이다. 불확실한 4차 산업혁명의 미래

82) 아마존, 구글, 페이스북 등 미국의 디지털 혁신기업들은 전 세계에서 고액 연봉(30~50만 불)의 디지털혁신 인재를 유치하고 있다. 중국의 알리바바, 텐센트, 바이두도 예외가 아니다.

앞에서 가장 확실한 투자는 사람에 대한 투자이다. 미국과 중국 등 디지털 패권 강국으로의 고급인력 유출과 일자리 이탈을 방어하려면 하루 빨리 백만 명의 디지털 혁신인재를 키워야 한다. 학문간 벽이 높은 한국의 대학들은 이런 규모의 통섭형 디지털 혁신인재 양성 준비가 되어 있지 않다. 학부 전공에 상관없이 모든 분야의 대학원생을 선발하여 데이터 사이언스로 통칭되는 빅데이터, AI 기술과 디지털혁신 모델을 교육하고 연구하는 석사과정과 박사과정의 가칭 데이터 사이언스 혁신DS&I, Data Science & Innovation 대학원을 전국의 거점 대학에 단계적으로 설립하는 방안을 검토해야 한다. 시간이 없으므로 준비된 선도대학부터 설립하여 전국적으로 확산시켜가야 한다. 또한 4차 산업혁명에 대비하여 전 세계적으로 데이터 사이언스가 모든 학문의 공통 패러다임으로 자리매김되고 있는 추세를 반영하여 학부 및 기존 대학원 과정에 데이터 사이언스 교과 과정을 추가를 유도해가야 할 것이다.[83)]

제조업 중심의 우리 산업 구조는 글로벌 시장에서 중국과의 경쟁에서 살아남기 위해 제조업 고도화를 추진하면서 일자리는 늘지 않는 딜레마에 빠져 있다. 해법은 소프트웨어와 서비스 분야이다. 제조업의 강국 독일에서도 SW 기업들이 최고의 가치 기업이 되고 일자리도 10년 전에 비해 약 2.5배가 증가하였다.

4차 산업혁명으로 일자리 시장은 급변하는데 비해 인재를 양성하는 우리 대학의 변화는 매우 느리다. 서울대 빅데이터연구원 차상균 원장에 의하면, 데이터 사이언스와 같이 수요가 급속하게 증가하는 분야에 교수와 학생 증원을 하기도 어렵고, 수요가 이미 줄어든 분야라도 급격한 구조 조정이 현실적으로 어렵다고 한다. 우

83) 이 답변은 서울대학교 빅데이터연구원 차상균 원장의 조언을 받았다.

리나라의 컴퓨터, SW, IT 계열 공학 교육으로는 4차 산업혁명 시대에 필요한 탈경계적 통섭형 인재 양성에 질적으로 한계가 있을 뿐 아니라 인구 5천만 나라에서 양성할 수 있는 이런 인재의 수도 절대적으로 모자란다. 인문 · 사회 · 자연 · 의학 · 공학 · 농학 · 예술 등 전 분야에서 가용한 인재를 모두 모아 디지털 혁신인재로 양성하여 각 전문 분야에서 디지털 혁신을 선도하게 해야 한다.

윤태호 : **4차 산업혁명 시대에 우위에 서기 위해서는 벤처 창업이 중요하다는데 우리 젊은이들은 창업을 기피한다. 대책은 무엇인가?**

이용섭 : 한국 경제가 4차 산업혁명 시대에 재도약하고 많은 일자리를 창출하기 위해서는 벤처창업을 활성화해야 한다. 중국의 경우 1년에 약 700만 명이 대학을 졸업하는데 이 중 절반이 창업에 눈을 돌린다고 한다. 그런데 우리나라는 유능한 젊은이들이 창업 쪽으로 가지 않고 공무원, 의사, 변호사, 대기업 등 안정적인 곳으로만 가려고 한다. 이렇게 되면 대한민국의 미래가 암울해 진다.

그러면 왜 창업을 기피하는 것일까? 실리콘밸리의 성공한 창업자들에게 '몇 번 만에 성공했습니까?'라고 물었더니 평균 2.8회라고 답변했다고 한다. 두 번까지는 실패하고 대체적으로 세 번 만에 성공을 했다는 것이다. 그런데 우리는 한 번 실패하면 재기할 수가 없고 신용불량자로 전락하기 때문에 도전을 안 하는 것이다.

새 정부는 4차 산업혁명 대비와 벤처창업 활성화에 박차를 가하기 위해 중소벤처기업부를 신설했고, 4차 산업혁명위원회를 출범시켰다. 또한 일자리정책 로드맵에서는 재정 여력이 부족하더라도 핵심기술이 있고 사업성만 있으면 누구나 손쉽게 창업하고 자금을 모집하고, 판로를 개척할 수 있도록, 또 실패해도 재기할 수 있도록 관련 제도를 개선토록 하였다.

양질의 일자리는 혁신적인 벤처스타트업들이 중소기업, 강소기업 그리고 글로벌 전문기업으로 성장하는 과정에 창출된다. 벤처기업들이 창업 초기의 어려움을 딛고 일자리 창출의 주역으로 성장해야 하는데 우리나라는 창업기업의 5년 생존율이 27%에 머물고 있다.

정부는 벤처기업들이 창업 이후 죽음의 계곡[84]death valley을 극복하고 안정적으로 성장할 수 있도록 크라우드 펀딩과 같은 모험자본 공급 확대 등 초기 자본조달 활성화, 공공구매와 공영 홈쇼핑 확대 등을 통해 초기판로 확보 지원,[85] 벤처기업이 M&A 시 중소기업 지위 유지 및 세제 혜택 등 M&A 활성화, 상장요건 완화, 실패 시 재도전 사다리 구축 등의 다양한 지원책을 강구해 이미 발표한 바 있다.

또한 창업이 활성화되려면 톰 피터스의 지적처럼, '멋진 실패에 상을 주고 평범한 성공을 벌하는' 사회적 환경과 조직문화를 만들어 가야 한다. 모방할 때에는 성공 확률이 매우 높았지만 창업에는 높은 위험이 따른다. 우리 사회는 획일화된 성공방정식을 강요한다. 좋은 학교 나와서 고시를 합격하든지, 의사 · 회계사 등 '사'자가 되면 성공했다고 얘기한다. 창업하다 실패하면 한국은 신용불량자가 되고 미국 등 서구에서는 재도전의 기회가 부여된다. 젊은이들이 도전정신과 모험심을 발휘할 수 있도록 재도전의 사다리를 만들어 주어야 한다.

---

84) 창업 후 3~7년 기간으로 초기자금 소진 이후 본격적인 매출 발생까지의 기간
85) 공공구매 직접생산 예외인정, 공영 홈쇼핑의 창의혁신제품 방송기간 확대 등

윤태호 : 새로운 일자리를 만들어 내기 위해서는 신직업, 즉 창직에 주목해야 한다는 얘기도 있는데?

이용섭 : 그렇다. 일자리 양을 늘리기 위해 주목할 점은 '신(新)직업'을 만들어 내는 것이다. 우리나라는 직업의 종류가 적다. 미국 노동부와 한국고용정보원에 따르면 미국의 직업 종류는 3만 1,286개이지만 한국의 직업 종류는 1만 1,443개에 불과하다. 직업 종류가 적다 보니 늘릴 수 있는 일자리에 한계가 있을 수밖에 없다.

특히 4차 산업혁명이 본격화되면 현재 존재하는 일자리나 직업의 상당 부분이 사라질 것이다. 새로 탄생하는 직업을 주목해야 한다. 아마 '빅데이터'가 일자리의 보고가 될 것이다. 클라우드 컴퓨팅 마케팅 관리자, 유전자 분석 경제학자, 맞춤형 원격진료 분석가, 증강현실 분석가 등이 대표적이다. 앞으로 노동력에 의존한 직업은 점차 사라지고 데이터에 의존한 직업이 새로 생길 것이다. 아울러 인간 본성을 구현하는 직업은 4차 산업혁명 시대에도 살아남는 직업이 될 것이다. 연구,Research 개발,Develop 디자인Design 세 분야는 기계보다는 인간의 활동을 요구한다. 문학과 예술 분야도 주목할 필요가 있다.

미래 새로운 직종의 특징은 국경의 의미가 사라진다는 점이다. 한국시장, 중국시장, 미국시장 식으로 국가별 시장 구분이 무의미해진다. 전자상거래 발달과 결제수단 간소화로 국경을 뛰어넘는 시장이 급속도로 커지고 있다. 이 시장은 먼저 나서지 않으면 잠식당할 수밖에 없다. 혁신적 아이디어 하나로 전 세계를 좌우할 플랫폼을 구축할 수 있게 된다. 그만큼 창작이 중요하다. 전자상거래 분석 기관인 이마케터에 따르면 2015년 기준 중국 전자상거래 시장 규모는 5,630억 달러로 한국(370억 달러)의 15배가 넘는다.

(3) 사회적경제 활성화

윤태호 : **사회적경제는 어떤 경제인가?**

이용섭 : 정부는 시장성과 사회적 가치를 병행 추구하는 사회적경제 분야를 새로운 일자리 창출의 보고(寶庫)로 육성해 나갈 것이다. 사회적경제는 신자유주의 대안 경제로서, 자본주의 시장경제의 문제점을 보완하고 일자리를 늘리며 공동체를 되살리는 착한 경제이다. 노동집약적 사업이라서 고용창출력이 높고 양극화와 고령화 해결에도 도움이 된다. 협동조합이나 사회적 기업처럼 구성원들의 협력 자조를 바탕으로 영리목적을 추구하는 것이 아니라 사회적 가치나 공공의 이익실현을 추구하는 경제활동이다.

예를 들면, 취약계층인 장애인들이 모여 빵을 만들어 그 이익을 장애인 복지를 위해 사용한다던지, 듣지 못해 어려운 사람이 없는 세상을 위해 기존 가격의 1/3 수준인 저가의 보청기를 개발・생산하고 저소득층에게 무료로 보급하는 경우이다.

정부는 2007년 「사회적기업 육성법」 제정 이후, 고용노동부・기획재정부・행정안전부 등 여러 부처에서 다양한 사회적경제 조직을 육성해 왔다. 사회적기업에 종사하는 노동자가 우리나라는 총 고용규모의 1.4%로 EU 6.5%에 비해 크게 낮은 수준이다. EU 수준까지 고용률을 올릴 경우 130만 개의 일자리를 늘릴 수 있다.[86)]

86) 사회적경제 기업 수는 총 14,948개, 고용인원은 91,100명(2016년 기준)

[표 3-9] 주요 사회적경제 조직 현황

구분	사회적기업 (2017. 5. 기준)	(사회적)협동조합 (2017. 4. 기준)	자활기업 (2016년 기준)	마을기업 (2016년 기준)	농촌공동체회사 (2014년 기준)
소관	고용노동부(2007)	기획재정부(2012)	보건복지부(2012)	행정안전부(2011)	농림축산식품부 (2011)
개념	사회적 목적을 우선 추구하면서 영업활동을 수행하는 조직	5인 이상이 모여 조합원 권익 향상 등을 위해 재화 또는 용역 구매·생산·판매 등	2인 이상 수급자 또는 저소득층이 협력, 탈 빈곤을 위한 자활사업 운영	지역 주민이 지역의 자원을 활용하여 소득 및 일자리 창출	농촌 주민·단체가 농촌의 자원을 활용하여 소득창출 및 지역사회 기여
법령	「사회적기업 육성법」	「협동조합 기본법」	「국민기초생활 보장법」	「도시재생 활성화 및 지원에 관한 특별법」	「농어업인 삶의 질 향상 및 농어촌지역 개발촉진에 관한 특별법」
지원 내용	인건비, 사회보험료 지원, 경영 컨설팅, 세제 지원, 판로지원 등	교육, 경영, 컨설팅, 판로지원, 홍보 등	인건비 지원 (기초생활수급자 최대 5년), 사업자금 융자, 창업컨설팅 등	운영비, 교육 및 경영컨설팅, 홍보 지원 등	시제품개발비 생산, 홍보, 마케팅 지원
예산 (2017년)	1,346억	43.25억	• 자활예산 2,900억 • 2016년 자활기업 인건비 지원 17억	67억	16.5억
개수	• 인증 1,709개 • 예비 1,164개	11,250개	1,149개	1,377개	898개
고용 규모	• 총 50,832명 • 평균 17.7명	• 총 9,757명 • 평균 4.3명 (2015년 기준)	• 총 7,629명 • 평균 6.6명	• 총 16,101명 • 평균 11.7명	• 총 19,543명 • 평균 21.8명
매출 규모	• 총 1조 9,677억 • 평균 13.5억	• 총 3,626억 • 평균 2.14억 (2015년 기준)	–	• 총 1,266억 • 평균 0.92억	• 총 9,814억 • 평균 11억
전달 체계	사회적기업진흥원, 권역별 통합지원기관, 지자체		자활센터, 지자체	마을기업지원센터, 지자체	농촌공동체회사 지원센터, 지자체

※ 출처 : 기획재정부

윤태호 : **사회적경제를 육성하기 위해 로드맵에 포함된 내용은?**

이용섭 : 5년 로드맵에서는 사회적경제 3법(사회적가치실현법, 사회적 경제기본법, 사회적 경제기업 구매 촉진 및 판로 지원에 관한 특별법)을 제정하여 사회적경제 활성화를 위한 제도적 기반을 마련토록 하였다. 또한 관계부처 협의체 구성을 통해 통합적인 정책 컨트롤 타워를 구축하도록 하였다.

금융접근성 제고를 위해 공적 금융제도를 확충하고 민간투자환경도 개선하기로 하였다. 또한 판로 확대를 위해 사회적경제 친화적인 공공조달체계 개편, 사회적경제 기업 제품 우선 구매 촉진, 판로지원 통합플랫폼 구축 등을 추진하기로 하였다. 아울러 5개 대학에 사회적경제 관련 학위·비학위 과정 개설 등 대학을 통한 사회적경제 전문인력 양성시스템을 구축하고, 청년 중심의 창업활성화 기반을 조성하기로 하였다.

정부는 2017년 10월 18일에 「사회적경제 활성화 방안」을 별도로 발표하였다.

(5) 지역일자리 창출

윤태호 : **지역일자리 창출을 위해 어떤 내용이 로드맵에 포함되어 있는가?**

이용섭 : 10대 중점과제 중 7번째 과제로 지역 일자리 창출이 들어가 있다. 지역경쟁력이 곧 국가경쟁력이며, 일자리는 지역에 있기 때문이다. 세상은 국가 간 경쟁시대에서 도시 간 경쟁시대로 바뀌었다. 전국이 그 지역의 특성과 개성을 살려 균형 있게 발전해야 국가 경쟁력도 올라가고 일자리도 창출된다.

정부는 일자리 창출을 견인할 신지역혁신 성장거점을 육성하고, 기존 지역인프라(산업단지 · 지역특구 등)는 일자리 중심으로 전환해 나갈 것이다. 공공기관 이전 등 혁신도시의 인프라 조성 사업은 대부분 마무리 되었으나 산업육성에 필요한 공간 부족 등에 따라 자체 역량만으로 성장거점이 되기에는 한계가 있다. 따라서 앞으로는 산업생태계 조성 등 '혁신도시 시즌2'를 추진할 계획이다. 즉, 혁신도시를 중심으로 산단 등 주변 거점을 연계한 '국가혁신클러스터'를 육성해 지역성장거점으로 키워 일자리도 창출하고 지역균형발전도 도모할 계획이다.[87)]

또한 지방투자보조금과 지역산업 그리고 지역인재 채용 지원제도를 지역의 관점에서 재설계할 것이다. 산업단지에 대학캠퍼스와 기업연구소를 유치하여 산 · 학 공동 R&D, 인력양성과 취업을 연계 · 지원할 계획이다. 특히 지방의 우수 인력이 지역 내 기업에 취업하여 지역경제 발전에 기여할 수 있도록 지역인재 채용을 확대할 것이다.

윤태호 : **혁신도시에 이전한 공공기관들의 지역인재 채용 의무화는 어떻게 진행되고 있는가?**

이용섭 : 혁신도시특별법에서는 혁신도시 소재 공공기관이 당해 지역 시 · 도 단위별로 지역인재를 우선적으로 채용할 수 있도록 규정하고 있고 지방대육성법에서도 공공기관의 지역인재 채용을 권고하고 있다.[88)]

---

87) 2017년 12월 기준 혁신도시 10개 준공 완료, 이전 대상 공공기관 153개 중 147개 이전 완료(96%, 4만 3천 명)

88) 「공공기관 지방이전에 따른 혁신도시 건설 및 지원에 관한 특별법」 제29조의 2

2014년 지역인재 우선고용제 도입 이후 성과가 나타나고 있으나 아직 지역의 기대에는 미치지 못하는 수준이다. 공공기관들의 지역인재 채용 현황을 보면 2017년 기준 14.3% 수준에 머물고 있다.[89)]

따라서 대통령께서는 2017년 6월 22일 청와대 수석보좌관회의에서 2022년까지 지역 이전 공공기관이 신규 채용 시 지역인재를 30% 이상 채용하도록 '지역인재 채용할당제'를 운영할 것을 지시하셨다. 지역인재의 취업기회를 확대하고 주민들이 효과를 체감할 수 있도록 하기 위한 것이다.

이에 따라 2017년 9월 19일 제41회 국무회의에 국토교통부와 교육부는 「혁신도시 등 지방이전 공공기관 지역인재 채용 의무화방안」을 보고하였다. 또한 국회 법안심사 등을 거쳐 2017년 10월 24일 「공공기관 지방이전에 따른 혁신도시 건설 및 지원에 관한 특별법」 개정안이 공포되어 이전 공공기관의 지역인재 채용이 의무화되었다.

제도 시행을 위해 이전 지역인재 채용비율 및 기준을 규정한 「공공기관 지방이전에 따른 혁신도시 건설 및 지원에 관한 특별법 시행령」이 2018년 1월 16일 제3회 국무회의에서 의결되었다. 이 시행령은 지역인재 채용비율을 2018년에는 18% 이상으로 하고, 매년 3%포인트씩 높여 2022년에는 30%가 지역인재로 채용하도록 의무화하였다. 또한 시행방식은 이전 지역인재가 목표비율에 미달하는 경우에 합격 하한선 내 지역인재를 추가로 합격시키는 방식

: 이전 대상 지역 소재 대학이나 고등학교 졸업자(예정 포함)를 우선 고용할 수 있다.

「지방대학 및 지역균형인재 육성에 관한 법률」 제13조 : 공공기관과 대기업은 신규 채용인원의 일정비율 이상을 지역인재로 채용하도록 노력하여야 한다.

89) 지역인재 채용률 변화 추이 : 2012년(2.8%) → 2013년(5.0%) → 2014년(10.2%) → 2015년(12.4%) → 2016년(13.3%) → 2017년(14.2%)

으로 하였다. 이를 지키지 않는 공공기관은 앞으로 경영평가 등에서 불이익을 받게 된다.

지역인재는 공공기관 소재 광역시 · 도의 대학이나 전문대를 나온 지원자다. 서울에서 고등학교를 나와도 지방 소재 대학을 졸업하면 지역인재로 분류된다. 다만, 광주 · 전남과 대구 · 경북 지역에서는 지방자치단체 간 협의에 따라 공공기관이 지역인재 선발 시 같은 권역으로 보고 인재를 뽑을 수 있다. 예를 들어, 광주 · 전남 혁신도시(전남 나주시)에 본사를 둔 한전의 경우 광주 · 전남 소재 대학의 졸업생을 모두 지역인재로 인정한다. 경북 김천시에 본사가 있는 한국도로공사는 대구 · 경북 지역 대학 졸업생을 지역인재로 보고 뽑을 수 있다. 고졸 신입 채용에도 같은 기준이 적용된다. 다만, 지역 고등학교를 졸업한 뒤 다른 지역에서 대학을 나온 사람은 해당되지 않는다.

지역인재 의무채용에 대한 예외 조항도 규정되어 있다. 지방 이전 공공기관이라 하더라도 석사 학위 이상의 연구직을 뽑거나 일정기간 이상의 업무수행경력을 자격요건으로 두고 있는 경우에는 의무채용 비율이 적용되지 않는다. 또한 지역본부 또는 지사에서 별도로 채용하거나, 5년 이상 근무를 특정하여 채용하는 경우에도 의무채용 비율을 적용하지 않지만, 지역본부나 지사가 이전지역에 소재하는 경우에는 적용한다. 시험실시분야별 연 채용모집 인원이 5명 이하인 경우도 제외하고 있다. 채용목표제를 적용하기 때문에 지역인재의 점수가 이전 공공기관의 장이 미리 정하여 공고한 합격하한선에 미달하거나, 지원자 수가 부족한 경우에도 이전 공공기관의 장은 지역인재를 채용목표비율 이상으로 합격시키지 아니할 수 있다. 다만, 이러한 경우에도 이전 공공기관은 지역인재 채용을 확대하기 위하여 지역인재를 채용하도록 노력해야 하는 의무를 부과하였다.

지역인재를 대상으로 별도의 시험 전형을 두는 것은 아니다. 일반 지원자와 같은 채용 절차를 거쳐 선발하되, 지역인재 수가 목표치에 미달하면 추가로 합격시키는 방식으로 운영한다.

[표 3-10] 공공기관의 지역인재 채용 현황

지역	대상 기관수	2015년			2016년			2017년		
		전체	지역	(%)	전체	지역	(%)	전체	지역	(%)
합계	109	8,934	1,109	12.4	10,032	1,334	13.3	10,301	1,463	14.2
부산	11	361	85	23.5	366	99	27.0	563	176	31.3
대구	9	430	78	18.1	527	112	21.3	420	105	24.9
광주 전남	13	2,077	296	14.2	2,316	264	11.4	2,444	397	16.2
울산	7	297	30	10.1	797	58	7.3	1,193	54	4.5
강원	11	1,434	157	10.9	1,806	205	11.4	1,936	231	11.9
충북	10	261	25	9.6	318	27	8.5	293	24	8.2
전북	6	472	73	15.5	765	100	13.1	755	109	14.4
경북	8	1,970	192	9.7	1,449	252	17.4	990	185	18.7
경남	10	735	80	10.9	881	99	11.2	1,088	126	11.5
제주	3	39	4	10.3	53	8	15.1	78	5	6.4
충남	2	219	32	14.6	342	59	17.3	346	44	12.7
세종	19	639	57	8.9	398	50	12.6	195	9	4.6

※ 출처 : 국토교통부

윤태호 : **2018년 국가 일자리사업 예산이 2017년에 비해 크게 증가했다. 일자리 예산이 필요한 곳에 신속히 사용되어야 할 텐데 일자리위원회에서는 올해 일자리사업, 어떻게 운영할 방안인지?**

이용섭 : 지난해 말 국회에서 통과된 2018년 국가 일자리사업 예산은 19조 2천억 원으로 2017년(17조 1천억 원) 대비 12.7% 증가한 규모다.[90)]

금년 일자리 예산은 세 가지 방향에서 집행될 것이다. 첫째, 청년들이 일자리 때문에 어려움을 겪고 있으므로 예산을 조기에 집행해서 이들의 고통이 하루라도 빨리 해소되도록 노력할 것이다. 둘째, 그간의 일자리사업에 대한 성과평가 결과를 반영해서 지속가능한 일자리를 많이 창출하는 성과 중심으로 이루어지도록 정비할 것이다. 셋째, 지금까지는 중앙부처가 하향식으로 일자리 사업을 추진해왔는데 앞으로는 지역별 수요가 정확히 반영되도록 상향식으로 추진해서 지자체의 의견이 최대한 반영되도록 할 것이다. 현재는 일자리 사업이 복잡하고 소규모의 사업을 여러 기관에서 경쟁적으로 만들면서 지역에서 일자리사업의 유사·중복이 발생하는 등 비효율이 초래되고 있다. 특히 산업·지역별로 고용문제의 우선순위나 쟁점이 상이함에도 불구하고 중앙에서 일률적·획일적인 정책을 수립하고 시달하는 방식을 취하고 있어 노동시장 생태계의 근원적 개선에 한계가 있다. 앞으로는 일자리사업의 지역별 배분상황을 파악·분석하고 유사·중복사업의 조정 및 중앙부처 사업과의 연계 등 효율화를 추진할 것이다. 고용정책의 관점을 산업·지역 단위 중범위 수준으로 전환하는 등 지방의 현장 의견이 충분히 반영될 수 있도록 상향식 시스템으로 바꾸어 갈 것이다.

---

90) 중앙부처 일자리사업(2017년) : 185개 사업, 17.1조 원
자치단체 자체 일자리사업(2016년) : 4,186개 사업, 2.7조 원

윤태호 : 5년간의 일자리 로드맵이 완성되었으므로 앞으로는 일자리 창출을 위해 지역 현장으로 나가겠다는 말씀을 하셨다. 지역 대토론회를 개최하는 것도 그 일환인가?

이용섭 : 그렇다. 일자리위원회는 로드맵에 담긴 '지역일자리 창출' 과제가 성공적으로 이행되도록 "대한민국 일자리, 지역에서 해법을 찾다"란 주제로 일자리 대토론회를 개최해 오고 있다. 특히 일자리위원회가 전국을 권역별로 나누어 일자리 대토론회를 개최하는 것은 일자리정책이 중앙정부의 노력만으로 성과를 내는 데에는 한계가 있고 중앙과 지방이 유기적으로 긴밀한 협력을 통해 역량을 결집해야 실효를 거둘 수 있기 때문이다.

지역에 소재하는 일자리 관련 중앙 및 지방 관련 기관들과 기업들이 모두 참여하는 지역별 대토론회를 통해 지역의 고용역량을 결집시키고, 막힌 것은 뚫어 주고 부족한 것은 채워 줌으로써 각 지역의 일자리 애로사항을 해결해주고 지역별 특성에 맞는 일자리 사업이 성공적으로 추진될 수 있도록 지원하고 있다. 예를 들면, 지역의 혁신도시를 중심으로 주변 산단을 연계하는 국가혁신클러스터를 구축하고 이를 신지역혁신 성장거점으로 육성하여 지역일자리 창출 동력이 되도록 할 것이다.

2017년 10월에는 강원권, 11월에는 충북권 일자리 대토론회를 개최하였고 12월에는 전라남도에서 세 번째로 개최하였다. 올해 1월에는 청년 일자리 해법을 모색하기 위해 서울시와 청년일자리 토크 콘서트를 진행하였다.

윤태호: '아시아 스마트 농생명 밸리' 조성 등 농식품 분야의 일자리 창출도 중요하다고 생각하는데 이에 대한 견해는?

이용섭: 농업과 식품산업은 우리나라 전체 일자리(2,623만 명) 중 14.5%(379만 명[91])을 담당하는 중요한 산업이며, ICT · BT를 활용한 농업기술 혁신과 고부가가치화는 농식품산업 육성뿐만 아니라 지역경제 활성화, 일자리 창출 등 다양한 효과가 있을 것으로 기대된다.

'아시아 스마트 농생명 밸리' 사업은 문재인 대통령의 후보시절 지역공약에도 포함되어 있는 만큼 농생명 밸리 조성을 위하여 관련 부처와 전라북도가 긴밀히 협력해 나가야 할 것이며, 전문인력 육성 등 일자리위원회 차원에서 지원할 수 있는 부분이 있는지 살펴보고 적극 협력할 것이다.

또한 농식품산업분야는 타 산업에 비해 투자대비 고용효과가 크다. 얼마 전에 젊은 창업가들을 만났는데 KAIST 졸업한 20대들이 모여 스마트팜을 창업해 고수익을 올리고 있다는 얘기를 들었다. 농산업분야는 일자리 창출의 여력이 매우 큰 분야이므로 집중 육성할 필요가 매우 크다.

윤태호: 농업의 6차 산업화와 관련하여 청년이 돌아오는 농촌을 만들 방안은 있는지?

이용섭: 최근 농업 · 농촌의 1차 자원과 가공 · 관광 등 2 · 3차 산업을 융 · 복합함으로써 부가가치를 높이고 일자리를 창출하는 농업의 6차 산업화가 활발하다. 특히 젊고 유능한 청년들의 농업의 6차 산업화를 통한 귀농 · 창업 사례가 증가하고 있다. 정부는 6차 산업

91) 농업 121만 명, 식 · 음료 제조업 40만 명, 외식업 214만 명, 임업 및 목재제조업 4만 명

창업·희망자를 체계적이고 종합적으로 지원하고, '창업 → 인증 → 성장'이 연결되도록 하여 농촌지역에 청년 일자리를 창출하도록 적극적으로 노력할 것이다.

윤태호 : **광주형 일자리 사업에 대한 관심이 높은데 정부차원의 지원계획이 있는지?**

이용섭 : 광주형 일자리 사업은 노사와 시민 그리고 지자체가 참여하는 연대를 통해 적정임금 설정, 임금체계 개편, 노동조합 경영참가 등 혁신을 지향하여 지역경제 활성화와 일자리를 창출하는 모델이다. 광주형 일자리 사업은 취지는 좋으나 아직 성과가 창출되지 않고 있다. 광주·전남은 경제적으로 낙후되고 청년 일자리도 매우 부족한 실정이다. 따라서 문재인 대통령께서 광주형 일자리 사업의 성공을 위해 많은 노력을 쏟고 있다. 그간 일자리위원회를 비롯하여 정부에서 친환경 자동차 투자유치 노력 등 나름대로 다각적인 노력을 해왔다. 지난해 추경에도 광주형 일자리 모델 용역비용으로 3억 원을 계상한 것도 이 사업을 성공시켜 전국으로 확산하려는 의지의 일환이었다. 이런 노력들이 뒷받침되어 자동차분야에서 새로운 투자에 대한 희망이 보여 다행으로 생각한다.

일자리 질 개선 5

(1) 비정규직 남용방지 및 차별 없는 일터 조성

윤태호 : **비정규직의 범위는 어디까지인지?**

이용섭 : 비정규직에 대해 국제적으로 통일된 기준은 없다.[92] 우리나라의 경우 외환위기 이후 비정규직 근로자의 개념과 범위를 둘러싸고 논쟁이 지속됨에 따라 2002년 7월 노사정위원회(비정규근로자특별위원회)에서 노 · 사 · 정 합의로 비정규직 근로자의 개념과 범위를 정했다. 이 합의에 따르면 비정규직 근로자는 고용형태를 기준으로 '한시적 근로자(기간제근로자)', '단시간 근로자(시간제근로

92) 경제협력개발개구(OECD)는 비정규직이란 용어 대신에 임시직(temporary employment)이라는 개념하에 각국의 통계를 수집하여 국제비교를 하고 있다. 임시직에는 기간제, 파견, 일용근로자가 포함된다. 따라서 우리나라의 비정규직 범위보다는 협소한 개념이다.

자)', '파견·용역·호출 등의 형태로 종사하는 근로자(비전형근로자)'이다. 이 밖에 고용이 불안정하고 근로기준법상 보호나 각종 사회보험의 혜택에서 누락되어 사회적 보호가 필요한 근로계층을 취약근로자로 정의했다.

2002년 이후 15년이라는 세월이 흘러 경제·사회 환경이 크게 바뀌었고 이제 비정규직을 과다하게 고용하는 경우에는 불이익을 받게 되므로 비정규직의 개념에 대해 실태조사를 바탕으로 심도 있게 논의할 때가 되었다고 생각한다. 다만, 새로운 합의가 이루어지기 전까지는 이 기준에 따르는 것이 혼란을 줄이는 길이라고 생각한다.

윤태호: 우리나라 비정규직은 얼마나 되나?

이용섭: 우리나라 비정규직은 2017년 8월 기준 654만 명으로 전체 임금근로자 1,988만 명의 32.9%에 달한다.[93] 그러나 사내하청 등 계속근로를 기대할 수 없는 근로자까지 포함하는 사실상 비정규직 근로자는 900만 명에 이른다는 분석도 있다.[94] 특히 비정규직 근로자의 95%가 300인 미만 사업장에 집중되어 있다.

---

93) 1부 [표 1-12] 참조(p.72)

94) 비정규직의 범위를 어디까지로 규정하느냐에 대해서는 논란이 많다. 예를 들어, 고용노동부의 고용형태 공시정보를 보면 2016년 3월 말 현재 현대차가 직접 고용한 비정규직은 3,324명으로 전체 인원의 4.9%에 그치지만 협력사 직원 등 간접 고용인원 약 1만 명을 포함하면 비정규직 비율이 13.2%로 올라간다. 택배업체인 CJ대한통운도 소속 직원 5,378명 가운데 비정규직은 300명이 안되지만, 협력사까지 범위를 확대하면 비정규직이 1만 명으로 늘어난다. 현장 관계자들은 "공정 자체를 외주화한 부분까지 비정규직으로 보는 건 무리가 있다"고 얘기한다.

윤태호 : 이 중 공공부문 비정규직은 얼마나 되며 처우 수준은?

이용섭 : 숫자로 보면 비정규직 문제는 공공부문보다 민간부문이 훨씬 더 문제다. 고용노동부가 2017년 6월 말 기준으로 한 '공공부문 실태조사' 결과에 따르면 852개 공공기관[95)] 전체 근로자 217만 5천 명[96)] 중 비정규직은 42만2천 명으로 총 인원의 19.4%다. 42만2천 명중 기간제가 24만 6천 명이며 파견 용역이 17만 6천 명이다. 이 중 20여만 명이 정규직 전환대상으로 파악되고 있다.

2016년 말 기준으로 공공부문의 고용형태별 월 임금을 살펴보면, 기간제 등은 185만 원, 파견·용역의 경우 210만 원 수준으로 파악되고 있다.

[표 3-11] 공공부문 비정규직 월평균 임금 (단위 : 만 원)

구 분	전 체	중앙부처	자치단체	공공기관	지방공기업	교육기관
기간제 등	185	162	143	226	149	194
파견·용역	210	200	254	234	206	121

※ 출처 : 고용노동부(공공부문 비정규직 고용개선 시스템)

윤태호 : 먼저 비정규직의 정규직 전환 문제부터 얘기해 보자. 비정규직을 정규직으로 전환해야 하는 이유는?

이용섭 : 비정규직 문제는 해당 근로자와 가족의 문제를 뛰어넘어 우리 경제를 더 이상 성장하지 못하게 하고 갈등과 분열을 가져오며, 경제에 주름이 되고 미래에 어둠을 주는 것이다. 우리 경제의 양극화, 빈곤화, 저출산, 가계부채 증가, 높은 자살률 등 각종 사회 문

95) 중앙행정기관, 자치단체, 공공기관, 지방공기업, 국공립교육기관

96) 소속외(파견용역) 인력 121천 명 포함

제를 유발하는 원인이 되고 있다. 비정규직의 고용이 안정되고 처우가 개선되면 많은 긍정적 효과가 있을 것이다. 생산성이 향상되고, 내수도 진작되고, 저출산 문제 해결에도 도움이 되어 경제 선순환 구조에 기여할 수 있다. 궁극적으로는 우리 사회의 소득 양극화와 노동시장 이중구조 해결을 위한 기반이 될 것이다. 따라서 비정규직의 정규직 전환이나 처우개선에 정부가 앞장서는 것은 꼭 필요한 일이다.

윤태호 : 민간부문의 비정규직을 정규직으로 무리하게 전환할 경우 부작용이 우려된다. 소프트 랜딩soft landing 방안은?

이용섭 : 민간부문의 정규직화는 사회적 합의와 국회 입법화를 통해 예측성 있게 추진하고 있고 업무의 특성상 필요한 비정규직은 계속 허용된다. 다만, 기업들이 쉽게 해고하고 인건비를 줄일 목적으로 비정규직 채용을 남용하는 것은 막을 것이다

이를 위해 앞으로 직원 채용은 정규직 채용을 원칙으로 할 것이다. 다만, 업무성격상 비정규직이 필요한 경우를 법령에서 열거하여 기업들에 미치는 부작용이 없도록 할 것이다. 예를 들면, 일시 휴직한 정규직을 대체하는 보충적 근로, 특정 계절 근로 등 일시 간헐적 업무, 60세 이상 고령자 채용, 일과 가정을 양립하기 위해 본인이 원하는 경우, 자체 인력 활용이 곤란한 고도의 전문적 직무, 업종의 성격상 비정규직 채용이 불가피한 경우 등에 대해서는 비정규직을 허용할 것이다. 부작용이 없도록 업계와 협의 및 실태조사를 거쳐 비정규직 사용을 제한하는 사유를 합리적으로 제시할 것이다.

이처럼 기업이 해고를 쉽게 하거나 인건비를 줄일 목적으로 사용하는 비정규직을 없애자는 얘기이지 업무 특성상 비정규직이 필

요한 경우에까지 정규직을 요구하는 것은 아니다. 특히 4차 산업혁명이 본격화되면 노동시장은 정규직 중심에서 일감이나 프로젝트 중심의 프리랜서 형태로 바뀌어 갈 것이다. 새 정부는 이러한 미래 노동시장 변화 추이까지 감안하면서 비정규직의 정규직 전환을 추진해 가고 있다는 점을 말씀드린다.

비정규직 근로자들의 처우를 개선하기 위해 비정규직 차별금지를 법제화하여 불합리한 차별을 해소하고 '동일가치노동－동일임금' 원칙을 확립해 나갈 것이다. 그렇게 되면 기업들이 인건비 절감을 위해 비정규직을 두려는 동기가 많이 줄어들 것이다. 아울러 상시 · 지속적인 업무나 생명과 안전에 관한 업무는 비정규직 사용을 제한하도록 기간제법 등의 개정을 추진할 것이다. 이와 함께 대기업이 과도하게 비정규직을 고용하는 경우 공공조달 참여를 제한하는 등 부담을 늘리는 방안도 검토할 것이다. 다만, 비정규직 사용제한 등은 부작용이 없도록 업계와 협의 및 실태조사를 거쳐 맞춤형으로 추진할 것이다.

인센티브 부여도 함께 추진될 것이다. 중소기업들이 비정규직을 정규직으로 전환하는 경우 세제와 재정에서 여러 가지 지원을 하고 있다. 예를 들면, 기업이 비정규직을 정규직으로 전환하는 경우 정규직 전환지원금을 연 720만 원 한도(월 60만 원)에서 연 960만 원(월 80만 원) 지급으로 확대하여 2017년 10월부터 시행하고 있다.

비정규직 축소를 위해서는 기업, 정규직 노조, 비정규직 등 당사자 모두가 함께 노력해가야 한다. 기업은 당장의 이익 감소보다 장기적인 관점에서 기업 경쟁력과 생산성 제고를 위해 가급적 정규직 채용을 늘려나가야 한다. 정규직 노조는 상생의 차원에서 일정 부분 양보하는 자세가 필요하다. 비정규직은 임금의 급격한 상승 등 무리한 요구보다는 중장기적으로 전체적인 근로조건을 개선해 나가는 방향으로 접근할 필요가 있다.

윤태호 : **비정규직 차별금지법을 만든다고 하셨는데 '동일가치노동—동일임금'을 실현하기 위해 어떤 식으로 개정할 것인지?**

이용섭 : 비정규직에 대한 차별이 시정되면 비정규직 문제가 상당 부분 해소될 것이다. 이런 점에서 동일가치노동—동일임금 원칙을 확립하는 것은 매우 중요하다. 현행 기간제법·파견법에서 차별시정 제도를 두고 있으나, 비교대상이 '당해 사업 또는 사업장에서 동종 또는 유사한 업무를 수행하는 정규직'에 한정되고 있어 실효성이 크게 떨어지고 있다. 우리나라에는 미국과 같은 강력한 차별소송제도가 없고, 유럽국가에서 볼 수 있는 단협을 통한 차별시점 기능이 없으므로 이를 보완하는 것이 필요하다.

앞으로 비교대상 근로자의 범위를 확대하고 차별이 인정되는 합리적 사유의 인정범위는 엄격하게 규정하는 등 비정규직 차별시정 제도를 획기적으로 개선하겠다. 아울러, 차별신청은 개별 근로자가 제기하기 어려우므로 청구인 자격을 노동조합까지 확대하는 방안도 검토되어야 한다. 또한 노동지방관서에 비정규직 차별해소 전담반을 설치하여 불합리한 차별을 해소해 나갈 계획이다.

윤태호 : **비정규직을 과도하게 사용하는 기업들이 사회적 책임을 느낄 수 있도록 고용부담금 제도 등 사회적 부담을 확대할 필요가 있지 않은가?**

이용섭 : 그렇다. 실태조사를 통해 과도하게 비정규직을 많이 사용하는 기업에는 새로운 부담을 주는 방안을 검토하고 있다. 우선 비정규직을 과도하게 사용하는 기업들이 부담을 느끼도록 고용형태공

시제와 기업공시제를 강화할 계획이다. 고용형태공시제는 소속과 노동자 규모 외에 업무내용을 추가로 공시하도록 하면서 파견·용역·사내하도급으로 분류를 세분화하고, 기업공시제는 현재 기업 소속의 비정규직만 공시하도록 되어 있는데, 소속 외 노동자 규모도 공시하도록 개선할 필요가 있다.

말씀하신 고용부담금이란 대기업이 비정규직 사용비율에 따른 부담금을 내면 정부가 이를 정규직 전환 기금이나 비정규직의 교육훈련, 사회보험료 지원 등으로 활용하는 제도다. 고용부담금 제도는 비정규직 사용 부담을 강화하는 가장 직접적 수단이 될 수 있으나, 노동시장에 미치는 영향, 도입의 적정성 등에 대해 노사 간에 상당한 견해차가 있으므로 종합적인 검토가 필요하다. 사용사유를 제한하는 제도가 만들어지고 동일가치노동－동일임금 원칙이 확립된다면 굳이 이 제도까지 도입할 필요는 크지 않을 것이다.

업종별 특징을 고려하지 않고 획일적인 잣대로 일자리의 양과 질을 관리하게 되면 부작용이 있을 수 있다. 정규직을 선호하는 사람들이 대부분이지만 특정 기업에 얽매이기 싫다거나 성과에 따라 받는 인센티브 때문에 스스로 비정규직을 택하는 사람들도 늘어나고 있다. 비정규직 사용을 남용하는 것은 억제해 나가되 노동시장의 탄력성을 해치지 않는 균형적 접근이 필요하다고 본다.

윤태호 : **양질의 시간제 일자리는 일자리 확충에 도움이 된다고 생각된다. 이런 점에서 무조건 시간제 일자리를 비정규직으로 몰아붙이는 것은 옳은 자세가 아니지 않는가?**

이용섭 : 그렇다. 양질의 시간제 일자리는 고용 증가와 소득분배 개선에 기여하고 노동시간 선택의 자유를 보장하며 여성의 일과 가정

의 양립에도 도움이 된다.

그러나 시간제 일자리 확충 정책이 숫자 늘리는 데에만 집착하다 보면 자칫 비정규직 일자리 수만 늘리고 일자리의 질은 더욱 악화시키는 부작용을 가져올 우려가 있다. 특히 시간제 일자리의 확대가 질 좋은 일자리를 감소시킴으로써 전반적인 일자리의 질을 하향평준화하는 방향으로 진행돼서는 결코 안 된다. 따라서 시간제 일자리는 반드시 노동의 질을 높이는 것과 함께 병행되어야 한다.

현재 한국의 시간제 일자리는 비정규직 가운데서도 시간당 임금, 사회보험가입률, 퇴직금과 상여금 등에서 가장 낮은 대우를 받고 있다. 현대경제연구원이 2013년 7월에 낸 '시간제 일자리의 실상과 대응방안' 보고서에 따르면 현재 시간제 근로자는 182만 6천 명으로 그중 양질의 일자리는 3.3%인 6만 명에 불과하다.

현대경제연구원의 분석에 따르면 종사자 수가 다섯 명 미만인 사업체에서 시간제 근로자의 비중은 2006년 17.1%(52.6만 명)에서 2012년 23.4%(79.5만 명)로 급증했다. 또한 5인 이상 10인 미만 사업장에서는 8.7%(22.5만 명)에서 12.9%(39.5만 명)로 증가했다. 반면 300인 이상 사업체에서는 시간제 근로자가 같은 기간 1.8%(3.3만 명)에서 2.3%(4.8만 명) 증가하는 데 그쳤다. 더구나 통계청의 조사에 따르면 '비자발적으로' 시간제 일자리에 종사하는 비중이 2012년 전체 시간제 근로자의 56%에 달한다. 이는 2011년의 OECD 평균인 13.1%보다 크게 높은 수준이다. 결국 시간제 일자리는 근로자의 생활조건에 따른 자발적 선택이 아니라, 원치 않는 상황에서 일자리 부족에 따른 어쩔 수 없는 선택인 경우가 많음을 의미한다.

이들의 평균 근속기간도 1년 6개월로 다른 비정규직(2년 5개월)보다 짧으며 1년 미만 근무하는 경우가 66.3%를 차지하고 있다. 이는 우리나라의 시간제 일자리가 대부분 임시직, 일용직에 불과하다는 것을 보여 준다. 또한 시간제 근로자의 평균 임금 역시 전체 임금근로자의 평균 임금 253만 3천 원의 25.7%인 65만 1천 원에 불과해 55.7%인 141만 2천 원을 받는 비정규직 근로자보다도 적다. 이와 함께 시간제 근로자의 복지 수준도 매우 열악하다. 퇴직금은 12.0%만이 받고 있으며 상여금을 지급받는 경우도 17.3%에 불과하다. 시간외수당은 8.6%, 유급휴일은 8.7%만이 혜택을 받고 있다. 특히 국민연금의 직장가입률은 13.9%이며 건강보험은 17.2%, 고용보험은 16.3%만이 가입되어 있는 현실이다.

결국 이들 시간제 일자리를 확대해 고용을 늘리기 위해서는 무엇보다 시간제 일자리가 양질의 일자리로 전환되어야 한다. 그러자면 시간제 일자리에 대한 고용이 안정되어야 하고 4대 보험 등 근로조건과 복리후생이 정규직과 차별되지 않아야 한다. 다시 강조하면 시간제 일자리정책이 노동자들을 위한 일자리 다양화 차원에서 추진되어야 할 것이다.

(2) 최저임금 인상

윤태호 : 2018년 최저임금이 16.4% 인상되었다. 인상 배경과 효과 전반에 대해 설명해 달라

이용섭 : 금년 최저임금 16.4% 인상(6,470원 → 7,530원, 1,060원 인상)은 크게 3가지 중요한 의미가 있다. 첫째, 저임금 근로자들의 인간다운 삶을 보장하기 위한 것이고, 둘째는, 사회양극화를 완화하여 사회통합을 이루기 위한 것이며, 셋째는, 가계소득 증가를 통해 소비와 투자를 늘려 질 좋은 성장을 이끌어 내는 소득주도성장을 뒷받

침하기 위한 것이다.

그간 우리나라의 저임금근로자[97] 비율은 OECD 최고수준으로서 양극화와 불평등 심화의 원인이 되었다.[98] 이러한 이유 때문에 지난해 대선 때 모든 후보들이 최저임금 1만 원 달성을 공약한 바 있다.[99]

최저임금 16.4% 인상은 글로벌 금융위기 이후 저성장 궤도에 들어선 이래 가장 높은 수준의 인상률이어서 일자리 질이나 소득 개선에는 긍정적이지만, 고용량에는 부정적인 영향을 줄 가능성이 있다. 특히 비숙련 노동자들의 실업을 증가시킨다는 분석도 있다.

따라서 정부는 영세 중소기업들의 인건비 부담을 덜어 주기 위해 최근 5년 최저임금 평균 인상률(7.4%)을 초과하는 부분(9%포인트 증가분)에 대해서는 재정에서 약 3조 원을 일자리안정자금으로 직접 지원하기로 했다. 이외에도 신용카드 수수료 인하와 부가가치세 경감 등 경영 여건을 개선하기 위한 다양한 지원대책을 발표했다.

더 나아가 고용보험 가입조건 및 국민연금, 건강보험을 포함하는 사회보험료 지원을 결합해 저임금 부문의 사회적 보호수준을 개선하는 대책까지 함께 내놓은 상태이다. 앞으로 잘 관리해 간다면 저임금 근로자의 임금수준을 높여 소득 개선에 기여하는 한편, 그간 저임금 부문의 최대 문제로 꼽혀 왔던 낮은 사회적 보호수준(실업급여, 연금 등)까지 획기적으로 개선하는 중대한 계기가 될 것이다.

---

97) 저임금근로자는 임금 중위값의 2/3미만을 받는 근로자를 말한다. 2016년 기준 우리나라의 저임금근로자 비중은 23.5%로 OECD 20개 국가 중 3위 수준이다.

98) 기업과 가계소득의 양극화를 보면 2000년~2016년 소득이 기업은 255% 증가하였으나 가계는 138% 증가에 그쳤다. 가계소득의 70%를 차지하는 근로소득의 확충이 시급하다. 소비성향이 높은 저임금근로자의 소득이 확충되면 내수 확대에 기여할 것이다,

99) 문재인 · 유승민 · 심상정 후보는 2020년까지, 홍준표 · 안철수 후보는 2022년까지 1만 원달성 공약

다만, 사업주에 대한 이처럼 큰 폭의 임금보조 프로그램의 집행은 처음인 만큼 면밀한 모니터링을 통해 실제 집행과정에서 발생하는 문제점을 보완해 나가는 한편 최저임금 인상에 따른 부작용 최소화를 위해 중소기업이나 자영업자들의 어려움을 해소해 주는 다양한 후속대책을 추진해야 할 것이다.

윤태호 : **최저임금 인상은 부작용이 많은데 꼭 추진해야 하는가?**

이용섭 : 부작용이 없는 정책은 없다. 아무리 좋은 약도 부작용이 있는 것처럼 아무리 좋은 정책도 부작용은 있다. 다만, 치료 효과가 크다면 부작용을 최소화해서 약으로 사용해야 하는 것처럼 최저임금 인상 역시 부작용을 최소화하면서 반드시 가야 할 방향이다. 그러나 언론이나 이해관계 단체들이 큰 긍정적 효과는 무시하고 부작용만 부각시키면 정책이 성공하기가 어렵다. 국민들께서도 부작용만 보지 마시고 그보다 훨씬 더 큰 긍정적 효과를 눈여겨 봐주시기 바라고 있다.

윤태호 : **최저임금 인상에 따른 시장의 부작용이 시장 전반에 나타나고 있다. 인건비 비중이 높은 외식업계와 유통업계의 가격인상이 우려되고, 경비원이나 아르바이트생 등 취약계층의 고용 감소가 예상되는데 정부의 대책은?**

이용섭 : 금년 최저임금이 가파르게 인상되다 보니 우리 사회의 취약계층인 소상공인과 영세 중소기업들의 경영환경이 어려워지고 일자리가 줄어드는 부작용이 일부 나타나고 있다. 따라서 정부는 최저임금위원회에서 지난해 최저임금 인상을 발표하자 바로 다음 날

인 2017. 7. 16. 범정부차원의 보완대책을 발표한 바 있다. 이 지원대책은 영세 사업주의 인건비 등의 부담을 경감하고 노동자들의 고용불안을 해소하는 데 초점을 맞추고 있다.

첫째, 금년 인상률 16.4%와 지난 5년 동안 평균 인상률 7.4%의 차이인 9%포인트 인상분에 대해 재정에서 약 3조 원 가량의 일자리 안정자금을 지원하고 있다. 지원대상은 30인 미만 고용 사업주를 원칙으로 하되, 고용위축 가능성이 높은 공동주택 경비 · 청소원 고용 사업주는 30인 이상이더라도 지원된다. 지원요건은 월보수액 190만 원 미만 노동자로서 1개월 이상 고용한 경우에 적용되며 최저임금을 준수하고, 고용보험에 가입한 경우에만 지원한다.[100] 1인당 지원금액은 과거 추세를 상회하는 인건비 추가부담 12만 원과 노무비용 등 추가 부담분 1만 원을 합산한 금액인 13만 원을 지원한다.

둘째, 국민연금과 고용보험 등 사회보험료를 1조 원 수준 경감토록 하였다. 국민연금과 고용보험 부담을 경감하는 두루누리 사업 지원대상(10인 미만)을 월 소득 140만 원 미만에서 190만 원 미만으로 확대하였다. 기존 가입자는 종전대로 고용보험과 국민연금의 사용자와 노동자 부담 보험료의 40%를 지원하는데 대상이 월 소득 190만 원 미만까지 크게 확대된 것이다. 신규가입자는 보험료 지원비율을 과거 60%에서 5인 미만 사업체는 90%, 5~10인 미만 사업체는 80%로 지원을 확대하였다. 또한 자영업자의 고용보험 가입요건을 창업 후 1년 이내에서 창업 후 5년 이내로 완화하였다(2018. 1. 1. 시행).

100) 합법취업 외국인, 5인 미만 농림 · 어업 중 법인이 아닌 농가 · 어가의 노동자, 초단시간(주 15시간 미만) 노동자, 신규취업한 만 65세 이상자 등 고용보험 적용대상이 아닌 경우에는 미가입자도 지원된다.

셋째, 영세사업자의 신용카드 수수료 부담을 완화하기 위해 우대수수료율 적용 대상을 확대하였다. 예를 들어, 연 매출액이 2~3억 원인 가맹점의 경우 수수료율이 1.3%에서 0.8%로 0.5%포인트가 줄어들게 된다. 연 매출액 3억 원인 소상공인은 연 150만 원이 절감된다.

[표 3-12] 영세사업자의 신용카드 수수료율 개선 방안

연매출액	적용 수수료율		가맹점 수(추정)
	기 존	개 선	
2억 원 이하	0.8%	0.8%	180.5만 개
2~3억 원	1.3%	0.8%	18.8만 개
3~5억 원	2.0% 내외	1.3%	26.7만 개

또한 소액결제 업종(편의점 · 슈퍼마켓 · 제과점 등)의 카드 수수료 부담 완화를 위해 카드수수료 원가 항목인 밴(Van) 수수료 부과방식을 결제건별로 동일금액을 부과하는 방식(정액제)에서 소액결제일수록 낮은 수수료를 부과하는 방식(정률제)으로 개선한다(2018년 7월 시행).[101)]

넷째, 부가가치세 등 세금 부담을 완화했다. 연매출 4억 원 이하 개인음식점 사업자에 대한 의제매입세액 공제율을 상향(8/108→9/109, 2년 한시) 조정했고, 의료비 · 교육비 등 세액공제 대상 성실사업자 요건을 완화했다.[102)] 중소기업에 근무하는 중 · 저소득 근로

101) 카드수수료는 신용카드사가 가져가는 수수료와 결제 시스템을 관리하는 밴사가 가져가는 수수료로 나뉜다. 밴 수수료가 현재는 건당 약 100원이지만 7월부터 결제금액의 약 0.2%로 바뀌면 빈번한 소액결제를 하는 소상공인에게 도움이 된다. 제도 개선으로 혜택을 받는 가맹점은 약 10만 개, 가맹점당 평균 0.3%포인트(연간 270만 원)의 카드수수료율 인하 효과를 기대한다.

102) 장부기장 의무(복식부기 → 간편장부), 수입금액 요건(3년 평균액의 90% 초과

자의 임금 증가를 유도하기 위해 근로소득증대세제[103]의 일몰기한을 2017에서 2020년으로 3년 연장하고 중소기업의 세액공제율을 10%에서 20%로 상향 조정했다. 다만, 적용대상 근로자 범위는 총급여 1.2억 원 미만에서 7천만 원 미만의 중·저소득 근로자로 조정하였다.

다섯째, 금융채무 부담을 완화하였고 재창업도 지원하고 있다. 영세 소상공인에게 낮은 금리(1.0~1.3%포인트 인하)와 보증료를 적용하는 상생대출 프로그램(1.2조 원 규모)을 출시하였다(2017. 12. 29., 기업은행). 성실 실패자의 재창업 지원을 위해 채무 감면율을 최대 75%까지 확대하고 보증비율도 50%에서 80%로 확대하였다(2017년 9월 시행).

여섯째, 최저임금 인상 시 로열티·필수물품 공급가격 등 가맹금을 조정하도록 표준가맹계약서를 개정하였다(2017. 12. 29.). 또한 최저임금 인상 등으로 노무비 변동 시 수급사업자의 하도급대금 조정·협의 신청권을 신설(하도급법 개정, 2017. 12. 29. 국회 통과)하였다. 가맹본부의 보복행위 금지규정을 신설하고, 보복행위에 대한 징벌적 손해배상 제도를 도입(가맹사업법 개정, 2017. 12. 29. 국회 통과)하였다.

정부는 지난해 7.16 지원대책에 추가하여 금년 1월 18일 중소벤처기업부 등 관계부처 합동으로 소상공인 영세중소기업 보완대책을 발표하였다.

첫째는, 소상공인들이 가장 많은 부담을 느끼는 상가임대료 부

→ 50% 초과)

103) 직전 3년 평균임금증가율을 초과하는 임금증가분에 대해 중소기업 20%, 중견기업 10%, 대기업 5% 세액공제

담을 완화하고 안정적인 임차환경을 조성하는 것이다. 보증금과 임대료 인상률 상한을 현재 9%에서 5%로 인하한다(2018년 1월 26일 시행). 그리고 「상가건물 임대차보호법」의 보호범위를 정하는 환산보증금[104]을 지역별로 50% 이상 인상하여 전체 임차인의 약 95%가 상가임대차법의 보호를 받을 수 있도록 하였다.

둘째, 대규모 점포에 대한 입지와 등록 그리고 영업규제를 강화하여 골목상권과 소상공인들을 보호한다(유통산업법 개정사항). 복합쇼핑몰을 영업 규제(영업시간 제한, 의무휴업일 월 2회 지정) 대상에 포함하되 복합쇼핑몰 내 영세 소상공인이 운영하는 점포는 대상에서 제외된다.

셋째, 영세 소상공인의 안정적 생업보전과 소득증대 등을 위해 「소상공인 생계형 적합업종 특별법」(국회 계류 중)을 제정한다.

넷째, 청탁금지법을 개정하여 농축수산물(화훼 포함) 및 농축수산가공품에 대한 선물 가액 상한을 5만 원에서 10만 원으로 상향조정했다(2018. 1. 17. 시행).

다섯째, 공무원 맞춤형 복지비 중 온누리상품권·고향사랑상품권 등 골목상권 전용화폐 지급비율을 10%에서 30%로 상향조정했다(공무원 맞춤형 복지제도 업무처리기준 2017. 12. 28. 개정).[105]

또한 지자체 자율로 아동수당을 골목상권 전용화폐로 지급할 수 있도록 법적 근거(아동수당법)를 마련하고, 9월부터 지급되도록 추진한다.

지역상권 매출 증대를 위해 특정지역 내 소상공인 업체에서만 사용 가능한 고향사랑 상품권의 제도적 기반을 마련하기 위해 「고

---

104) 환산보증금 = 보증금 + (차임 × 100). 예를 들면, 서울의 경우 2018년 1월 26일부터 환산보증금이 4억 원에서 6억 1천만 원으로 인상된다.

105) 공무원 온누리상품권 지급액 : (2017년)843억 원 → (2018년)2,529억 원

향사랑 상품권 이용 활성화에 관한 법률」 제정(2018년 9월~)을 추진한다.

여섯째, 소상공인과 중소기업의 자금부담을 완화하기 위해 2.4조 원 규모의 융자나 보증을 제공한다. 소상공인·중소기업 등이 고용을 유지하는 경우 시중보다 낮은 금리의 대출 프로그램(1조 원)을 제공한다(2018. 2. 1. 출시, 기업은행).

소상공인·중소기업 정책자금도 확대한다. 최저임금 인상으로 경영부담이 급격히 증가한 소상공인의 금융부담 완화를 위해 1조 원 규모의 특례보증 신설(2018년 2월),[106] 소상공인 일반경영안정자금을 긴급융자자금으로 운용(2,000억 원)하고, 낮은 금리 적용(일반 2.94% → 긴급 2.5%), 중소기업 긴급융자자금(500억 원)에 적용되는 금리 인하(3.35% → 3.0%), 청년근로자 신규채용 등 일자리를 적극 창출하는 소상공인 대상「청년고용 특별자금」대폭 확대 및 한도·금리 우대(2018년 1월)[107] 등이다.

이러한 추가 대책 외에도 최저임금이 오르면 그만큼 소비 증가와 내수증대로 이어져 자영업자들의 소득증대에 기여하는 효과도 있을 것이다. 정부의 확고한 의지는 우리 사회의 어려운 계층인 저임금 근로자들의 행복을 위해서 결코 또 다른 취약계층인 영세 자영업자와 중소기업들을 어렵게 하지는 않을 것이란 점이다. 정부는 최저임금 인상에 따른 시장의 변화를 예의주시하고 있다. 계속 모니터링하고 추가 보완대책을 세워 나갈 것이다. 그러니 최저임금 인상과 관련하여 부작용만 부각시키지 말고 긍정적 효과를 최대한 살려 나가 주시기 바란다.

---

106) 보증료율 인하(1.0 → 0.8%), 보증한도 7천만 원, 100% 전액보증

107) (2017년)500억 원 → (2018년)2,000억 원, 금리 2.74%(1/4분기), 한도 1억 원

윤태호 : 최저임금 인상분 일부를 정부 재정(세금)으로 보전하는 것은 바람직하지 않다는 지적이 많은데 내년에도 재정으로 최저임금 인상분 일부를 보전해 줘야 한다고 보는지?

이용섭 : 정책은 선택이다. 최저임금 인상분 일부를 재정에서 보전해 주는 것은 재정건전성을 저해할 수 있어 바람직하지 않다고 보는 측면이 있는가 하면 저임금 노동자의 처우개선과 영세기업의 임금 부담을 덜어주기 위해 불가피한 조치라는 측면도 있다. 정부는 후자를 선택한 것이다. 다만, 이로 인해 재정건전성이 저해되는 일이 없을 것이다.

또한 최저임금 상승에 따른 소비진작 효과 등이 나타나기 시작하면 소상공인과 자영업자들의 임금지급 여력도 나아질 것이다. 아울러 다양한 소상공인 지원대책으로 인해 전반적인 영업환경이 개선될 것으로 기대한다. 따라서 내년 이후 지원방안은 최저임금 인상의 경제적 효과, 재정지원 효과, 향후 최저임금 인상폭 등을 감안하여 심도 있게 검토할 것이다.

윤태호 : 최저임금을 공약대로 2020년까지 1만 원 수준으로 계속 올려 나가길 생각인지? 아니면 부작용이 크므로 속도 조절을 할 수 있는 것인지?

이용섭 : 대선 때 공약은 2020년까지 최저임금을 1만 원까지 올리는 것이었지만, 이것이 유일한 정답은 아니라고 생각한다. 최저임금을 올려가야 한다는 방향성은 확실하지만, 속도와 폭은 최저임금위원회에서 저임금노동자들의 어려운 상황, 최저임금 상승이 경제와 소상공인들에게 미치는 영향 그리고 내년 이후 경제상황 등을 종합적으로 감안하여 합리적인 결정을 해야 할 것이다.

윤태호 : 최저임금에 상여금을 포함하지 않는 등 제도적 개선도 필요하고 지역별, 혹은 업종별 최저임금 차등제를 도입해야 한다는 주장도 나오고 있다. 최저임금 제도 전반에 대한 검토가 필요하다는 의견도 있는데?

이용섭 : 현행 제도의 개선 필요성이 크다. 최저임금의 기준이 되는 임금의 범위를 합리적으로 개선할 필요가 크다. 최저임금의 취지가 저임금 근로자들이 인간다운 삶을 영위할 수 있는 기본소득을 보장해 주자는 의미이므로 이러한 취지에 맞는 상여금 등은 포함되는 것이 옳다고 본다. 현재는 지급주기가 1개월을 초과하는 임금은 최저임금에서 모두 제외되어 근속수당 · 상여금 · 식비 등이 포함되지 않는다. 각종 수당 지급의 기준이 되는 통상임금은 고정성, 일률성, 정기성 지급액을 모두 포함하고 있는 점을 감안하여야 할 것이다. 또한 최저임금의 결정방식도 개선되어야 할 것이다.

최저임금의 산입범위 등 현재의 최저임금제도 개선방안에 대해 최저임금위원회에서 개선방안을 마련해 고용노동부에 건의하면, 정부는 이를 바탕으로 저임금노동자들의 처우도 개선하면서 영세중소기업에게 불이익을 주지 않는 합리적인 개선방안을 강구할 것이다.

윤태호 : 지난해 기아차 통상임금 판결 패소도 주요 이슈가 되었다. 통상임금 기준도 정비해야 할 필요성이 있어 보이는데?

이용섭 : 현재와 같이 통상임금의 범위를 고용노동부 지침과 판례에 의존하는 것은 안정성과 예측성 차원에서 매우 바람직하지 않다. 노사갈등을 해소하고 투명성을 높이기 위해 근로기준법에서 명확하게 통상임금의 범위를 규정해야 할 것이다.

윤태호 : 왜곡된 임금체계 개편도 추진해야 되는 것 아닌가?

이용섭 : 기업들이 기본급 인상을 회피하기 위해 각종 수당을 신설하다보니 임금구성이 매우 복잡하다. 정부는 임금구조를 단순화·합리화하는 방향으로 임금체계 개편을 추진하고 직무와 능력에 따라 공정하게 보상받는 임금체계가 확산될 수 있도록 적극 지원할 계획이다. 그러나 임금체계 개편은 노사의 공감대와 합의에 따라 자율적으로 도입되어야 하므로 정부는 노사 및 전문가 의견을 적극 수렴하여 공정성·수용성이 있는 임금체계가 구축될 수 있도록 지원해야 할 것이다.

윤태호 : 우리나라 최저임금 시간당 1만 원 시대가 열리려면 가장 필요한 것은 무엇이라고 생각하는지?

이용섭 : 근로자들의 최저임금을 낮추어서 이익을 실현하겠다는 생각을 버려야 한다. 임금은 근로자들에게는 생존에 관한 문제이다. 소상공인 등이 어려운 것은 높은 임대료, 프랜차이즈 관련 비용, 대기업들의 납품단가 후려치기, 매출액 감소 등 다양한 요인이 겹친 것이지 최저임금만의 책임이 아니다.[108] 14년 도소매업 조사를 보면 5인 미만 음식숙박업체의 매출 대비 상가임대료는 9.4%로 인건비 비중보다 0.1% 높은 수준으로 나타나고 있다.

---

108) 2017년 8월 기준 자영업자는 570만 명으로 취업자의 21.3%이다. 이 중 나홀로 사장은 413만 명(72%)이다. 자영업 비용 중 인건비 비중 15~20%이다.

참고 : 최저임금 제도 개요

(1) 의의 : 최저임금제(1988년 도입)는 노사의 임금자율결정원칙을 수정해 임금의 최저수준을 정해 저임금근로자 보호지향, 전 사업장 적용*

* 1988년(10인 이상 제조업, 2개 그룹) → 1989년(그룹 구분 폐지) → 1990년(전 산업 적용) → 1999년(5인 이상) → 2001(1인 이상)

(2) 결정방식 : 27명의 위원(노 · 사 · 공익위원 각 9인)으로 구성된 최저임금위원회에서 합의 또는 표결로 결정

※ 노사 양측은 각각 자기 주장(예 : 인상률 70%, 0%)을 한 후, 노사 중 한쪽이 보이콧 후 노사일방 위원과 공익위원만으로 표결 결정하는 것이 관례화된 상황(30년간 합의 7회, 노 · 사 · 공 표결 7회, 경영계 불참 + 표결 8회, 노동계 불참 + 표결 8회)

(3) 인상 추이 : 2009년 금융위기 전후로 상승세가 일시적으로 둔화되었으나, 매년 7% 이상의 인상률 지속(매년 인상액은 200원 → 400원대로 높아짐)

※ 연 평균인상률(인상액) : 김대중 정부 8.9%(158원) → 노무현 정부 10.6%(299원) → 이명박 정부 5.2%(213원) → 박근혜 정부 7.4%(403원)

- 물가상승률, 경제성장률을 제외한 실질적인 최저임금 인상률은 노무현, 박근혜 정부는 3% 이상 수준(최근 저물가 · 저성장下 높은 인상률 유지)

※ 연 평균인상률 – 물가상승률 : 金 7% → 盧 7.4% → 李 2.6% → 朴 6.7%
※ 연 평균인상률 – (물가상승률 + 경제성장률) : 金 –0.8% → 盧 3% → 李 –0.7% → 朴 3.6%

[연도별 최저임금 추이(전 사업장으로 확대된 2001년 이후)]

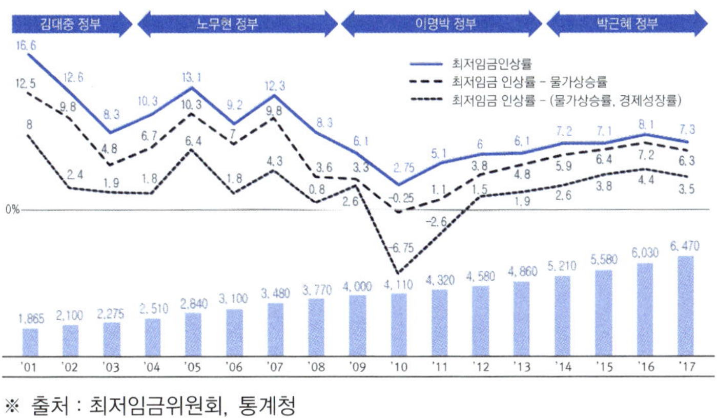

※ 출처 : 최저임금위원회, 통계청

[우리나라 최저임금 수준]

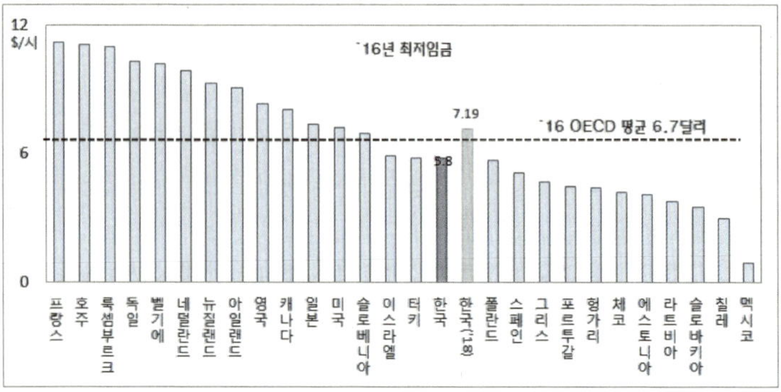

※ 출처 : OECD(2016년 우리나라 최저임금은 구매력 평가환율로 환산 시 OECD 27개 국가 중 16번째로 높은 수준)

[최저임금 미만율 현황]

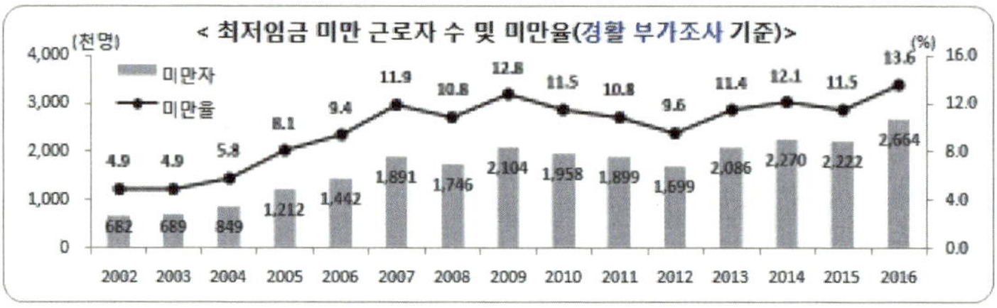

※ 출처 : 고용노동부

(4) 재정부담 : 구직급여, 출산휴가급여 등 16개 법률, 31개 제도가 최저임금을 기준액으로 활용 → 최저임금 인상시 예산부담이 그만큼 증가

(3) 근로시간 단축

윤태호 : **주당 최대 근로시간을 68시간에서 52시간으로 줄이면 일부 근로자의 경우 임금도 줄어드는 등 부작용이 있는데 정부의 대처방안은? 국회에서 관련법이 통과되지 않으면 행정처분을 폐기할 계획인가?**

이용섭 : 우리나라 근로시간이 최근 줄어들고는 있지만 여전히 OECD 국가 중 가장 긴 수준이다. OECD 평균보다는 1년에 약 350시간, 독일보다는 700시간 더 많은 일을 한다.

[OECD 국가 연간 근로시간(2016년, 평균 1,707시간)]

- 상위 5개국 : 멕시코(2,348), **한국(2,052)**, 칠레(2,049), 폴란드(1,890), 아이슬란드(1,849)
- 하위 5개국 : **독일(1,298)**, 네덜란드(1,359), 프랑스(1,383), 덴마크(1,416), 벨기에(1,426)

근로시간 단축은 우리의 삶의 질을 높이기 위해 더 이상 미룰 수 없는 과제이다. 현재 국회에 계류 중인 근로기준법 개정을 통해 근로시간의 상한을 현재 주 68시간에서 주 52시간으로 줄이는 것이 정부 입장이다. 다만, 근로시간이 급격하게 단축될 경우 중소기업들은 구인난 등의 어려움이 예상되고, 일부 근로자는 임금이 감소하게 되는 부작용이 있다. 따라서 시행 시기를 기업 규모에 따라 다르게 조정하는 등 입법 과정에서 보완규정을 마련하는 방안을 국회와 협의 중에 있다.

아울러 근로시간 단축에도 불구하고 근로자의 임금수준을 유지하는 중소기업에 대해서는 세제지원 방안을 강구하고, 근로시간 단축을 통해 일자리를 창출한 기업에 재정지원을 하는 등 다양한 방안을 함께 추진할 것이다.

지난해 말 정기국회에서 법률 개정안이 통과되지 못해 너무 아쉽다. 그렇다고 고용노동부 행정해석으로 근로시간을 단축할 경우 많은 부작용이 우려되므로 국회에서 하루 빨리 통과시켜 주길 희망하고 있다.

윤태호 : 버스운전사들의 졸음운전 사고가 계속 일어나면서 근로시간에 제한이 없는 특례 업종 26개 중 일부는 제한을 두어야 한다는 목소리가 높다. 이와 관련해 어떤 구상을 갖고 있는지?

이용섭 : 현행 근로기준법 제59조는 운수업, 물품판매업, 영화제작업, 의료업 등 26개 업종을 '근로시간 특례 업종'으로 분류해 사용자와 근로자 대표가 서면으로 합의하면 합법적으로 연장근로를 무한정 할 수 있게 한 조항이다. 현재 특례를 두고 있는 26개 업종 중 16개는 특례에서 제외하는 것으로 2017. 7. 31. 국회 환경노동위원회 법안소위에서는 합의하였으나, 아쉽게도 환경노동위원회 전체회의에서 통과되지 못하였다. 그러나 400만 명에 이르는 특례 업종을 줄이지 않고는 삶의 질 확보가 어렵다. 국회에서 좋은 해결방안을 논의해 줄 것을 기대하고 있다.

대형버스 안전문제는 국민의 생명 · 안전과 직결되는 문제이다. 정부는 근로기준법을 개정하여 시내버스 · 시외버스 · 마을버스 등 노선버스 여객운송업을 특례 업종에서 제외하자는 입장이고 국회도 같은 입장으로 알고 있다.

윤태호 : 실근로시간을 단축하면 고용률 제고에는 얼마나 영향이 있는가?

이용섭 : 2013년 8월 1일 한국무역협회 국제무역연구원은 근로시간을 OECD 평균 수준으로 단축하면 고용률 70% 달성이 가능하다는 연구결과 보고서를 발표했다.

이 보고서에 따르면 OECD 회원국의 고용률과 근로시간 간의 상관관계를 분석한 결과 근로시간을 100시간 줄이면 고용률이 1.9%포인트 상승하는 것으로 나타났다. 연간 2,090시간(OECD 2위)에 달하는 우리나라 근로시간을 OECD 회원국 평균인 1,737시간으로 단축할 경우 고용률이 6.7%포인트 상승한다는 계산이 나온다. 2013년 6월 기준 우리나라 고용률(15~64세 기준)이 65.1%임을 감안하면 70%를 넘게 된다.

우리나라 근로시간은 세계 최고 수준으로 대표적인 '과로형 근로 시스템'에 속한다. OECD 회원국 가운데 우리나라와 비슷한 유형의 나라로는 에스토니아, 칠레, 이스라엘, 멕시코, 폴란드, 헝가리, 그리스, 터키 등이 꼽힌다. 과로형 근로시스템은 대량생산 체제의 추격형 경제에서는 높은 효율성을 발휘하지만, 혁신과 융합을 기반으로 한 선진경제 단계에서는 부적합하다는 게 보고서의 지적이었다.

결국 고용률을 높이고 우리나라의 현 경제발전 단계에 걸맞은 고용 구조를 갖추려면 근로시간을 단축해 '참여형 근로시스템'으로 전환해야 한다. 보고서는 참여형 근로시스템을 가진 국가로 노르웨이 · 덴마크 · 독일 · 네덜란드 · 호주 · 캐나다 등을 꼽으며, 이 가운데서도 우리나라처럼 제조업 기반이 강한 독일 사례를 벤치마킹할 필요가 있다고 강조했다. 독일은 2003년 고용률이 우리나라와 비슷한 64.6%에 불과했으나, 2008년에는 70.2%로 5%포인트 이상 뛰었다. 2011년 기준으로는 72.6%로 OECD 9위 수준이다. 독일이 선진국으로서는 드물게 5년이라는 짧은 시간에 고용률을 대폭 개선한 것은 근로시간을 연간 1,413시간으로 최소화하면서 직업알선 기능 및 일선 학교의 직업교육 강화 등 강력한 고용정책을 펼쳤기 때문이다.

이 보고서에서 지적하는 것처럼 OECD 회원국의 고용률 변화를 보면 과도한 근로시간만 단축하더라도 5년 내 고용률 70%가 불가능한 목표는 아니다. 과도한 근로시간을 적정화하면 국제적으로 최장시간 노동국가라는 오명을 벗고 삶의 질을 높이고 일자리도 늘릴 수 있다. 주 40시간과 연장 근로 12시간이라는 법정 노동시간만 준수해도 70만 개의 좋은 일자리를 더 만들 수 있다는 분석도 있다.

다만, 어떻게 사회적 합의를 이끌어 내어 근로시간을 선진국 수준으로 낮추느냐, 실노동시간을 단축하면서도 근로자의 임금은 줄이지 않고 기업의 부담도 최소화할 수 있느냐가 관건이다. 더욱 중요한 것은 청년과 여성 등을 위한 좋은 새로운 일자리를 많이 창출하여 고용률을 올려야지, 순전히 시간제 일자리 확충이나 일자리 나누기에만 의존하게 되면 진정한 의미의 고용률 높이기라고 볼 수 없을 뿐만 아니라 또 다른 문제들을 야기할 수 있다.

일자리정책 추진 성과 및 성공 조건 6

윤태호 : 그동안 일자리 창출을 위해 동분서주해 오고 있는데 소감과 우리 사회의 변화는?

이용섭 : 지난 9개월은 국민들의 일자리 고통을 하루 빨리 덜어주어야 한다는 절박감과 새 정부의 성패는 일자리에 달려 있다는 책임감을 가지고 좋은 일자리 창출을 위해 숨 가쁘게 달려온 기간이었다. 새 정부는 인수위 기간 없이 대선 다음 날 출범하다 보니 내각 구성을 하는 데 상당한 시간이 걸렸다. 자칫 국정의 최우선 과제인 일자리정책 추진에 공백이 있을 수도 있었는데 일자리위원회가 컨트롤 타워로서 일자리 100일 계획과 5년 로드맵을 수립하고 일자리 중심의 국정운영 체계를 구축하는 등 일자리정책을 선도함으로써 일자리 기반(인프라)이 구축되는 성과를 남길 수 있었다.

또한 18년 만에 양대 노총과 사용자 측이 일자리위원회에 함께 참여하여 일자리 창출에 힘을 모으고 있다. 기업들은 자율적으로 비정규직을 정규직으로 전환하고 있고 지난해 하반기 채용인원도 늘리기 위해 나름 노력한 것으로 평가된다. 노동계도 무리한 요구를 자제하는 대신에 청년일자리 창출과 비정규직 처우개선에 앞장서고 있다. 일자리위원회 출범 100일이 되는 지난해 8월 23일에는 산별 차원에서 좋은 일자리 창출을 위한 노사정대타협의 최초 성과인 '보건의료 노사정 공동 선언문'을 발표하기도 했다. 이곳저곳에서 많은 긍정적인 변화들이 일어나고 있다. 각계각층과 국민 모두가 함께 노력하여 성공하는 대한민국을 만들어 나가야 한다.

윤태호 : 새 정부 출범 후 9개월이 지났다. 그동안 정부가 다양한 대책을 쏟아 냈지만 백약이 무효라는 얘기도 나온다. 왜 그런가? 국민들이 체감하는 성과가 나오려면 어느 정도 시간이 걸릴 것으로 보는가?

이용섭 : 새 정부가 출범한 지 상당한 시간이 지났는데도 국민이 체감하는 성과가 나타나지 않음에 따라 마치 새 정부의 일자리정책이 실패한 것처럼 주장하는 목소리들이 있다. 그러나 이것은 정책에 대한 이해 부족에서 온 것이다.

정부의 일자리정책 효과는 금년 하반기부터 서서히 나타날 것이다. 그 이유는 두 가지다. 하나는 지난해까지는 정부출범 초기라서 1단계로 좋은 일자리를 많이 창출할 수 있는 인프라 구축에 주력했기 때문이다. 두 번째는 정책효과는 공장에서 라면 만드는 것과는 다르다. 그동안 만들어진 일자리정책들이 국민들이 체감하는 성과로 이어지려면 시간이 더 필요하다. 이것을 정책시차policy lag라고 한다.

그간 만들어진 일자리정책들이 시행되려면 국회에서 예산과 법률이 통과되어야 하고 이에 따라 새로운 투자가 이루어지고 경제가 활성화되어야 비로소 일자리는 늘어나는 특성이 있다. 그동안은 정부출범 초기라서 일자리 기반(인프라) 구축과 국민적 지지기반 확산에 더 많은 노력을 기울여 왔다. 앞으로 이렇게 구축된 일자리 인프라를 바탕으로 일자리정책 5년 로드맵과 J노믹스의 공급부문 발전 전략인 혁신성장과 공정경제 관련 정책들이 제대로 추진되면 적지 않은 성과를 기대할 수 있을 것이다.

또한 문재인 정부가 중점을 두고 있는 공공부문의 일자리 역시 대부분 2018년 이후에 단계적으로 실현될 전망이다. 새 정부 출범 후 2017년에 증원한 공무원과 공기업·준정부기관 인력의 대부분은 '공고-시험-합격자 발표' 과정을 거쳐 실제 채용은 2018년 초에 이루어질 전망이다.[109)]

도로교통에 비유하면 지금까지는 일자리 고속도로 건설에 주력해왔다. 앞으로 국민들이 일자리 차량을 타고 일자리 고속도로를 쌩쌩 달리게 되면 국민들께서도 일자리의 양과 질이 크게 좋아졌음을 체감하실 것이다.

윤태호 : **지금까지 얘기를 들어 보면 문재인 정부 일자리 성과에 대한 기대를 해도 좋을 것 같다. 5년 후 일자리위원회의 최종 목표가 궁금한데 '좋은 일자리 만들겠다' 같은 두루뭉술한 이야기 말고 이명박 대통령의 747, 박근혜 대통령의 474와 같은 목표 수치라든지, 구체적으로 목표 설정을 해준다면?**

이용섭 : 선거공약으로 구체적인 숫자를 제시하면 명쾌하고 분명하기는 하나 의욕적으로 제시하게 되어 구호에 그치는 경우가 많고 목표 달성에 집착하다 보면 편법적인 수단이 동원되기도 하는 부작용

109) 공무원(추경) 합격자 발표
- 2017년 5월~12월 : 경찰 1,104명, 군부사관 652명, 국가 생활안전 819명
- 2018년 1월~3월 : 사회복지 1,500명, 지방 생활안전 1,515명, 교원 3,000명

이 있다. 국민들이 잘 아시는 것처럼 이명박 대통령의 선거공약은 747, 박근혜 대통령의 선거공약은 474이었지만 구호에 그쳤다.[110)]

따라서 문재인 대통령은 후보 시절에 구체적인 수치를 공약으로 내걸지 않았다. 그러나 새 정부는 과거 정부와 차별화된 일자리정책을 체계적이고 효율적으로 추진하고 있기 때문에 임기 내에 일자리 양은 늘어나고 질은 높아지고 격차는 완화되는 성과를 달성할 수 있을 것이다. 그 결과 한국 사회가 직면하고 있는 저성장과 양극화가 완화되어 국민들의 삶의 질도 제고될 것이다. 또한 일자리 양의 대표적 지표인 고용률은 70%대로 진입(15~64세 기준, 2017년 66.6%)하고, 일자리 질의 대표적 국제지표인 임시직 근로자 temporary workers 비중은 2016년 기준으로 21.9%인데 OECD 평균 수준(11.2%)으로 줄어들 것으로 전망한다. 근로조건의 지표인 연간 평균근로시간은 2016년 2,052시간에서 1,800시간대(OECD 평균 1,707시간)로 진입할 것이다.

윤태호 : 일자리정책의 성공 여부가 문재인 정부의 성공 여부를 결정짓는다고 할 수 있는데 일자리정책의 성공 조건이랄까 부탁하고 싶은 것이 있다면?

이용섭 : 우리를 둘러싸고 있는 일자리 여건은 4차 산업혁명의 본격화, 지속적인 기업들의 노동절약적 구조조정, 에코붐 세대들의 본격적인 고용 시장 진입, 중소기업과 벤처창업의 열악한 상황 등으로 매우 어려운 것이 사실이다.

---

110) 747공약 : 7% 성장 → 실제 3.2%, 국민소득 4만불 달성 → 11년째 2만불대, 7위권의 경제규모 → 10위권
474공약 : 4% 성장 → 2.96%, 고용률 70% → 67%, 국민소득 4만불 → 2만불대

따라서 대통령의 강한 의지와 정부의 노력만으로 좋은 일자리를 많이 만드는 데에는 한계가 있다. 일자리정책의 3대 성공 조건은 '노사 간의 양보와 사회적 대타협, 정치권의 협조, 국민적 신뢰'라고 생각한다. 먼저 재계는 격차 해소를 위해, 노동계는 기업의 경쟁력 제고를 위해 조금씩 양보해 주어야 한다. 정치권은 정부가 일자리정책을 적기에 추진할 수 있도록 일자리 예산과 법을 제때에 국회에서 통과시켜 주어야 한다.

국민들께는 노사가 대타협을 이루고 정치권이 협조할 수 있도록 일자리정책에 적극적인 관심과 지지를 부탁드린다. 언론이나 이해관계 단체들은 일자리정책(J노믹스)의 긍정적 효과를 주목해 주기 바란다. 만약 언론이나 이해관계자들이 막대한 긍정적 효과는 무시하고 조그마한 부작용만 부각시키면 아무리 좋은 정책도 성공하기 어렵다.

윤태호 : **일자리정책의 성공을 위해서는 사회적 대타협이 중요하다고 여러 차례 얘기했는데 그 이유는? 대타협을 위해서는 정규직 근로자들을 포함하여 각자가 조금씩 양보해야 하는데?**

이용섭 : 노사 간 양보와 배려가 좋은 일자리 창출의 지름길이며 상생의 길이다. 노사 간, 계층 간에 불신의 골이 깊고 이해관계가 생각보다 크게 상충되면 좋은 일자리 창출은 의지와 정책만으로는 한계가 있고 사회적 타협이나 합의가 매우 중요하다는 생각을 하고 있다. 노사문제는 야구경기와는 달리 완봉승을 기대해서는 안 된다.

사회적 대타협은 노사가 조금씩 양보하고 배려하는 데서 출발한다. 더 많이 가지고 있거나 우월적 지위에 있는 쪽이 더 많이 양보해야 할 것이다. 재계는 격차 해소에 앞장서야 한다. 사회 양극화가 더욱 심화되어 한국의 자본주의 시장경제가 위협을 받게 되면 최대의 피해자는 대기업이 될 것이다. 기업들은 당장의 이익 감소보다 장기적인 관점에서 기업 경쟁력과 생산성 제고를 위해 정규직 채용을 늘려 나가야 한다.

노동계는 기업의 경쟁력 제고를 항상 염두에 두어야 한다. 도를 넘는 요구를 관철하여 기업의 도산과 해외이전이 현실화되면 최대 피해자는 근로자가 될 것이다. 정규직 노조는 상생과 한국 경제의 지속적 발전이라는 대승적 차원에서 일정 부분 양보하는 자세가 필요하다. 비정규직들의 경우에도 일시에 고용안정과 처우개선이 모두 달성되면 좋겠지만 기업마다 처한 상황이 다르기 때문에 방향성은 확실하게 하되 무리한 요구는 자제할 필요가 있다.

정부는 어느 한 쪽에 치우치지 않고 국민만 보고 균형 있는 정책을 추진해가야 한다. 강물은 바람 따라 물결치지만 바람 때문에 갈 길을 바꾸지 않는다. 우리 일자리위원회도 다양한 의견을 낮은 자세로 경청하면서 정책은 국민의 이익관점에서 추진하고 있다.

다행히 새 정부가 들어서고 나서 노동계에도 바람직한 바람이 불고 있다. 민주노총과 한국노총의 공공부문 정규직 노동조합들이 좋은 일자리를 만들어 나가기 위해 기득권에 연연하지 않고 모든 방안을 열어두고 대화로 협의하고 협조하겠다는 뜻을 밝혔다. 공공기관 노동조합 대책위원회, 보건의료산업노조, 현대자동차와 기아자동차 노조 등 3대 거대 노조가 조합원들의 임금 상승을 억제하고 이를 통해 마련한 재원으로 비정규직의 정규직화, 청년 고용에 앞장서겠다고 나섰다. 노사가 조금씩 양보하고 배려해야 노동존중의 사회를 만들 수 있다는 점에서 이들 노조의 결단에 국민과 함께 뜨거운 박수를 보낸다.

윤태호 : **일자리정책이 성공하기 위해서는 국회의 협조가 필요하다. 협치를 위해서는 야당에 좀 더 명분을 주어야 하는 것 아닌가?**

이용섭 : 정부는 야당의 협조를 얻어내기 위해 최선을 다해야 한다는 것이 제 생각이다. 정부는 정책을 만드는 과정에서부터 국민적 공감대 속에서 이해관계자들을 적극적으로 참여시켜 의견을 수렴하는 등 충분히 소통하는 과정을 거치고, 이렇게 만들어진 정책을 바탕으로 야당을 국정의 파트너로 존중하면서 진정성을 가지고 협조를 요청해야 한다.

다만, 야당은 정부를 견제하는 것이 큰 역할 중의 하나이기는 하지만 야당의 공세가 국가의 지속적인 발전과 국민의 삶의 질 제고라는 본질과 큰 틀에서 벗어나서는 안 될 것이다. 누구도 이 본질에서 벗어나면 국민들로부터 외면당하게 된다. 국민들의 최대 민생문제인 일자리정책을 과도하게 정치 쟁점화하는 것은 민심과 다른 길로 가는 것이다.

윤태호 : **지난해 12월 15일 일자리 아이디어 공모전 시상식을 개최했는데 취지, 심사기준, 앞으로 계획 등에 대해?**

이용섭 : 일자리위원회가 주최하고 한국산업인력공단이 주관하는 제1회 '대한민국 일자리 아이디어 공모전' 시상식이 지난해 12월 15일 청계천 한국콘텐츠진흥원에서 개최되었다. 이번 일자리 아이디어 공모전은 삶의 현장에서 직접 일자리 애환을 겪고 있는 각계각층의 국민들로부터 창의적이고 혁신적이며 현장성 있는 아이디어를 수렴하는 한편 국가 일자리정책에 대한 국민들의 관심을 제고하기 위해 추진하였다.

처음 시도한 것이고 공모기간도 11월 한 달이라는 짧은 기간이어서 준비기간이 짧았는데도 불구하고 272건의 창의적이고 혁신적인 아이디어를 보내 주셨다.

심사기준은 참신성, 일자리창출 기여도, 시행가능성 등 크게 3가지였다. 참신성은 아이디어가 창의적이고 새로운 것인지 여부, 일자리 창출 기여도(효과성)는 아이디어가 실행될 경우 얼마나 양질의 일자리 창출할 수 있는지, 시행가능성은 아이디어의 일자리가 구체적으로 정책화 될 수 있는지 등을 평가하는 지표이다

심사기준에 따라 9건을 수상작으로 선정하였는데, 청년일자리 창출, 유휴자원 활용, 관광 등 문화콘텐츠, 환경, 사회서비스 등 다양한 분야의 일자리 창출 아이디어가 제안되었다. 수상작(최우수상 1건, 우수상 2건, 장려상 6건)은 앞으로 일자리정책에 반영될 것이다. 일자리공모전은 이번 한번으로 끝나지 않고 정기적으로 개최할 것이다. 평상시에는 일자리위원회 홈페이지 내에 신설된 '정책제안방'을 통해 상시적으로 아이디어를 제안 받는 등 국민들과의 소통 창구를 지속적으로 강화해 나가겠다.

윤태호 : **공공부문 일자리 창출, 중소기업 지원확대 등 정부지원이 중요하지만, 문제는 재원조달인데 세제 전문가로서 증세에 찬성하는 입장인지?**

이용섭 : 정부가 일자리 창출을 위해 각종 지원을 하고 있는데 그 수준은 우리 재정이 감내할 수 있는 범위 내에서 하고 있다는 말씀을 먼저 드린다. 앞서 얘기했듯이 우리나라 조세부담률(19%대)은 국제적으로 비교하면 과도하게 낮은 수준(OECD국 평균 25% 수준)이다. 전형적인 저부담 · 저복지 국가이다. 자본주의 국가에서 정의

를 실현하기 위해서는 재정의 소득재분배 기능이 매우 중요한데 우리나라는 OECD 국가 중 최하위 수준이다. 사회 양극화를 해소하고 지속 가능한 발전을 위해서는 조세부담률을 적정수준으로 올리고 재정의 역할을 강화할 필요가 크다. 그 수준은 사회적 대타협을 통해 조세마찰이나 부작용을 최소화하는 수준에서 결정되어야 할 것이다. 현재보다 조세부담률을 올리더라도 지하경제를 양성화하고 비과세 감면을 줄이고 고소득자 고액재산가 대기업에 대한 세부담을 적정화하면 중산서민들의 세금부담은 늘리지 않으면서 필요한 재원을 조달할 수 있다.

윤태호 : **공공부문 81만 개 일자리 확충 등 문재인 대통령의 공약 이행을 위한 재원 마련은 어떻게 하는지?**

이용섭 : 문재인 대통령의 후보 시절 공약을 이행하기 위해서는 추가 재원이 필요하다. 먼저 재정개혁을 통해 불요불급한 예산, 중복성·소모성 예산을 절감하고 복지 전달체계를 혁신해서 재원을 확보할 것이다. 그래도 부족한 예산은 조세개혁을 통해 조달할 것이다.

국정기획자문회의가 2017년 7월에 발표한 문재인 정부 국정운영 5개년 계획에 의하면 주요공약 이행을 위한 재원규모는 178조 원(연평균 35조 6천억 원)으로 추계하고 있다. 178조 원 중 151조 원은 중앙정부가 공약을 추진하는 데 필요한 재원이고, 26조 5천억 원은 지방으로 이전(교부금 등)될 재원이다.

정부는 소요재원의 54%인 95.4조 원은 세출 절감을 통해 조달할 계획이다. 재량지출을 원점에서 재검토해 10% 수준의 구조조정을 추진하고, 의무지출은 전달체계 누수 방지 등을 줄이는 세출 구조조정을 통해 60조 2천억 원을 절감할 방침이다. 이와 함께 정부는 기금 여유자금 활용과 이차보전 전환을 통해 35조 2천억 원을 절감할 계획이다. 이를 위해 여유자금이 많고 기금 목적에 부합하는 공약이 많은 주택도시·고용보험·전력기금의 여유자금을 최대한 활용할 방침이다. 이차보전 방식 전환은 융자자금을 이 방식으로 전환해도 현장에서 대출에 어려움이 없을 것으로 예상되는 사업을 중심으로 우선 추진된다.

세입 확충을 통해서는 소요재원의 46%인 82조 6천억 원을 확충할 계획이다. 이 중 국세수입은 77조 6천억 원이며, 세외수입은 5조 원이다. 정부는 지하경제를 양성화하고 비과세 감면을 줄이는 등 과세기반을 확대하고 고소득자, 고액재산가, 대기업에 대한 세금부담을 적정화하여 조세공평성을 제고하면서 중산서민들의 세금부담 증가 없이 국세수입을 77조 6천억 원 늘릴 계획이다. 하지만 국정기획자문위원회 자료에 의하면 국세수입 확충 추계의 대부분은 정부의 세수 확대 정책이 아닌 최근 세수 호조에 따른 세수 전망치를 반영하는 데서 나왔다. 최근 세수 호조를 반영할 때 내년부터 5년간 국세수입이 60조 5천억 원 늘어난다는 전망이다. 이런 가운데 정부는 대기업에 과도하게 귀착되거나 과세형평에 맞지 않고 정책 목적이 이미 달성된 비과세 감면 제도를 정비하고 일몰이 도래하는 비과세 감면을 원칙적으로 폐지해 11조 4천억 원의 국세수입을 늘릴 방침이다.

대주주의 주식 양도차익 등 자본이득과 금융소득에 대한 과세 강화가 추진되고, 상속·증여세 신고세액 공제율 축소하는 한편, 과세형평 및 과세제도 간 정합성을 위해 상속·증여세 과세체계 개편도 추진한다는 입장이다.

이와 함께 정부는 탈루소득 과세 강화를 통해 5조 7천억 원의 세입을 확충할 계획이다. 해외 금융계좌 신고 대상(현행은 계좌 잔액 10억 원 초과)을 확대하고 외국 과세당국과의 정보 공조도 강화된다. 법인세의 사전 성실 신고를 유도하기 위한 소법인 성실신고 확인제도가 도입되고 엔티스NTIS 기반의 빅데이터 분석 기능 확대를 통해 납세자가 성실신고를 할 수 있도록 다양하고 정확한 신고 안내자료가 제공된다.

정부는 세외수입도 5년간 약 5조 원을 확충할 계획이다. 불공정거래행위의 과징금 상한을 상향 조정하고, 임의체납 축소 노력 등을 통해 과징금 수입을 확대한다는 방안이다. 정부는 연체되거나 납입하지 않은 결손액은 전문기관을 활용한 징수 노력을 강화하는 한편, 채권관리 전산화, 일원화된 조회납부 포털 구축 등을 통해 징수 노력을 강화할 방침이다.

[표 3-13] 문재인 정부 주요공약 지출 소요 및 재원대책

(단위 : 조 원, 2018년~2022년 합계)

지출소요	
합 계(A + B)	**178.0**
<국비 지출소요 계(A)>	**151.5**[1)]
① 지출 증가	135.1
−일반회계 및 특별회계	88.5
−주택도시기금 등 기금	46.6
② 제도 설계 후 추진[2)]	16.4
<교부세 · 교육교부금(B)>	**26.5**

재원대책	
합 계	**178.0**
① 세입 확충	**82.6**
−세수 확충	77.6
• 초과세수 증대	60.5
• 비과세 정비 등	17.1
−세외수입 확대	5.0
② 세출 절감	**95.4**
−지출구조조정	60.2

※ 출처 : 문재인 정부 국정운영 5개년 계획(2017년 7월, 국정기획자문위원회)

1) 국세 세입 증가에 다른 지자체 법정 전출분 26.5조 원(내국세의 39.51%) 제외 시 공약소요에 활용 가능한 국고재원 규모

2) 실업급여 보장성 강화 등 지출소요는 있으나 현 시점에서 정확한 추계가 어려운 사업

윤태호 : 그래도 재원문제를 걱정하는 분들이 많다. 가령 중소기업이 청년 3명을 정규직으로 채용하면 한 명의 임금을 3년간 지원(연간 2000만 원 한도)하는 제도라든지, 고용지원을 위해 기업들 세금 깎아 주는 부분이라든지, 다 좋은데, 일단 당장 재원은 어디서 마련할 것이냐가 문제다.

이용섭 : 중소기업 육성과 벤처창업 활성화가 한국 경제의 미래와 일자리 창출을 좌우하기 때문에 이들을 육성하고 활성화기 위해 정부가 지원하는 것 자체는 불가피하다. 핵심은 재원 조달이 지속적으로 가능할지 여부이다.

결론부터 말씀드리면 재정건전성을 저해하지 않으면서 지속 가능한 재원 조달 범위 내에서 추진하고 있으니 국민들께서 너무 걱정하지 않으셔도 된다.

전반적인 재원 대책은 앞서 말씀드린 대로 조달할 것이다.

윤태호 : 문재인 정부에서 강조하고 있는 부분 가운데 하나가 바로 '적폐청산'인데 노동 · 일자리 부문에서의 '적폐'라면 어떤 걸 꼽을 수 있을지?

이용섭 : 노동・일자리 분야에도 힘을 가진 세력들의 오랫동안 쌓이고 쌓인 잘못된 관행, 부패, 비리 등의 폐단이 많다. 예를 들면, 대기업과 중소기업 간 거래를 보면 납품단가 후려치기, 기술 탈취, 사람 빼가기, 일감 몰아주기, 담합 등 대기업의 불공정행위가 참 많다. 대기업의 경제력 집중과 문어발식 확장 그리고 불공정 거래행위를 근절하기 위한 경제민주화를 실현해 중소기업을 한국 경제의 성장동력으로 육성하고 일자리를 늘려 나가야 한다.

또한 아르바이트 임금체납, 최저임금에도 못 미치는 낮은 임금

지급 등은 감시감독을 강화하여 시정해 나가야 할 것이다. 따지고 보면 정부가 추진하고 있는 비정규직의 정규직 전환, 최저임금 인상, 근로시간 단축 등 일자리 질을 높이기 위한 조치들도 어떤 의미에서는 노동 부문의 적폐를 걷어 내는 것으로 볼 수 있다.

참고문헌

강순희, "서비스산업의 일자리창출 역량제고 방안", 『월간 노동리뷰』, 2012. 5.

강신욱 · 김호기 · 김석호 · 우선희 · 박수진, "한국의 사회통합 및 복지의식에 대한 연구", 사회통합위원회, 2011.

고경환, "2012 OECD 공표로 본 우리의 사회복지지출 특성과 시사점", 『보건복지포럼』 통권 제194호, 2012. 12.

공정거래위원회, "2013년 대기업집단 주식소유 현황 및 소유지분도 분석 결과", 2013. 5.

공정거래위원회, "국회 정무위원회 주요 업무계획 보고", 2017. 9.

관계부처 합동, "새정부 경제정책방향, 경제 패러다임의 전환", 2017. 7.

관계부처 합동, "서비스산업 정책 추진방향 및 1단계 대책", 경제관계장관회의 13-12-1, 2013. 7.

관계부처 합동, "소상공인 · 영세중소기업 지원대책 이행상황 점검 및 보완대책", 2018. 1.

관계부처 합동, "최저임금 인상에 다른 부담 완화를 위한 소상공인 · 영세중소기업 지원대책", 2017. 7.

관계부처 합동, "혁신 · 창업 생태계 조성을 위한 판교 제2테크노밸리 활성화 방안", 경제관계장관회의 17-10-1, 2017. 12.

관계부처 합동, "혁신창업 생태계 조성방안", 경제관계장관회의 17-7-1, 2017. 11.

교육부, 『2013년 교육기본통계』, 2013.

국방부, "2017 군인복지실태조사", 2017.

국정기획자문위원회, "문재인정부 국정운영 5개년 계획", 2017. 7.

국토교통부 · 교육부, "지방 이전 공공기관, 지역인재 채용 30% 의무화", 2017. 9.

국회도서관, 『가계부채』 Vol. 25, Fact book, 2011. 11.

국회도서관, 『청년 실업』 Vol. 33, Fact book, 2013. 4.

국회예산정책처, "저성장 시대, 지속 가능한 국가재정을 위한 조세정책 방향"(조세정책 토론회), 2013. 7.

국회예산정책처, 『2013년도 대한민국 재정』, 2013. 7.

국회예산정책처, 『2014년 재정운용 방향 및 주요 현안』, 2013. 8.

국회예산정책처, 『2014년 중기 경제전망』, 2013. 10.

국회예산정책처, 『국가재정법 이해와 실체』, 2012. 5.

국회예산정책처, 『주요국의 예산제도 2』, 2012. 12.

국회예산정책처, 『주요국의 예산제도』, 2012. 5.

국회예산정책처, 『NABO 경제동향 & 이슈』 통권 제18호, 2013. 3.

기획재정부, "행복지수의 세계적 중요성과 시사점", 2012. 5.

김광수경제연구소, 『한국 경제의 현주소 한계가족 : 한국 경제의 미래, 가족이 무너지고 있다』, 더팩트, 2013.

김도완 · 한진현 · 이은경, "우리 경제의 잠재성장률 추정", 한국은행 조사통계월보, 2017. 8.

김동열 · 조호정, "소득과 삶의 질 격차 확대되고 있다", 『경제주평』 통권 제476호(12-05), 현대경제연구원, 2012. 2.

김상호, "OECD 국가의 복지수준 비교 연구", 한국보건사회연구원, 2016. 12.
김순영, "민주화와 재벌 중심의 경제체제", 『계간 광장』 제11호, 2011년 봄호.
김연명, "한국 복지국가의 진로와 과제", 『계간 광장』 제10호, 2011년 신년호.
김영태 · 박진호, "가계소득 현황 및 시사점", 『BOK 이슈노트』 No. 2013-1, 2013. 1.
김인영, "이명박 정부의 본질에 관한 고찰", 『비교민주주의 연구』 제7집 제2호, 2011.
김정미 · 이강구, "해외 주요국의 재정준칙 운용 동향과 정책 시사점", 『경제현안분석』 제84호, 국회예산정책처, 2013. 9.
김중웅, 『새로운 경제를 열다 : 인본자본주의와 한국경제』, 청림출판, 2013.
김태일, 『국가는 내 돈을 어떻게 쓰는가』, 웅진지식하우스, 2013.
김택환, 『넥스트 이코노미』, 메디치, 2013.
노먼 마이어스, 『가이아의 기업』, 시대의 창, 2000.
노엄 촘스키 · 조지프 스티글리츠 외, 『경제민주화를 말한다』, 위너스북, 2012.
누리엘 루비니 · 스티븐 미홈, 『위기의 경제학』, 청림출판, 2010.
대검찰청, "2017 범죄분석", 2017.
대한민국정부, 『2013~2017 국가재정운용계획』, 2013. 10.
데이비드 보일 · 앤드류 심스, 『이기적 경제학 이타적 경제학』, 사군자, 2012.
라즈 파텔, 『경제학의 배신』, 북돋움, 2011.
류상영 · 박철희 · 강원택 · 서문기, 『한국의 오늘과 내일을 말하다』, 동아시아 재단, 2011.
마이크 샌델, 『정의란 무엇인가』, 김영사, 2010.
마이클 샌델, 『돈으로 살 수 없는 것들』, 와이즈베리, 2012.
무역통계정보시스템(stat.kita.net), 2017. 12.
미국 CIA, "The World Factbook 2017", 2017.
미쓰하시 다카야키, 『부자삼성 가난한 한국』, 티즈맵, 2011.
민주당 보편적 복지 기획단, 『민주당 보편적 복지 재원조달방안 보고서』, 2011. 8.
민주정책연구원 사회경제정책연구원, 『가계부채와 서민금융』(2013 사회경제정책포럼 자료집 3), 2013. 8.
민주정책연구원 사회경제정책연구원, 『경제민주화와 중소기업』(2013 사회경제정책포럼 자료집 1), 2013. 8.
민주정책연구원 사회경제정책연구원, 『국민 · 기초연금과 복지재정』(2013 사회경제정책포럼 자료집 5), 2013. 8.
민주정책연구원 사회경제정책연구원, 『일자리 · 비정규직』(2013 사회경제정책포럼 자료집 4), 2013. 8.
밀턴 첸, 『살아나는 학교 신나는 아이들』, 타임북스, 2012.
박기백, "소득세 · 법인세 개편 논란에 대한 쟁점과 전망", 2002. 8.
박병일, 『아름다운 대한민국의 건설, 진보 · 개혁 정당을 위한 제언과 그들에 대한 이해』, 서울경제경영, 2012.
박양수 · 장영재 · 구자현 · 김현수, "GDP갭 추정의 불확실성과 통화정책", 『조사통계월보』, 한국은행, 2013. 4.

박용주, “비과세 · 감면 현황과 정비방안”, 「국회예산정책처 · 한국재정학회 조세정책토론회」 (‘비과세 · 감면 현황과 정비방안’ 결과보고서), 2013. 9.

박종민 · 조인영, “신자유주의 정부 역할에 대한 한국인의 태도”, 『정부학연구』 제16권 제3호, 고려대학교 정부학연구소, 2010. 12.

박종현 · 최강욱 · 김보희 · 임준혁, “청년층과 고령층 간 고용대체 관계 분석”, 『조사통계월보』, 한국은행, 2012. 11.

박호성, 『자연의 인간, 인간의 자연』, 후마니타스, 2012.

박호성, 『평등론 : 자유민주주의 · 사회민주주의 · 맑스주의의 이론과 현실』, 창작과비평사, 1994.

백윤정, “민생 중심의 경제운용과 일자리 창출방안”, 『Agora Issue Briefing』 Vol. 18, 광장, 2009. 12.

복지국가소사이어티, 『역동적 복지국가의 길』, 도서출판 밈, 2011.

성경륭 · 윤황, “한반도경제공동체 건설과 동북아평화협력체제 구축의 연계 모색”, 『동서연구』 제22권 제1호, 2010.

송순재 · 고병헌 · 카를 K 에기디우스, 『위대한 평민을 기르는 덴마크 자유교육』, 민들레, 2010.

신동진, “가계부채의 현황 및 대응방안”, 『경제현안분석』 제82호, 국회예산정책처, 2013. 7.

심수진 · 이희길, “삶의 질 지수 작성방안”, 『2009년 하반기 연구보고서』 제6권, 통계개발원, 2010. 4.

오건호, “스웨덴 조세 들여다보기”, 『GPE working paper』, 글로벌정치경제연구소, 2013. 3.

오정렬, “우리나라 외환자유화의 현 주소와 향후 과제”, 한은 금요강좌, 2010. 8.

오호영 · 이은미, “고용률 70%, 어떻게 달성할 것인가?”, 『Trade Focus』 Vol. 12 No. 44, 한국무역협회 국제무역연구원, 2013. 7.

와다 히데키 · 하타무라 요타로, 『실패의 시대』, 글담출판사, 2002.

윤강재 · 김계연, “OECD 국가의 행복지수 산정 및 비교”, 『보건복지포럼』 통권 제159호, 2010. 1.

윤진호, “덴마크 유연안전성 모델 평가 및 도입 조건”, 한국노총 전문가 토론회, 2009. 7.

은민수, “한국의 복지재정 확충을 위한 조세전략 연구”, 민주정책연구원, 2013. 10.

이동렬, “우리나라 경제성장률 하락 요인 분석”, 『BOK 이슈노트』 No. 2013-5, 2013. 5.

이상만, “최근 남북관계 현황과 남북 경제 공동체 구상”, 「한반도 경제공동체 구상과 남북경협 활성화를 위한 정책토론회」, 조경태 의원실 주최, 2012. 9.

이상민, 『일자리전쟁 : 디플레이션 시대를 준비하라』, 청년정신, 2013.

이상이, 『복지국가가 내게 좋은 19가지』, 메디치, 2012.

이용섭, 『대한민국 희망 에너지 혁신』, 세경사, 2006.

이용섭, 『성장과 행복의 동행』, 메디치, 2013. 11.

이용섭, 『초일류국가를 향한 도전』, 세경사, 2008.

이용섭 · 이동신, 『국제조세』, 세경사 2011.

이재철, “한국사회의 양극화와 세계화 그리고 시민사회”, 『21세기 정치학회보』 제19집 제2호, 2009. 9.

이준협, “시간제 일자리의 실상과 대응방안”, 『경제주평』 13-29(통권 제246호), 현대경제연구원, 2013. 7.
이천표, “민주화와 경제성장, 그리고 삶의 질”, 『한국사회과학』 제19권 제1호, 서울대학교 사회과학연구원, 1997.
일본 총무성 통계국(www.stat.go.jp), 2017. 12.
일자리위원회 · 관계부처 합동, “건설산업 일자리 개선대책”, 제4차 일자리위원회, 2017. 12.
일자리위원회 · 관계부처 합동, “사회적경제 활성화 방안”, 제3차 일자리위원회, 2017. 10.
일자리위원회 · 관계부처 합동, “일자리정책 5년 로드맵”, 제3차 일자리위원회, 2017. 10.
일자리위원회 · 관계부처 합동, “일자리중심 국정운영 체계 구축 방안”, 제2차 일자리위원회, 2017. 8.
임현준 · 박강우, “교육비 지출이 가계저축률에 미치는 영향”, 『경제분석』 제18권 제3호, 한국은행 경제연구원, 2012. 9.
장광수 · 임진 · 김상훈, “양질의 일자리 수급 상황 및 대응 방향”, 『BOK 경제브리프』, 2011.
장상식 · 김예민, “최근 중소기업 수출동향과 수출확대 방안”, 『Trade Focus』, 한국무역협회 국제무역연구원, 2013. 2.
장지연 · 신동균, “소득 양극화와 자살”, 『사회보장연구』 제26권 제2호, 한국사회보장학회, 2010. 5.
장하준, 『국가의 역할』, 부키, 2006.
장하준, 『그들이 말하지 않는 23가지』, 부키, 2010.
장하준, 『나쁜 사마리아인들』, 부키, 2007.
재정경제부 · 기획예산처, “감세논쟁 주요 논점 정리”, 2005. 11.
정대영, “글로벌 재정위기의 원인과 우리의 대응 방향”, 『계간 광장』 제13호, 2011년 가을호.
정선영, “인구구조 변화가 고용에 미치는 영향”, 『BOK 이슈노트』 No. 2013-15, 2013. 10.
정성호, “저출산 정책의 효과성에 대한 연구”, 『한국인구학』 제35권 제1호, 2012.
정세균, 『99%를 위한 분수경제』, 다우, 2011.
제러미 리프킨, 『3차 산업혁명』, 민음사, 2012.
제러미 리프킨, 『공감의 시대』, 민음사, 2010.
조성주, “증오와 절망을 부르는 사회, 묻지마 범죄는 없다”, 「“절망범죄”에 대한 대책 수립을 위한 긴급토론회」, 장하나 의원실 주최, 2012. 9.
조은영, “출산 · 보육지원 재정소요 추계와 정책과제”, 『경제현안분석』 제72호, 국회예산정책처, 2012. 6.
조지 베일런드, 『행복의 조건』, 프런티어, 2010.
조지 애커로프 · 로버트 쉴러, 『야성적 충동』, 랜덤하우스, 2009.
조지프 스티글리츠, 『끝나지 않은 추락』, 21세기북스, 2010.
조지프 스티글리츠, 『불평등의 대가』, 열린책들, 2013.
조지프 스티글리츠, 『인간의 얼굴을 한 세계화』, 21세기북스, 2008.
조지프 스티글리츠 · 세계 통화와 금융 체제 개혁을 위한 유엔총회 전문가 위원회, 『스티글리츠 보고서 : 세계 경제의 대안을 말하다』, 동녘, 2010.

조지프 스티글리츠 · 아마르티아 센 · 장 폴 피투시, 『GDP는 틀렸다 : '국민총행복'을 높이는 새로운 지수를 찾아서』, 동녘, 2011.
중소기업중앙회, "2012 중소기업 위상지표", 2012. 12.
최 광, "큰 정부 vs 작은 정부", 『제도와 경제』 제6권 제2호, 2012. 8.
최지영, "최근 북한의 대외경제정책 변화", 『BOK 이슈노트』 No. 2012-7, 2012. 8.
통계청, "2015년 기준 공공부문 일자리통계", 2017. 6.
통계청, "2016년 기준 전국사업체조사 잠정결과", 2017. 9.
통계청, "2017년 12월 및 연간 고용동향", 2018. 1.
하승창 외, 『지금 우리에게 필요한 공부』, 상상너머, 2011.
하타무라 요타로, 『실패학 : 실패를 감추는 사람 실패를 살리는 사람』, 세종서적, 2001.
하현선, "청년일자리사업 평가", 『사업평가 13-13』 통권 제293호, 국회예산정책처, 2013. 10.
한국사회학회, 『국민 삶의 질 측정을 위한 분석틀』, 2011. 10.
한국은행, "2011년 산업연관표를 이용한 우리나라 경제구조분석", 『국민계정리뷰』 2013년 제2호, 2013. 8.
허미화, "한국사회의 이혼율 증가 원인 및 이혼 가정 아동의 부적응에 관한 문헌적 고찰", 『유아교육학논집』 제6권 제2호, 2002.
헨리 죠지, 『진보와 빈곤』, 비봉출판사, 1997.
헬레나 노르베리 호지, 『오래된 미래』, 중앙북스, 2007.
헬레나 노르베리 호지, 『행복의 경제학』, 중앙북스, 2012.
황종률, "공식실업률과 유사실업률의 지역별 추이 및 시사점", 『경제동향 & 이슈』 통권 제17호, 국회예산정책처, 2013. 2.
후쿠다 세이지, 『핀란드 교실혁명』, 비아북, 2009.

A. Kaletsky, "Capitalism 4.0 The Birth of a New Economy in the Aftermath of Crisis", 2011. 6.
Clifford Cobb, Gary Sue Goodman, & Mathis Wackernagel, "Why Bigger isn't Better : The Genuine Progress Indicator-1999 Update", Redefining Progress, November 1999.
Daly, Herman, J. Cobb, For the Common Good : Redirecting the Economy Toward Community, the Environment and a Sustainable Future, Boston : The Beacon Press, 1989.
FORTUNE, http://fortune.com, 2017. 12.
IMF, "Causes and Consequences of Income Inequality : A Global Perspective", 2015. 6.
IMF, Japan : Selected Issues, IMF Country Report, No. 13/254, August 2013.
IMF, World Economic Outlook, 2017. 10.
John Cavanagh, Chuck Collins, Alison Goldberg & Sam Pizzigati, Revering the Great Tax Shift : Seven Steps to Finance Our Economic Recovery Fairly, IPS, April 2009.
Ministry of Finance of Japan, JGB Issuance Plan for FY2013, January 2013.
NEF, "The Happy Planet Index 2016", 2016.

OECD, Economic Outlook, 각 연도.
OECD, Education at a Glance 2011, 2011.
OECD, Education at a Glance 2012, 2012.
OECD, Education at a Glance 2013, 2013.
OECD, Employment Outlook, 각 연도.
OECD, How's Life?, 각 연도.
OECD, OECD Stat(stats.oecd.org), 2017. 12.
UN, "World Happiness Report", 2017. 3.
UN, "World Population Prospects : the 2010 revison", 2010.
UN, "World Population Prospects : The 2017 Revision", 2017.
一般社団法人日本貿易会, 2013年度わが国貿易収支, 経常収支の見通し, 2012. 12.

未生 윤태호가 묻고 이용섭이 답하는

일자리 경제

초판발행 | 2018년 3월 9일

지 은 이 | 이 용 섭
펴 낸 이 | 김 수 진
펴 낸 곳 | 세 경 사

출판등록 | 1977. 12. 2. No. 제3-74호
주 소 | 서울특별시 영등포구 은행로 29(여의도동) 정우빌딩 209호
전화번호 | 792-7202~3, 795-3398, 796-2400
팩 스 | 792-1343
홈페이지 | www.sekyungsa.co.kr
I S B N | 978-89-7933-318-3 03300
정 가 | 15,000원